Sommaire

AVANT-PROPOS

LE CM2 : UNE ÉTAPE DÉCISIVE

Le CM2 constitue un palier décisif de la scolarité élémentaire : il clôt les apprentissages de l'école primaire et prépare au collège. La responsabilité de l'enseignant est donc très grande.
Si les progressions de cycle n'ont pas été clairement décidées entre collègues, le poids de ce qui restera à enseigner au CM2 sera très lourd. L'entrée au collège doit être présente à l'esprit de l'enseignant dès le début de l'année, afin qu'il se dote des moyens de préparer ses élèves à cette nécessaire rupture, point de départ d'apprentissages plus disciplinaires et plus autonomes. Éclairée par les résultats aux évaluations nationales à l'entrée en Sixième, la pédagogie du CM2 engage très précisément les élèves vers l'appropriation de savoirs cognitifs, méthodologiques et comportementaux plus structurés et plus assurés qui conditionneront pour beaucoup la réussite des futurs collégiens.

Comment enseigner en CM2 **comprend trois grandes parties**

- **Organiser**
  Des conseils pour concevoir sa **pédagogie au quotidien** au travers de grandes questions relatives à l'aménagement de la classe, à l'organisation des activités, à la gestion d'un groupe, à la structuration du temps, aux cours doubles, à l'évaluation...

- **Enseigner**
  Un traitement systématique de tous les **champs disciplinaires**. Nous avons, pour ce faire, volontairement décidé, dans une perspective de cycle, d'**aborder les fondamentaux de chaque classe**, les grands repères qui jalonnent les trois années du cycle. La consultation sur les nouveaux programmes a fait apparaître de manière évidente, de la part des enseignants, cette demande de **repères permettant d'organiser son année**. Nous vous proposons donc de très nombreux outils vous aidant à comprendre les nouveaux programmes, à organiser vos progressions, à concevoir vos séquences et à préparer vos activités.

- **Réaliser**
  Enfin, vous pourrez réaliser les compétences de fin de cycle à partir de fiches de préparation très précises, mais également de **projets pluridisciplinaires très variés et très riches**.

Cet ouvrage, très concret, interactif, préférant les schémas aux longs discours, aura l'utilité que vous lui conférerez. Nous vous en souhaitons bonne lecture et bon usage.

Les auteurs

PRÉSENTATION DE L'OUVRAGE

Partie générale

Pour réfléchir, agir, décider

Des illustrations, des idées, des fiches techniques

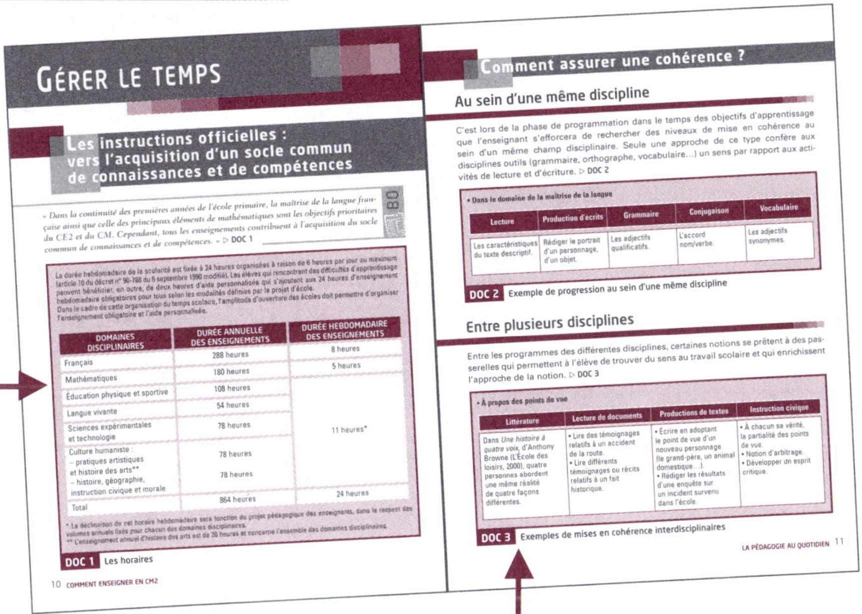

GÉRER LE TEMPS

Les instructions officielles : vers l'acquisition d'un socle commun de connaissances et de compétences

BO

« Dans la continuité des premières années de l'école primaire, la maîtrise de la langue française ainsi que celle des principaux éléments de mathématiques sont les objectifs prioritaires du CE2 et du CM. Cependant, tous les enseignements contribuent à l'acquisition du socle commun de connaissances et de compétences. » ▷ DOC 1

La durée hebdomadaire de la scolarité est fixée à 24 heures organisées à raison de 6 heures par jour au maximum (article 10 du décret n° 90-788 du 6 septembre 1990 modifié). Les élèves qui rencontrent des difficultés d'apprentissage peuvent bénéficier, en outre, de deux heures d'aide personnalisée qui s'ajoutent aux 24 heures d'enseignement hebdomadaire obligatoires pour tous selon les modalités définies par le projet d'école. Dans le cadre de cette organisation du temps scolaire, l'amplitude d'ouverture des écoles doit permettre d'organiser l'enseignement obligatoire et l'aide personnalisée.

DOMAINES DISCIPLINAIRES	DURÉE ANNUELLE DES ENSEIGNEMENTS	DURÉE HEBDOMADAIRE DES ENSEIGNEMENTS
Français	288 heures	8 heures
Mathématiques	180 heures	5 heures
Éducation physique et sportive	108 heures	11 heures*
Langue vivante	54 heures	
Sciences expérimentales et technologie	78 heures	
Culture humaniste : – pratiques artistiques et histoire des arts** – histoire, géographie, instruction civique et morale	78 heures 78 heures	
Total	864 heures	24 heures

* La déclinaison de cet horaire hebdomadaire sera fonction du projet pédagogique des enseignants, dans le respect des volumes annuels fixés pour chacun des domaines disciplinaires.
** L'enseignement annuel d'histoire des arts est de 20 heures et concerne l'ensemble des domaines disciplinaires.

DOC 1 Les horaires

10 COMMENT ENSEIGNER EN CM2

Comment assurer une cohérence ?

Au sein d'une même discipline

C'est lors de la phase de programmation dans le temps des objectifs d'apprentissage que l'enseignant s'efforcera de rechercher des niveaux de mise en cohérence au sein d'un même champ disciplinaire. Seule une approche de ce type confère aux disciplines outils (grammaire, orthographe, vocabulaire...) un sens par rapport aux activités de lecture et d'écriture. ▷ DOC 2

• Dans le domaine de la maîtrise de la langue

Lecture	Production d'écrits	Grammaire	Conjugaison	Vocabulaire
Les caractéristiques du texte descriptif.	Rédiger le portrait d'un personnage, d'un objet.	Les adjectifs qualificatifs.	L'accord nom/verbe.	Les adjectifs synonymes.

DOC 2 Exemple de progression au sein d'une même discipline

Entre plusieurs disciplines

Entre les programmes des différentes disciplines, certaines notions se prêtent à des passerelles qui permettent à l'élève de trouver du sens au travail scolaire et qui enrichissent l'approche de la notion. ▷ DOC 3

• À propos des points de vue

Littérature	Lecture de documents	Productions de textes	Instruction civique
Dans *Une histoire à quatre voix*, d'Anthony Browne (L'École des loisirs, 2000), quatre personnes abordent une même réalité de quatre façons différentes.	• Lire des témoignages relatifs à un accident de la route. • Lire différents témoignages ou récits relatifs à un fait historique.	• Écrire en adoptant le point de vue d'un nouveau personnage (le grand-père, un animal domestique…). • Rédiger les résultats d'une enquête sur un incident survenu dans l'école.	• À chacun sa vérité, la partialité des points de vue. • Notion d'arbitrage. • Développer un esprit critique.

DOC 3 Exemples de mises en cohérence interdisciplinaires

LA PÉDAGOGIE AU QUOTIDIEN 11

Partie interdisciplinaire

Des projets transversaux

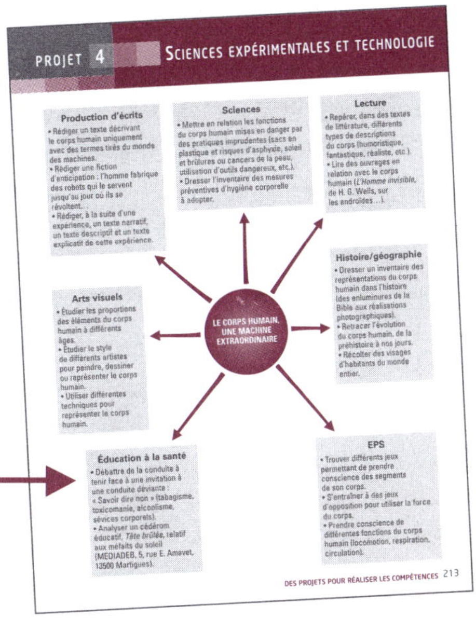

PROJET 4 — SCIENCES EXPÉRIMENTALES ET TECHNOLOGIE

DES PROJETS POUR RÉALISER LES COMPÉTENCES 213

Partie disciplinaire

Les textes officiels
Les objectifs à atteindre

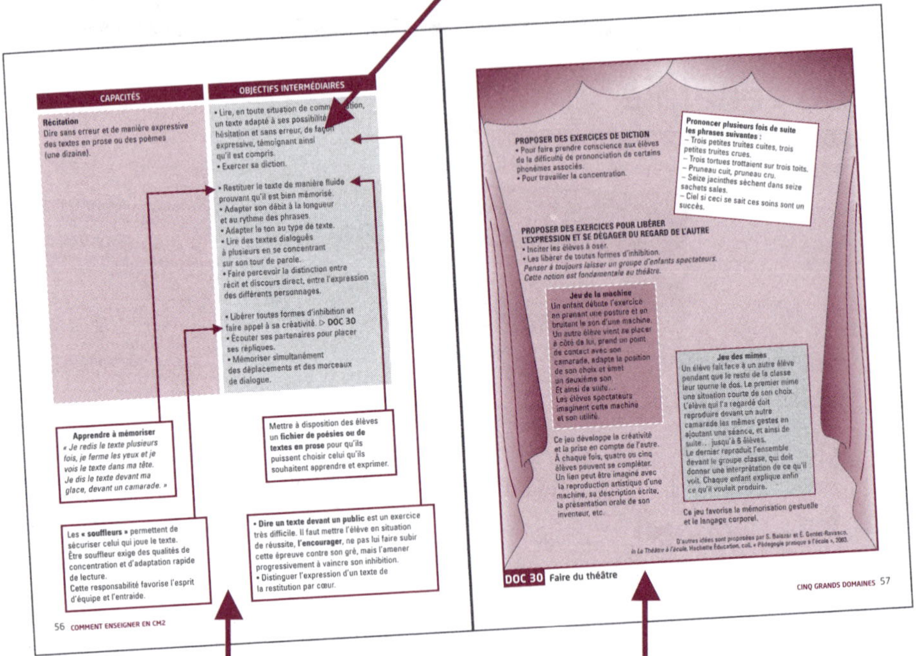

CAPACITÉS	OBJECTIFS INTERMÉDIAIRES
Récitation Dire sans erreur et de manière expressive des textes en prose ou des poèmes (une dizaine).	• Lire, en toute situation de communication, un texte adapté à ses possibilités, sans hésitation et sans erreur, de façon expressive, témoignant ainsi qu'il est compris. • Exercer sa diction. • Restituer le texte de manière fluide prouvant qu'il est bien mémorisé. • Adapter son débit à la longueur et au rythme des phrases. • Adapter le ton au type de texte. • Lire des textes dialogués à plusieurs en se concentrant sur son tour de parole. • Faire percevoir la distinction entre récit et discours direct, entre l'expression des différents personnages. • Libérer toutes formes d'inhibition et faire appel à sa créativité. ▷ DOC 30 • Écouter ses partenaires pour placer ses répliques. • Mémoriser simultanément des déplacements et des morceaux de dialogue.

Apprendre à mémoriser
« Je redis le texte plusieurs fois, je ferme les yeux et je vois le texte dans ma tête. Je dis le texte devant ma glace, devant un camarade. »

Mettre à disposition des élèves un **fichier de poésies ou de textes en prose** pour qu'ils puissent choisir celui qu'ils souhaitent apprendre et exprimer.

Les **« souffleurs »** permettent de sécuriser celui qui joue le texte. Être souffleur exige des qualités de concentration et d'adaptation rapide de lecture. Cette responsabilité favorise l'esprit d'équipe et l'entraide.

• **Dire un texte devant un public** est un exercice très difficile. Il faut mettre l'élève en situation de réussite, **l'encourager**, ne pas lui faire subir cette épreuve contre son gré, mais l'amener progressivement à vaincre son inhibition.
• Distinguer l'expression d'un texte de la restitution par cœur.

56 COMMENT ENSEIGNER EN CM2

PROPOSER DES EXERCICES DE DICTION
• Pour faire prendre conscience aux élèves de la difficulté de prononciation de certains phonèmes associés.
• Pour travailler la concentration.

Prononcer plusieurs fois de suite les phrases suivantes :
– Trois petites truites cuites, trois petites truites crues.
– Trois tortues trottaient sur trois toits.
– Pruneau cuit, pruneau cru.
– Seize jacinthes sèchent dans seize sachets sales.
– Ciel si ceci se sait ces soins sont un succès.

PROPOSER DES EXERCICES POUR LIBÉRER L'EXPRESSION ET SE DÉGAGER DU REGARD DE L'AUTRE
• Inciter les élèves à oser.
• Les libérer de toutes formes d'inhibition.
Penser à toujours laisser un groupe d'enfants spectateurs. Cette notion est fondamentale au théâtre.

Jeu de la machine
Un enfant débute l'exercice en prenant une posture et en bruitant le son d'une machine. Un autre élève vient se placer à côté de lui, prend un point de contact avec son camarade, adapte la position de son choix et émet un deuxième son. Et ainsi de suite… Les élèves spectateurs imaginent cette machine et son utilité.

Ce jeu développe la créativité et la prise en compte de l'autre. À chaque fois, quatre ou cinq élèves peuvent se compléter. Un lien peut être imaginé avec la reproduction artistique d'une machine, sa description écrite, la présentation orale de son inventeur, etc.

Jeu des mimes
Un élève fait face à un autre élève pendant que le reste de la classe leur tourne le dos. Le premier mime une situation courte de son choix. L'élève qui l'a regardé doit reproduire devant un autre camarade les mêmes gestes en ajoutant une séance, et ainsi de suite… jusqu'à 6 élèves. Le dernier reproduit l'ensemble devant le groupe classe, qui doit donner une interprétation de ce qu'il voit. Chaque enfant explique enfin ce qu'il voulait produire.

Ce jeu favorise la mémorisation gestuelle et le langage corporel.

D'autres idées sont proposées par S. Balazar et É. Gentet-Ravasco, *in Le Théâtre à l'école*, Hachette Éducation, coll. « Pédagogie pratique à l'école », 2003.

DOC 30 Faire du théâtre

CINQ GRANDS DOMAINES 57

Des conseils

Des outils pour agir

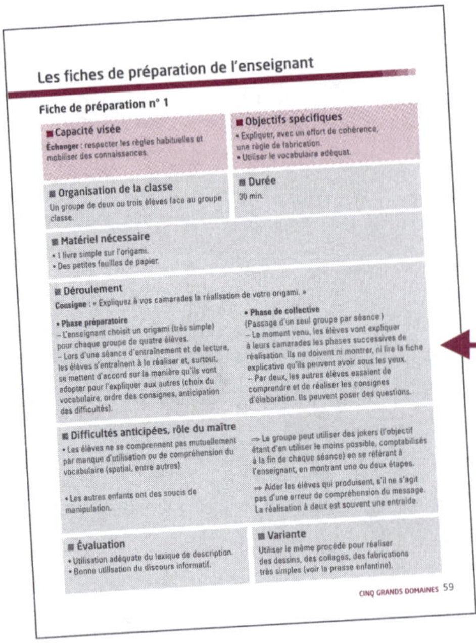

Les fiches de préparation de l'enseignant

Fiche de préparation n° 1

Capacité visée
Échanger : respecter les règles habituelles et mobiliser des connaissances.

Objectifs spécifiques
• Expliquer, avec un effort de cohérence, une règle de fabrication.
• Utiliser le vocabulaire adéquat.

Organisation de la classe
Un groupe de deux ou trois élèves face au groupe classe.

Durée
30 min.

Matériel nécessaire
• 1 livre simple sur l'origami.
• Des petites feuilles de papier.

Déroulement
Consigne : « Expliquez à vos camarades la réalisation de votre origami. »

• **Phase préparatoire**
– L'enseignant choisit un origami (très simple) pour chaque groupe de quatre élèves.
– Lors d'une séance d'entraînement et de lecture, les élèves s'entraînent à le réaliser et, surtout, se mettent d'accord sur la manière qu'ils vont adopter pour l'expliquer aux autres (choix du vocabulaire, ordre des consignes, anticipation des difficultés).

• **Phase de collective**
(Passage d'un seul groupe par séance)
– Le moment venu, les élèves vont expliquer à leurs camarades les phases successives de réalisation. Ils ne doivent ni montrer, ni lire la fiche explicative qu'ils peuvent avoir sous les yeux.
– Par deux, les autres élèves essaient de comprendre et de réaliser les consignes d'élaboration. Ils peuvent poser des questions.

Difficultés anticipées, rôle du maître
• Les élèves ne se comprennent pas mutuellement par manque d'utilisation ou de compréhension du vocabulaire (spatial, entre autres).
⇒ Le groupe peut utiliser des jokers (l'objectif étant d'en utiliser le moins possible, comptabilisés à la fin de chaque séance) en se référant à l'enseignant, en montrant une ou deux étapes.
• Les autres enfants ont des soucis de manipulation.
⇒ Aider les élèves qui produisent, s'il ne s'agit pas d'une erreur de compréhension du message. La réalisation à deux est souvent une entraide.

Évaluation
• Utilisation adéquate du lexique de description.
• Bonne utilisation du discours informatif.

Variante
Utiliser le même procédé pour réaliser des dessins, des collages, des fabrications très simples (voir la presse enfantine).

CINQ GRANDS DOMAINES 59

Des fiches de préparation

Partie 1

La pédagogie au quotidien

Gérer le temps

Les instructions officielles : vers l'acquisition d'un socle commun de connaissances et de compétences

BO

« Dans la continuité des premières années de l'école primaire, la maîtrise de la langue française ainsi que celle des principaux éléments de mathématiques sont les objectifs prioritaires du CE2 et du CM. Cependant, tous les enseignements contribuent à l'acquisition du socle commun de connaissances et de compétences. » ▷ **DOC 1**

La durée hebdomadaire de la scolarité est fixée à 24 heures organisées à raison de 6 heures par jour au maximum (article 10 du décret n° 90-788 du 6 septembre 1990 modifié). Les élèves qui rencontrent des difficultés d'apprentissage peuvent bénéficier, en outre, de deux heures d'aide personnalisée qui s'ajoutent aux 24 heures d'enseignement hebdomadaire obligatoires pour tous selon les modalités définies par le projet d'école.
Dans le cadre de cette organisation du temps scolaire, l'amplitude d'ouverture des écoles doit permettre d'organiser l'enseignement obligatoire et l'aide personnalisée.

<table>
<tr><th>DOMAINES DISCIPLINAIRES</th><th>DURÉE ANNUELLE DES ENSEIGNEMENTS</th><th>DURÉE HEBDOMADAIRE DES ENSEIGNEMENTS</th></tr>
<tr><td>Français</td><td>288 heures</td><td>8 heures</td></tr>
<tr><td>Mathématiques</td><td>180 heures</td><td>5 heures</td></tr>
<tr><td>Éducation physique et sportive</td><td>108 heures</td><td rowspan="4">11 heures*</td></tr>
<tr><td>Langue vivante</td><td>54 heures</td></tr>
<tr><td>Sciences expérimentales et technologie</td><td>78 heures</td></tr>
<tr><td>Culture humaniste :
– pratiques artistiques et histoire des arts**
– histoire, géographie, instruction civique et morale</td><td>78 heures

78 heures</td></tr>
<tr><td>Total</td><td>864 heures</td><td>24 heures</td></tr>
</table>

* La déclinaison de cet horaire hebdomadaire sera fonction du projet pédagogique des enseignants, dans le respect des volumes annuels fixés pour chacun des domaines disciplinaires.
** L'enseignement annuel d'histoire des arts est de 20 heures et concerne l'ensemble des domaines disciplinaires.

DOC 1 Les horaires

Comment assurer une cohérence ?

Au sein d'une même discipline

C'est lors de la phase de programmation dans le temps des objectifs d'apprentissage que l'enseignant s'efforcera de rechercher des niveaux de mise en cohérence au sein d'un même champ disciplinaire. Seule une approche de ce type confère aux disciplines outils (grammaire, orthographe, vocabulaire…) un sens par rapport aux activités de lecture et d'écriture. ▷ **DOC 2**

• Dans le domaine de la maîtrise de la langue

Lecture	Production d'écrits	Grammaire	Conjugaison	Vocabulaire
Les caractéristiques du texte descriptif.	Rédiger le portrait d'un personnage, d'un objet.	Les adjectifs qualificatifs.	L'accord nom/verbe.	Les adjectifs synonymes.

DOC 2 Exemple de progression au sein d'une même discipline

Entre plusieurs disciplines

Entre les programmes des différentes disciplines, certaines notions se prêtent à des passerelles qui permettent à l'élève de trouver du sens au travail scolaire et qui enrichissent l'approche de la notion. ▷ **DOC 3**

• À propos des points de vue

Littérature	Lecture de documents	Productions de textes	Instruction civique
Dans *Une histoire à quatre voix*, d'Anthony Browne (L'École des loisirs, 2000), quatre personnes abordent une même réalité de quatre façons différentes.	• Lire des témoignages relatifs à un accident de la route. • Lire différents témoignages ou récits relatifs à un fait historique.	• Écrire en adoptant le point de vue d'un nouveau personnage (le grand-père, un animal domestique…). • Rédiger les résultats d'une enquête sur un incident survenu dans l'école.	• À chacun sa vérité, la partialité des points de vue. • Notion d'arbitrage. • Développer un esprit critique.

DOC 3 Exemples de mises en cohérence interdisciplinaires

Quelques conseils pour élaborer un emploi du temps

- L'emploi du temps sera noté dans le cahier de textes de l'élève. ▷ **DOC 4**
- Dans la perspective de l'entrée en Sixième, prévoir des séances allant jusqu'à 55 min, en veillant à alterner les moments d'attention soutenue et les moments sans contraintes.

	LUNDI	MARDI	JEUDI	VENDREDI
8 h 30	Présentation du travail de la semaine	Calcul mental	Lecture silencieuse	Calcul mental
8 h 45	Lecture	Lecture, instruction civique et morale	Débat réglé	EPS, instruction civique et morale
9 h 15 10 h 00	Étude de la langue (grammaire)	Langues vivantes	Étude de la langue	Langues vivantes (conjugaison, vocabulaire)
10 h 15	Maths, instruction civique et morale	Mathématiques (numération)	Mathématiques (techniques opératoires)	Mathématiques (géométrie)
10 h 45 11 h 30	Géographie	Étude de la langue (orthographe)	Sciences expérimentales, instruction civique et morale	Étude de la langue
13 h 30	Éducation musicale	Instruction civique et morale	Arts visuels	Arts visuels
14 h 00	Sciences expérimentales, instruction civique et morale	Histoire	Mathématiques (résolution de problèmes)	Histoire
14 h 30 15 h 00	Production de textes	EPS	Géographie	Technologie
15 h 15	Arts visuels	Sciences expérimentales	Production de textes (amélioration, correction)	Mathématiques (résolution de problèmes)
15 h 45	EPS	Éducation musicale	EPS	Activités BCD – Jeux théâtraux
16 h 15	Calcul mental	Poésie	Calcul mental	Calcul mental

DOC 4 **Un exemple d'emploi du temps**

À ne pas oublier

- **Varier et alterner les activités** ainsi que l'organisation pédagogique (travail collectif, individuel, en groupes). ▷ **DOC 5**
- **Inclure le français comme discipline transversale.**
- **Organiser les transitions entre les disciplines.** Elles conditionnent l'entrée dans la séance et remobilisent l'attention des élèves. ▷ **DOC 6**
- Les rythmes d'acquisition et les niveaux de compétence des élèves n'étant pas les mêmes, il faut **organiser les « vides »**, ces moments où certains élèves, ayant fini leur travail, ne savent plus que faire. ▷ **DOC 7**
- Adapter le rythme de travail **à l'âge des élèves et à leur état de fatigue**.
Cette préoccupation doit apparaître dans l'emploi du temps et se traduit par l'alternance, au cours de chaque journée, de différentes activités ou travaux : celles qui demandent une **forte concentration** ou autorisent une plus grande **détente** ; celles qui répondent à un **besoin de mouvement** ou à un **temps de repos** ; les travaux d'**acquisitions conceptuelles** ou **notionnelles** et ceux d'ordre **méthodologique** et **procédural** ; les temps d'**apprentissages nouveaux** et ceux d'**approfondissement** et de **révision**.

L'enseignant s'y référera régulièrement afin de constater ce qui a été réalisé, ce qui ne l'a pas été, ce qui a été modifié…

	Lundi	Commentaires
8 h 30	Présentation du travail de la semaine	✔
8 h 45	Lecture	✔
9 h 15 10 h 00	Étude de la langue (grammaire)	Le texte était particulièrement complexe à comprendre, le temps consacré à l'étude de la langue a été écourté.
10 h 15	Maths et instruction civique	✔
10 h 45 11 h 30	Géographie	
13 h 30	Éducation musicale	Les activités relatives aux mécanismes qui permettent de transmettre un mouvement ont beaucoup intéressé les élèves. La phase de synthèse écrite par groupes de deux a été très constructive.
14 h 00	Sciences expérimentales et instruction civique	
14 h 30 15 h 00	Production de textes	
15 h 15	Arts visuels	L'œuvre a été bien analysée, bonne utilisation du lexique spécifique
15 h 45	EPS	
16 h 15	Calcul mental	

DOC 5 L'emploi du temps de la journée

Comment assurer les transitions entre les activités afin d'éviter les temps morts et la déconcentration ?

- **Faire ranger le matériel rapidement (utiliser un sablier d'une minute).**
- **Adapter une attitude type caractéristique du passage à une autre activité.**
- **Présenter la nouvelle matière en se référant au programme quotidien de travail noté sur la partie gauche du tableau *(« Nous avons déjà étudié telle leçon, nous passons maintenant à la séance de géométrie ! »).***
- **Faire se remémorer ce qui avait été étudié sur la même notion, ainsi que les dernières questions que la classe s'était posées.**
- **Annoncer l'objectif de la séance.**
- **Au fur et à mesure des besoins, faire sortir le matériel nécessaire de la case ou du cartable (éviter au maximum la proximité du cartable et faire ranger, en début de journée, le matériel dans la case).**

DOC 6 Pour passer d'une activité à une autre

L'enseignant peut y répondre seul, mais il est préférable qu'il y associe les élèves. Voici quelques réponses possibles :

- **Lire son livre de bibliothèque.**
- **Réaliser des exercices complémentaires.**
- **Préparer un défi « lecture », « vocabulaire », « calcul mental »... pour la classe.**
- **Aider un camarade dans le cadre d'un tutorat.**
- **Utiliser l'ordinateur pour mettre au propre sa production écrite, faire une recherche documentaire, préparer son exposé...**
- **Exercer une tâche utile à toute la classe : tailler les crayons, effacer le tableau...**

DOC 7 Que peut-on faire lorsqu'on a fini son travail ?

Organiser l'activité des élèves

BO

Aider par un dispositif efficace les élèves qui en ont le plus besoin

« Les difficultés repérées par le professeur sont traitées dans le cadre de la classe. Si elles sont plus lourdes, elles donnent lieu à une prise en charge spécifique, dans le cadre des programmes personnalisés de réussite éducative.

La modification des horaires de l'école primaire à 24 heures d'enseignement pour tous les élèves permet dès la rentrée scolaire de disposer de deux heures d'enseignement par semaine pour aider les enfants qui en ont le plus besoin. L'aide est effectuée en très petits groupes, avec le cas échéant la mise en place d'un programme personnalisé de réussite éducative.

Il conviendra de se référer à la circulaire d'organisation de ces aides personnalisées.

Dans cette même perspective, les maîtres proposeront aux parents des élèves de cours moyen qui éprouvent des difficultés en français et en mathématiques des stages de remise à niveau de 15 à 30 heures pendant les périodes de vacances scolaires. »

Différencier pour faire progresser

Mettre en place une réelle pédagogie différenciée est un exercice difficile lorsque l'on débute ; la difficulté résidant en particulier dans la gestion du temps. Cela demande de la rigueur dans l'organisation, mais également de la disponibilité lorsque les élèves sont en activité.

La différenciation pédagogique permet :

– d'organiser la classe pour que tout le monde progresse ;

– de favoriser les apprentissages des élèves lents, sans porter préjudice aux élèves les plus rapides ;

– d'étoffer le menu des élèves rapides pour leur éviter de perdre du temps et les pousser plus loin ; ▷ **DOC 8**

– de donner le temps d'apprendre à chacun, tout en agissant pour modifier le rythme des plus faibles ;

– de motiver les élèves pour les inciter à **s'investir** ;

– de proposer un contexte d'apprentissage permettant le développement de l'autonomie.

La différenciation successive

Il s'agit de **varier** les outils et les situations d'apprentissage de manière que chaque élève ait le maximum de chances de trouver une approche qui lui convient. Là, l'enseignant conserve une progression collective, mais **alterne** les méthodes utilisées (ex. : partir de la présentation d'une règle et aller vers son application ; partir d'une série d'exemples dont il faudra déduire la règle puis l'appliquer...), **varie** les supports (l'autodictée à mémoriser est lue, dite à voix haute, illustrée, commentée, complétée dans le cas de textes à trous, remise en ordre dans les cas de reconstitution de texte...).

La différenciation simultanée

Elle consiste à attribuer à chaque élève un travail correspondant précisément à un moment donné du programme, et **adapté à ses besoins et à ses possibilités**. Cette pratique nécessite une évaluation constante des élèves afin de déterminer le niveau de chacun d'eux. Cette pratique peut avantageusement se traduire par l'instauration de plans de travail individuel ou de contrats d'aide établis avec les élèves. ▷ **DOC 9**

DEUX MANIÈRES DE DIFFÉRENCIER

Adapter la quantité de travail.	Intervenir auprès de ceux qui ont besoin d'une nouvelle médiation : un rappel, une autre manière de présenter la notion nouvelle, des méthodes de travail, un soutien psychologique...
• **Les sujets et les thématiques sont communes,** mais les élèves n'ont pas la même charge de travail. Il est indispensable que les élèves plus lents n'aient pas le sentiment d'être, d'une certaine manière, « exclus ».	• **Les autres élèves savent parfaitement ce qu'ils ont à faire, comment ils doivent le faire et en combien de temps** : sont ainsi réunies les conditions d'une **autonomie réelle dans leur travail**. Leur travail sera par la suite évalué par l'enseignant, ou bien les élèves pourront avoir recours à des fiches autocorrectives (l'enseignant ne s'en désintéresse pas, de toutes les façons). Le **principe d'un fichier élaboré par l'enseignant** pour une matière donnée se prête tout à fait à cette organisation.
• **Un minimum commun est exigé pour tous.** Il est important que ce que les élèves les plus rapides feront soit apprécié par l'enseignant (éviter que les élèves aient le sentiment de faire « en plus pour rien ») et que ce qui sera fait en plus soit utile aux autres élèves de la classe **pour préserver l'unité du groupe**. Par exemple : préparer des questions sur le texte à poser ensuite aux autres camarades.	• Intervenir auprès de quelques élèves en petits groupes ou en travail individuel, en fonction de l'aide nécessaire et adaptée à chacun. Par exemple : – formuler tout haut (en chuchotant, malgré tout) les étapes à franchir pour résoudre un problème ou effectuer une multiplication ; – aider à la formulation des idées avant la production d'un écrit ; – aider à repérer les erreurs d'orthographe présentes dans tel exercice, à rechercher les outils utiles, à rectifier le travail... ; – présenter autrement une notion à partir d'exemples concrets et non de considérations générales ; faire appel à différentes mémoires : auditives, visuelles, kinesthésiques...

DOC 8 Organiser la différenciation pédagogique

L'organisation matérielle

• Dans la classe, l'élève sera placé plutôt près du tableau et son pupitre sera facilement accessible pour l'enseignant.
• Créer le « cahier de l'élève imaginaire » pourra être très utile : il s'agit de garder en classe un (ou des) cahier(s) contenant exactement ce que tout cahier d'élève doit contenir. Il pourra être consultable à tout moment et sera tenu à jour par l'enseignant et les élèves volontaires pour coller, recopier les leçons, etc. Ainsi, une leçon mal recopiée, un exercice mal corrigé, un jour d'absence pourront être rattrapés par la consultation (et la copie ou photocopie) du cahier de l'élève imaginaire, rapidement et de façon autonome.

Leçons et copies

La copie est une activité très coûteuse pour beaucoup d'enfants dyslexiques : elle leur demande un grand effort cognitif et donne malgré tout quelquefois un résultat désastreux (mots oubliés, écrits avec des erreurs, lignes sautées, etc.). Pour alléger cette tâche, donner dès que possible à l'élève l'exemple à copier sur le bureau plutôt qu'au tableau ; autoriser les caches de lignes pour éviter les sauts de lignes ; encourager l'usage d'abréviations.

CONTOURNER LES DIFFICULTÉS DE LECTURE ET D'ORTHOGRAPHE

Travail individuel écrit

On aborde ici le nœud du problème : très souvent, à l'école, l'enfant est face à un énoncé, à un exercice écrit qu'il doit faire seul.
• Oraliser systématiquement la consigne et en vérifier la compréhension. Si l'exercice lui-même comporte beaucoup d'écrit, le lire entièrement afin que l'enfant dyslexique passe son temps à faire l'exercice plutôt qu'à essayer de le déchiffrer.
• Alléger également la copie au maximum, par exemple en préférant les exercices à trous sur fichiers plutôt que les exercices sur livres à recopier entièrement.
• Lors d'un travail d'expression écrite, réduire l'exigence de la quantité, tout en précisant les exigences qualitatives (en disant explicitement sur quels critères l'écrit sera évalué).

Développer aussi certains **« trucs » mnémotechniques** qui peuvent être liés à la création poétique, par exemple : regrouper dans une même courte histoire créée par l'enfant plusieurs mots contenant le même graphème *(La reine des baleines a de la peine)*. On peut aussi inventer un dessin incorporé dans le mot qui met en évidence sa particularité orthographique.

Extraits de http://www.cndp.fr/ecole/

DOC 9 Que peut faire un enseignant avec un élève dyslexique au cycle 3 ?

Travailler seul ou en groupes

Quelles modalités de gestion de la classe ?

Pour gérer la classe, l'enseignant peut utiliser en alternance trois modalités différentes :

- Le **travail individuel**, qui permet de centrer l'action pédagogique (apprentissage, aide, remédiation, soutien, évaluation) sur chaque élève en particulier, sur ses difficultés et ses réussites propres.
- Le **travail en groupes**, qui confère à la réalisation de la tâche une dimension sociale de coopération et de solidarité.
- Le **travail collectif** qu'imposent les moments de synthèse ou de mise au point et qui concerne tous les élèves.

Comment choisir la modalité qui convient ?

La modalité du travail (individuellement, en groupes ou collectivement) ne se choisit pas au hasard. Ce choix dépend à la fois :

- De l'étape où se situe l'élève à un moment donné de l'apprentissage visé (découverte, première acquisition ou approfondissement).
- De la nature de la tâche effectuée.
- Des intentions pédagogiques de l'enseignant en matière de programmation du travail, d'aide et d'accompagnement des élèves ou d'évaluation de leurs acquis.
▷ **DOC 10**

Pourquoi le travail en groupes semble-t-il moins pratiqué ?

Cette modalité de travail reste souvent négligée car elle est redoutée par l'enseignant. Deux raisons sont le plus souvent avancées : le désordre redouté, qui incite à y renoncer et induit le second motif : l'incapacité des élèves à travailler ainsi. ▷ **DOC 11**

Or **travailler en groupes constitue en soi un apprentissage, et un apprentissage difficile et long qui débute à l'école maternelle et qui se poursuivra bien après la scolarité élémentaire des élèves.** Certes, ce type d'organisation induit un accroissement du volume sonore ambiant, que l'enseignant apprendra aux élèves à maîtriser. Passer d'échanges parfois vifs et dérangeants à des débats plus calmes, organisés et méthodiques **constitue justement l'objet de cet apprentissage à forte dimension éducative.** ▷ **DOC 12**

Étape de l'itinéraire d'apprentissage	L'enseignant souhaite…	Les élèves doivent donc travailler…
En début d'apprentissage, évaluation diagnostique.	Connaître les contenus déjà acquis, les compétences déjà maîtrisées par les élèves dans un domaine nouveau à étudier, afin de prévoir la différenciation pédagogique.	Individuellement.
En cours d'apprentissage.	Entraîner les élèves à l'analyse et à la correction de leur travail.	Collectivement.
En cours d'apprentissage.	Initier les élèves à la confection d'un panneau d'affichage collectif.	En petits groupes.
En fin d'apprentissage, évaluation sommative.	Attester des acquis effectués par les élèves au terme d'un cycle de travail.	Individuellement.

DOC 10 Exemple d'alternance des modalités de travail

L'élève qui travaille au sein de son groupe devient peu à peu capable de…

Sur le plan méthodologique :
- S'interroger sur le sens des énoncés.
- Mieux questionner la consigne orale ou écrite de manière à reconnaître la catégorie d'exercices à laquelle elle est rattachée.
- Lire à haute voix tout texte utile à l'avancée du travail.

Sur le plan de la communication :
- Se servir de sa mémoire pour conserver le fil de la conversation.
- Attendre son tour pour intervenir.
- S'insérer dans la conversation.
- Formuler une demande d'aide.

Sur le plan du langage :
- Reformuler l'intervention d'un autre élève.
- Prendre en compte les points de vue des autres membres du groupe.
- Exposer ses propositions de réponse et expliciter les raisons qui ont conduit à celles-ci.
- Se servir du dialogue pour organiser les productions du groupe.
- Rapporter devant la classe de manière à rendre ces productions compréhensibles.

Sur le plan cognitif :
- Comparer des formulations différentes d'une même idée.
- Choisir, entre plusieurs formulations, celle qui est la plus adéquate.
- Maîtriser un savoir partagé qui se construit avec l'aide de ses pairs.

DOC 11 Les effets du travail en groupes

4 FAÇONS DE DIFFÉRENCIER LES OBJECTIFS DU TRAVAIL EN GROUPES

Le groupe centré sur une production

Le groupe a à préparer une maquette, un questionnaire, une saynète, une expérience scientifique, un objet technologique, un panneau d'affichage, une affiche publicitaire…
Les élèves s'organisent pour atteindre l'objectif.

Le groupe à dominante affective

• Le groupe est, certes, centré sur une tâche, mais cela est relativement secondaire par rapport à ce qui est réellement visé : la cohésion du groupe, la création d'un sentiment d'appartenance où chacun se sent valorisé, sait avoir une place.
Le groupe pourra se donner un nom, faire des propositions pour améliorer le fonctionnement de la classe, réfléchir aux différents moyens d'aider l'ensemble des élèves à progresser…

• Il sera nécessaire, au-delà des idées émises, de faire procéder à une évaluation des modalités de prise de parole de chacun dans le groupe.

Le groupe à dominante apprentissage

• Le groupe devra permettre à chacun d'apprendre en s'appuyant sur l'interaction cognitive entre les différents membres.
Les capacités de communication doivent être homogènes, mais les niveaux de compétence différents afin que les échanges profitent à tous.

• L'activité peut être centrée sur la résolution d'un problème, sur la découverte de documents informatifs portant sur l'étude d'une même région en géographie et qu'il faut synthétiser, sur des éclairages différents relatifs à une même période en histoire…

• L'évaluation portera sur ce que les élèves ont réellement appris et sur la qualité de leur questionnement.

Le groupe d'aide ou « tutorat »

• L'élève « tuteur » devra, d'une certaine manière, jouer le rôle de l'enseignant dans le cadre d'une relation d'aide clairement ressentie par le « tutoré » et clairement définie en amont.

• Les échanges pourront porter sur l'acquisition de méthodes de travail, sur l'entraînement par le biais d'exercices et, parfois, lorsque cela sera possible, sur de courtes séances d'enseignement permettant au « tutoré » de mieux comprendre, avec ses mots et ses images, les exemples de son « tuteur ».

• L'évaluation portera sur la qualité des échanges entre les élèves, sur les progrès accomplis et sur la façon de mettre en œuvre l'aide.

DOC 12 La différenciation pédagogique dans les travaux de groupes

Choisir, concevoir les outils des élèves

Pour travailler en toute quiétude et de manière efficace, les élèves doivent pouvoir repérer facilement les outils dont ils disposent et choisir, de manière autonome et adaptée, celui qui convient à la tâche demandée.

La liste qui suit n'est évidemment pas exhaustive et n'inclut pas les manuels. Elle a pour objectif d'aider l'enseignant à choisir, **en collaboration avec ses collègues du cycle** et en fonction des projets mis en œuvre, les outils qui devront être utilisés par l'élève durant une, deux ou trois années du cycle.

Maîtrise de la langue française

- Un **cahier d'essai** sur lequel l'élève doit prendre l'habitude d'effectuer un ou plusieurs brouillons avant de recopier définitivement son travail.
- Un **classeur** comprenant les rubriques suivantes ou **différents cahiers**.

Productions écrites	• Un classeur ou un cahier structuré en fonction de la typologie des textes rédigés : textes narratifs, injonctifs, descriptifs, poétiques, informatifs, explicatifs, argumentatifs. • « Modèles » de textes servant de référence. • Brouillons d'écrivains. • Fiches-guides contenant les critères propres à chaque type d'écrit. • Productions des élèves : brouillons, corrections, copies soignées et appréciations de l'enseignant.
Grammaire	• Exemples modèles en relation avec l'affichage pédagogique. • Exercices d'application. • Règles importantes (simples et aidantes). • Conjugaison : exemples importants de valeurs modales. • En relation étroite avec ses productions écrites, l'élève pourra y faire figurer, en les commentant : les phrases enrichies, les phrases simplifiées, les phrases corrigées, les règles.
Vocabulaire	• Le fichier sémantique de certains mots : les sports, la cuisine, les métiers, la mer... les disciplines scolaires... • Des études morphologiques : préfixes, suffixes, familles de mots... • L'origine géographique des mots et l'évolution de quelques termes simples et familiers.

Orthographe Orthographe d'usage	• La liste des règles numérotées. • La présentation des règles à l'aide de procédés de visualisation. • La liste des mots mal orthographiés à revoir : l'élève y note les mots dont l'orthographe a posé problème. À revisiter selon les indications de l'enseignant (à un moment particulier, dès que l'élève a fini un travail...). ▷ **DOC 13**
Orthographe grammaticale	• Les exemples types : en relation avec l'affichage pédagogique de la classe, l'élève peut y retrouver les exemples sur lesquels il peut s'appuyer par analogie. • Les exemples produits par les élèves eux-mêmes et dont ils se souviendront plus aisément. • Les règles illustrées. • Les exercices réalisés et commentés.
Dictées	• Différentes sortes de dictées présentées en classe. • Des fiches-guides de préparation d'une dictée avec des renvois sur les règles à revoir. • La liste des erreurs les plus fréquentes de l'élève.
Copie	• Les textes que l'élève a aimés et dont il souhaite garder une trace. • Les notes prises au cours d'une leçon.
Poésie Textes en prose Textes en vers	Parfaitement calligraphiés et illustrés par l'élève, les textes appartiendront à un répertoire diversifié établi par les maîtres du cycle en relation avec les œuvres de culture littéraire.

Voici quelques-uns des mots les plus fréquents, les premiers de chaque rubrique, sachant qu'il existe d'autres rubriques :

Adjectifs	Adverbes	Conjonctions	Déterminants	Verbes	Prépositions
tout	ne	et	le	être	de
grand	pas	que	un	avoir	à
petit	plus	comme	son	faire	en
même	bien	mais	ce	dire	dans
autre	si	quand	du	pouvoir	pour
seul	là	si	au	aller	par
jeune	même	puis	de	voir	sur
premier	tout	donc	mon	vouloir	avec
bon	encore	car	leur	venir	sans
quel	aussi		notre	devoir	sous

http://www.eduscol.education.fr/D0102/accueil.htm

DOC 13 Les mots les plus fréquents de la langue française écrite

Mathématiques

- Un **cahier d'essai** sur lequel l'élève doit prendre l'habitude d'effectuer au brouillon ses opérations ou de résoudre un problème avant de recopier définitivement ses réponses.
- Un **classeur** comprenant les rubriques qui suivent ou **différents cahiers**.

Numération	• Écritures des nombres. • Positionnement des nombres. • Exercices d'application.
Calcul	• Mécanismes opératoires. • Modèles de calculs. • Formulaire illustré. • Exercices d'application.
Mesures	• Mesures de référence. • Correspondances entre mesures. • Formulaire.
Géométrie	• Définitions. • Constructions types.
Résolution de problèmes	• Résolution de problèmes de différents types (additifs, soustractifs, à étapes cachées...). • Résolution de problèmes sans données numériques. • Démarches types de résolution de problèmes (exemple : pour calculer une durée...).

Sciences

- Le **carnet d'expériences**.
- Un **classeur avec, en guise d'entrées, l'intitulé des domaines étudiés** tout au long de chaque année du cycle (biologie, physique, technologie, chimie, astronomie...). Chaque entrée se compose des rubriques suivantes, qui seront enrichies d'année en année :
  – Le phénomène étudié et la description de sa manifestation.
  – Le problème posé.
  – Les hypothèses émises.
  – Le dispositif d'expérimentation ou de recherche mis en place.
  – Les observations effectuées.
  – Le compte rendu des expériences et des recherches.
  – La validation des hypothèses.
  – La trace écrite à retenir.
  – Les documents utilisés (textes, illustrations, vidéos...).
  – Les dossiers réalisés seul ou en groupes.
  – Les éléments bibliographiques (ouvrages et sites Internet).

Histoire

- Un **classeur avec, en guise d'entrées, les périodes étudiées** tout au long de chaque année du cycle. Chaque entrée se compose des rubriques suivantes.
  – Les dates extrêmes de la période concernée.
  – Les repères chronologiques marquants.
  – Les personnages importants.
  – Les traces écrites comprenant le vocabulaire de base.
  – Les documents utilisés.
  – Les fiches méthodologiques (comment lire un document, rédiger une trace écrite, apprendre une leçon d'histoire...).
  – Les dossiers réalisés seul ou en groupes.
  – Les éléments bibliographiques (ouvrages et sites Internet).

Géographie

- Un **classeur avec, en guise d'entrées, les grands domaines étudiés** tout au long de chaque année du cycle. Chaque entrée se compose des rubriques suivantes.
  – L'espace considéré.
  – Les repères géographiques marquants (localisation sur cartes).
  – Les caractéristiques importantes.
  – Les traces écrites comprenant le vocabulaire de base.
  – Les documents utilisés.
  – Les fiches méthodologiques (comment reconnaître un phénomène, décrire un paysage, rédiger une trace écrite, apprendre une leçon de géographie...).
  – Les dossiers réalisés seul ou en groupes.
  – Les éléments bibliographiques (ouvrages et sites Internet).

Arts visuels

- Le carnet d'observations.
- Les fiches d'essai (de textures, de techniques, d'utilisation d'outils...).
- Les fiches d'analyse (d'œuvres, d'artistes, de courants artistiques...).
- Un répertoire d'images favorites (dessins, peintures, photographies, sculptures...).
- Les dossiers réalisés seul ou en groupes et relatifs aux projets de classe.
- Les éléments bibliographiques (ouvrages et sites Internet).

Education musicale

- Les fiches descriptives (instruments, orchestre...).
- Partitions (de chant, de musique, de comédies musicales, d'essais d'écriture par l'élève...).
- Les fiches d'analyse (d'œuvres, de musiciens, de courants musicaux...).
- Un répertoire d'extraits favoris (chants, musiques folkloriques, œuvres classiques, musique contemporaine).
- Les dossiers réalisés seul ou en groupes et relatifs aux projets de classe.
- Les éléments bibliographiques (ouvrages et sites Internet).

Education physique

- Les fiches descriptives (jeux, règles de sports collectifs...).
- Le palmarès de l'élève (ce qu'il est capable de réaliser en course, en saut, à la piscine, en expression corporelle...).
- Les fiches d'aménagement d'un parcours.
- Un répertoire de sportifs favoris (en lien avec les événements majeurs traités en relation avec la géographie et la maîtrise de la langue).
- Les dossiers réalisés seul ou en groupes et relatifs aux projets de classe.
- Les éléments bibliographiques (ouvrages et sites Internet).

Remarques :

- Dans la perspective de l'entrée au collège, il conviendra de doter chaque élève **d'un cahier de textes ou d'un agenda** afin qu'il se repère dans le temps, organise son travail et acquiert progressivement une certaine autonomie.
- Certains élèves font un long trajet pour se rendre à l'école et, assez souvent, le cartable pèse lourd. Soyons donc attentifs à ne pas multiplier le nombre de supports.
- Décidons quels seront les outils que les élèves devront laisser en classe et ceux qu'ils devront emporter chez eux.

Concevoir, utiliser ses outils professionnels

Les documents administratifs

Destinés à l'information d'un tiers (remplaçant éventuel, inspecteur, formateur...), ils offrent tous les éléments permettant de saisir l'organisation de la classe et de repérer les tâches de l'enseignant dans l'école :

- Le registre d'appel.
- Le tableau des services assurés par l'enseignant.
- Le tableau des âges des élèves.
- La liste des manuels utilisés en classe.
- La liste des cahiers de l'élève.
- La liste des chants et des poésies.
- La liste des élèves concernés à titre particulier (prise en charge par le RASED, orthophonie, allergie, PAI...).
- Ainsi que tout autre document utile.

Les affichages

- **L'affichage esthétique**
  Particulièrement important, il influe sur l'ambiance de la classe et reflète la joie d'y vivre. Il se compose le plus souvent de productions individuelles des élèves ou de réalisations collectives en arts plastiques, ainsi que d'œuvres de maîtres choisies en relation avec les travaux conduits en classe en ce domaine.

- **L'affichage pédagogique**
  Il a pour fonction d'aider les élèves en situation de recherche. Il importe donc de les associer à son élaboration ainsi qu'à son entretien. En décidant de ce qu'il faut afficher, les élèves repèrent par anticipation **le moment** où ils auront à s'y référer.
  De même, **en évaluant régulièrement leurs compétences**, ils peuvent également désigner ce qui, dans l'affichage, est devenu inutile et peut donc être supprimé. Ces affichages sont regroupés fonctionnellement par champ disciplinaire.

Les répartitions, programmations et progressions

Les répartitions

Les programmes précisent, pour l'ensemble du cycle, les attitudes, connaissances et capacités devant être acquises en fin de cycle dans chaque domaine disciplinaire ; les enseignants, réunis en concertation de cycle, établissent une « distribution » de ces différentes attitudes, connaissances et capacités sur les trois niveaux du cycle, en respectant une certaine progression. Concernant la maîtrise de la langue et les mathématiques, des progressions sont proposées au sein des programmes officiels.

Les progressions

Il convient là de répondre aux questions suivantes :

– Comment vais-je traiter cette capacité ?
– Par quelles étapes faudra-t-il passer ?
– Quelles seront les étapes les plus complexes et donc les plus longues ?

La progression présentera donc l'organisation logique d'un apprentissage. (Voir, dans la partie 2, pour chaque champ disciplinaire : « Organiser les progressions ».)

Les programmations

La programmation reprend les répartitions et les progressions et y associe la notion du temps ; l'enseignant de CM2 va établir un **calendrier sur l'année** pour l'acquisition de contenus, de notions, de savoirs.

Une programmation n'est jamais établie définitivement pour l'année ; elle va subir des ajustements en fonction du niveau et du rythme des élèves. Il faut donc faire régulièrement le point avec ce qui a été envisagé en début d'année.

La programmation, comme la préparation, est un outil indispensable qu'il s'agit d'utiliser de façon rigoureuse, mais souple.

Au niveau du cycle		Au sein de chaque classe ou entre classes de même niveau		
S'assurer de la **compréhension** de chaque connaissance et capacité de fin de cycle.	Préciser si cette connaissance ou cette capacité **s'élaborent tout au long du cycle** ou à partir de tel ou tel niveau. → C'est la **répartition.**	Définir les différentes étapes de l'apprentissage. → C'est la **progression.**	Répartir sur l'année ces différentes étapes et élaborer la **programmation.** → Ce qui sera traité chaque mois ou chaque trimestre.	Décider de l'étape au cours de laquelle il faudra procéder à une **évaluation sommative.**

Les outils de gestion pédagogique

Le cahier-journal

Il répertorie, pour chaque jour, les titres de l'ensemble des séquences conduites dans chaque champ disciplinaire mentionné sur l'emploi du temps. **Il y a nécessairement une correspondance directe** entre l'emploi du temps, la progression, le cahier-journal, les fiches de préparation écrites et les travaux des élèves.
Le cahier-journal sert de mémoire de la classe, aussi bien pour l'enseignant que **pour son éventuel remplaçant**.

La fiche de préparation écrite

Elle détaille chacune des séquences prévues dans l'emploi du temps et témoigne de la stratégie pédagogique de l'enseignant. Elle organise, en les articulant, les paramètres retenus, les critères d'évaluation des résultats des élèves, les prolongements possibles de la séquence. **Elle constitue un outil de base** de l'enseignant en lui permettant de rationaliser son geste professionnel et d'optimiser son action.
(Voir les nombreuses fiches de préparation dans la partie 2.)

Le tableau mural

Outil extrêmement précieux pour l'enseignant comme pour les élèves, dans la mesure où il va participer à la structuration des savoirs et à leur mémorisation. Toujours propre, peu surchargé, il doit présenter clairement les informations, schémas ou dessins utiles aux élèves. Il peut comporter des emplacements fonctionnellement précis (date, programme de la journée, référence bibliographique, question en suspens...). ▷ **DOC 14**

La voix du maître

- Outil fondamental qui ne vaut que par les silences qui l'entourent.
- Inaudible, suraiguë ou émaillée de cris, elle perd de sa portée et gêne l'écoute ; une voix basse apaise et est mieux écoutée.
- Le débit et l'intensité sont, en cas d'excès, gênants pour l'activité des élèves. Adopter un débit plus lent lors de la passation des consignes. Bien posée et bien modulée, et adaptée au moment vécu, elle attire l'attention des élèves.
- Éviter les remarques à la cantonade ne s'adressant qu'à un élève ou qu'à un groupe. Il vaut mieux se déplacer et s'adresser à lui directement.
- Éviter de parler lorsque les élèves se concentrent sur une tâche.
- Montrer l'exemple en chuchotant certains messages personnels aux élèves.

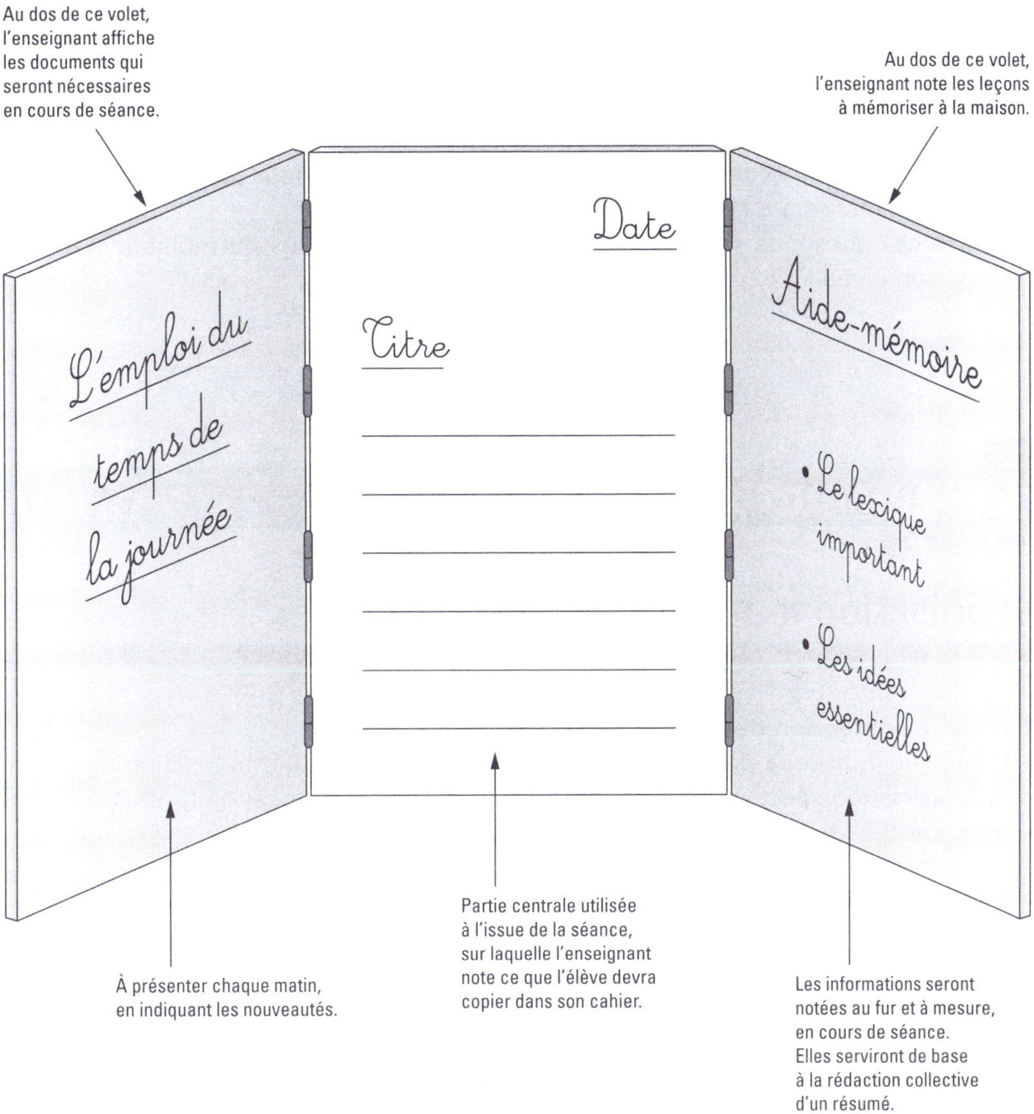

DOC 14 Exemple d'utilisation du tableau noir

Enseigner dans une classe à plusieurs niveaux

Comment organiser son travail, comment mettre en place les différents enseignements, gérer le temps, maintenir la cohésion du groupe... et trouver du temps pour observer, corriger, évaluer de manière individuelle, répondre aux difficultés d'apprentissage en respectant l'hétérogénéité du groupe classe ?
Toutes ces questions se posent en début d'année avec plus ou moins d'inquiétude selon son niveau d'expérience.

Comment être efficace ?

Organisation matérielle

- **Prendre possession des locaux de l'école**
Prévoir, le jour de la prérentrée, un petit moment pour situer le local de rangement du matériel de sport ou celui du matériel audiovisuel, le local de la BCD, les salles plus spécifiques (travail manuel, musique) **et surtout la classe** !

- **Vérifier le mobilier**
Les tables doivent être en nombre suffisant et surtout adaptées à la **taille des élèves**, en particulier pour un CE2/CM1/CM2. Les tables et les chaises se doivent d'être correctement assorties.
Quand c'est possible, la classe doit se doter de plusieurs tableaux, dont un tableau mobile affecté en général à un niveau (le CE2, par exemple). Si ce n'est pas le cas, attribuer sur le tableau fixé au mur un espace spécifique et identifié par les élèves de chaque niveau.
Pour permettre différents rangements, penser à une armoire et à des petits meubles à casiers afin d'attribuer à chaque niveau un coin spécifique pour poser les cahiers, ranger les manuels, les différentes fournitures (crayons, feutres, peintures, feuilles)...

- **S'approprier les programmes des différents niveaux**
  Surtout lorsqu'il s'agit d'une classe unique (du CP au CM2) ou composée de trois niveaux (classe de cycle : CE2/CM1/CM2).

- **Préparer l'arrivée des élèves**
  Faire l'inventaire des manuels existants dans la classe ; ils peuvent permettre en début d'année de mettre les élèves au travail rapidement pendant que l'enseignant s'occupe d'un autre niveau.
  Choisir avec soin les outils des élèves, en particulier les cahiers. Quels sont les outils communs et ceux spécifiques ?
  Réfléchir aux fournitures que l'on souhaite utiliser durant l'année scolaire ; l'essentiel est de rester raisonnable.

- **Apprendre à connaître ses élèves**
  En général, le directeur remet la liste alphabétique des élèves le jour de la pré-rentrée. Celle-ci n'est pas définitive, mais une lecture attentive de cette liste et des renseignements qu'elle comporte permettra de se familiariser avec les prénoms de chaque niveau et de commencer à les mémoriser dès les premiers jours.

Organisation de l'espace

- De sa place, chaque élève doit parfaitement voir le tableau et les affichages didactiques.

- Différencier les niveaux en faisant une répartition physique des élèves (par exemple, les CE2 d'un côté, les CM1 et les CM2 de l'autre).

- Veiller à la sécurité en respectant les espaces de dégagement et à un éclairage suffisant.

- Le choix d'une disposition face au tableau, en U ou en groupes appartient à l'enseignant qui garde à l'esprit que l'aménagement envisagé doit rester évolutif au cours de l'année, voire dans la journée selon les activités proposées. Attention, les dispositions en face à face, si elles permettent un travail de groupes, favorisent également les bavardages. ▷ **DOC 15**
  Mais il est préférable de bien choisir une disposition en début d'année et de s'en tenir jusqu'aux prochaines vacances, car des changements trop rapprochés perturbent les élèves.
  Les casiers de rangement ou le matériel à disposition (cahiers, livres, crayons...) doivent rester facilement accessibles pour chaque niveau.

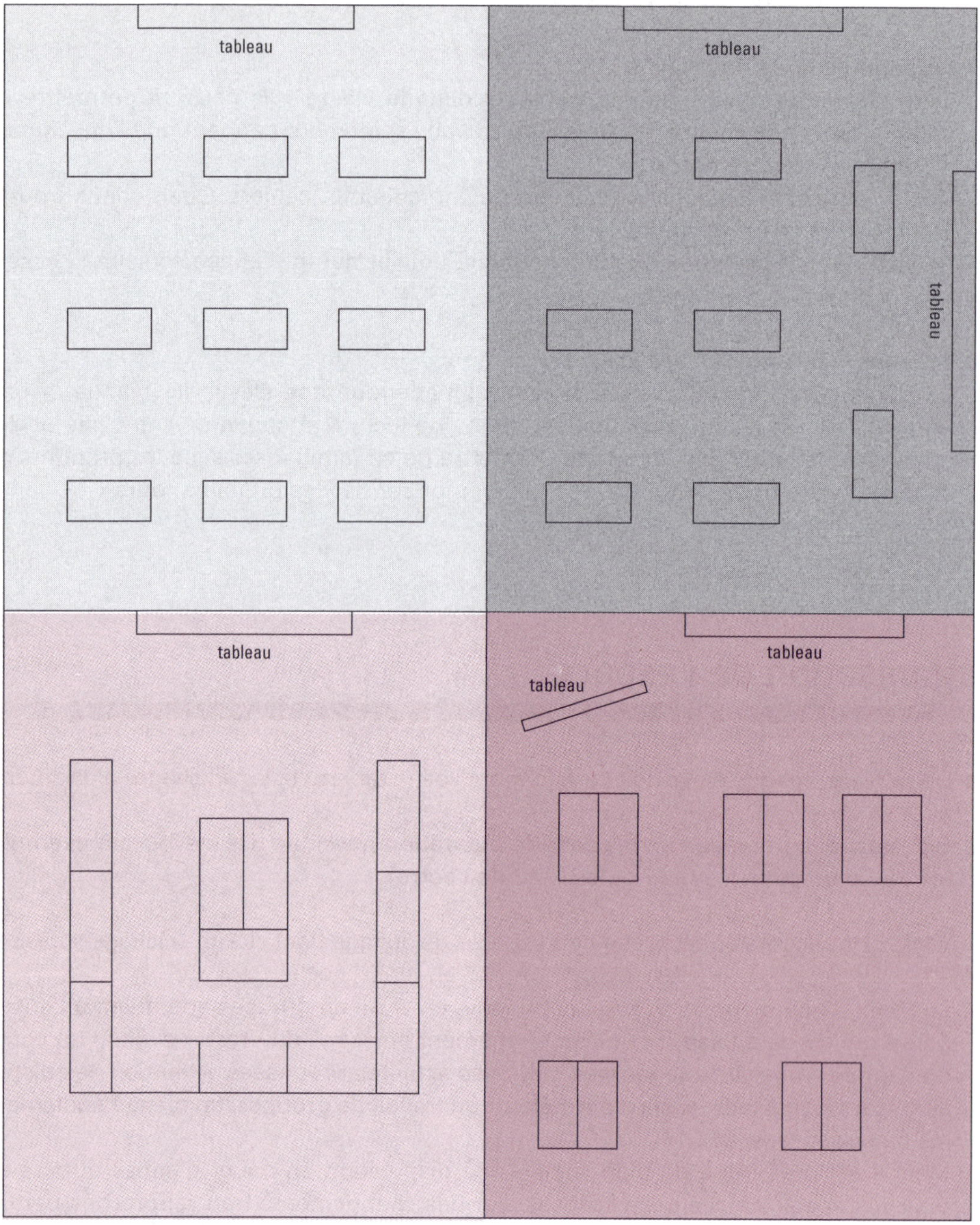

DOC 15 4 types d'organisation de l'espace « classe »

Évaluer au CM2

Pour qui évaluer ?

Pour l'enseignant

- Pour repérer les compétences, les difficultés, les erreurs, les lacunes des élèves.
- Pour analyser les causes d'erreurs ou de difficultés.
- Pour repérer les obstacles aux apprentissages.
- Pour organiser son travail, ses progressions, les activités des élèves.
- Pour s'affirmer comme un véritable professionnel.

Pour l'élève

- Pour qu'il prenne conscience des objectifs à atteindre.
- Pour qu'il devienne acteur de son apprentissage.
- Pour qu'il prenne confiance en ses possibilités.
- Pour qu'il mesure ses propres progrès.
- Pour qu'il modifie et adapte lui-même son comportement.

Pour les parents

- Pour solliciter leur coopération, leur patience, leur contribution.
- Pour créer un intérêt pour les progrès de leur enfant.
- Pour renforcer un climat de confiance en l'école.
- Pour rendre l'école plus lisible à leurs yeux.

Pour les collègues

- Pour informer, échanger et communiquer à partir d'un outil national.
- Pour contribuer ensemble à l'harmonisation des programmes et à la continuité pédagogique.

L'évaluation nationale en CM2

*« **Mesurer régulièrement les résultats des élèves par un nouveau dispositif d'évaluation** L'évaluation des progrès des élèves doit être régulière et précise. C'est pourquoi, de nouveaux protocoles nationaux d'évaluation en CE1 et en CM2 sont proposés aux maîtres. Ils permettent de dresser un bilan des acquis des élèves en CE1 et en CM2, premiers paliers du socle commun. Ils sont construits en référence aux connaissances et compétences fixées par les programmes. Le résultat de ces évaluations sera communiqué aux familles qui pourront ainsi mieux suivre les progrès de leurs enfants. »* ▷ **DOC 16**

Evaluation à l'entrée en CM2
Description de l'Epreuve 1 - Séquence 1
Maîtrise de la langue

Exercice	Nb d'items	Durée	Capacité - Connaissance	Tâche
1	4	5 min	Après lecture (silencieuse ou à haute voix par l'enseignant) d'un texte documentaire d'une ou deux pages, en dégager le thème et en relever les informations importantes.	Effectuer une relecture partielle d'un texte qui vient d'être lu pour relever des informations ponctuelles, précises, figurant explicitement dans le texte.
2	8	8 min	Après lecture (silencieuse ou à haute voix par l'enseignant) d'un texte narratif ou documentaire d'une ou deux pages, en dégager le thème et en relever les informations importantes. Trouver à quel terme du texte renvoient les substituts nominaux et pronominaux.	Identifier les personnages d'un récit. Faire une inférence simple. Identifier le lieu de l'action. Retrouver une information explicite. Trouver le nom auquel se rapporte un pronom sujet.
3	6	2 min 30	Connaître la structure hiérarchique de la phrase (groupe nominal sujet, groupe verbal) ; les relations entre ces groupes.	Repérer le sujet et le verbe dans une phrase simple.
4	6	7 min	Dans le cadre d'un projet ou d'une activité d'écriture (récit, lettre, compte-rendu d'expérience), rédiger un texte d'un ou deux paragraphes en respectant la ponctuation, les contraintes orthographiques, syntaxiques, lexicales et de présentation.	Poursuivre une histoire en écrivant un texte d'au moins cinq lignes.
5	1	1 min	Déchiffrer des mots simples inconnus.	Reconnaître dans une liste de mots proches visuellement, un mot rare lu par l'enseignant.
6	9	2 min	Ecrire sous la dictée en respectant les caractéristiques phonologiques du codage ; en marquant l'accord en genre et en nombre dans le groupe nominal ; en marquant l'accord du verbe et du sujet dans des phrases où l'ordre syntaxique régulier est respecté ; en orthographiant correctement les « petits mots » les plus fréquents.	Ecrire sous la dictée une phrase courte.
7	3	1 min 30	Comprendre de nouveaux mots en s'appuyant sur des radicaux connus et des affixes fréquents.	Associer un préfixe fréquent à un adjectif pour trouver son contraire.
8	5	1 min 30	Repérer et réaliser les chaînes d'accords.	Effectuer des remplacements dans un texte en passant du masculin au féminin.
9	6	2 min	Écrire sous la dictée en respectant les caractéristiques phonologiques du codage.	Écrire des mots réguliers sous la dictée.
10	6	1 min 30	Écrire sous la dictée en orthographiant correctement les « petits mots » grammaticaux les plus fréquents.	Écrire des mots-outils fréquents sous la dictée.

Total	54	32 min

MEN, *Évaluation à l'entrée en CM2*, livret de l'enseignant, 2007.

DOC 16 Tableau de compétences en maîtrise de la langue

Comment analyser les erreurs ?

L'erreur révèle non pas l'inaptitude de l'élève, mais l'existence d'un savoir incomplet, mal assimilé ou mal consolidé. À travers son erreur, l'élève sollicite l'enseignant, délivre un message : « C'est là que j'ai besoin d'aide. » Même si le message n'est pas toujours simple à décoder, il convient de reconnaître l'erreur comme une non-réussite signifiante et comme l'un des pivots de la démarche pédagogique. ▷ **DOC 17**

Exemple

LES ERREURS RELATIVES À LA SITUATION

La situation paraît nouvelle pour l'élève.

- La présentation de l'exercice est inhabituelle.
- Le support est nouveau.
- Le contexte culturel n'est pas familier.
- La tâche à effectuer est différente.
- Le langage employé n'est pas habituel.

La situation est déjà connue de l'élève.

- Elle privilégie un type de réflexion ou de raisonnement peu familier.
- L'élève s'est construit une représentation erronée de la tâche à effectuer.

La situation est connue de l'élève, mais elle impose des contraintes plus importantes.

- L'élève n'est pas habitué à travailler en temps limité.
- Le nombre d'exercices est trop important.
- Il a du mal à mobiliser ses connaissances et à passer d'un exercice à l'autre.
- Il n'a pas la possibilité de faire un brouillon.
- L'exercice comporte un degré de complexité supérieur.

DOC 17 Repérer les types d'erreurs

Corriger les traces écrites des élèves

Quelles traces écrites ?

Plus l'élève évolue dans le cycle 3, plus les activités se prêtent à un travail écrit : copier une leçon, faire un exercice, faire des recherches, s'exercer sur un cahier d'essai, reproduire un schéma. Alors **faut-il tout corriger, tout vérifier ?**
En général, oui. Cependant, il faut distinguer les différentes traces écrites et la manière de les corriger.

Différences entre correction et évaluation

La vérification

Il s'agit ici de s'assurer que toute copie d'une leçon, d'une poésie, d'un mot sur le cahier de correspondance a été faite de manière rigoureuse. L'enseignant exige une écriture lisible, soignée, des lettres bien formées, la présence des accents, des majuscules ; il oblige l'élève à tracer, avec la règle, des traits droits et nets.

Si l'enseignant se montre intransigeant envers ses élèves sur la tenue des cahiers, il doit montrer l'exemple lorsqu'il écrit au tableau : soigner son écriture, présenter des textes « aérés » et sans surcharge, procéder au nettoyage régulier du tableau.

La correction

Corriger les devoirs des élèves n'est pas toujours facile : certaines corrections sont rapides et simples (dictées de mots, textes à trous, opérations simples), d'autres écrits sont plus complexes (productions d'écrits, dictées, résolutions de problèmes). Corriger demande donc parfois un important travail de réflexion. ▷ **DOC 18**

La correction d'un exercice doit permettre à l'élève de trouver :
– Ses fautes et ses erreurs soulignées, mais non corrigées.
– Une appréciation de son travail, la reconnaissance de l'effort fourni, un encouragement, parfois une légère réprimande.
– Une note ou une lettre correspondant à un barème ou à un code qu'il connaît.
Attention aux remarques écrites ! Elles ne doivent ni blesser ni humilier l'élève, mais l'encourager à progresser...

Correction du travail écrit

Quand tu corriges, ce qui est important, c'est que tu comprennes pourquoi il y a une erreur. Si **tu prends le temps d'effectuer tes corrections proprement et en suivant les conseils de cette** fiche, tu feras sans doute des progrès.

1. Réécris toujours les mots en entier, même si c'est une erreur d'accent ; utilise pour cela la ligne du dessous.

En cas d'absence, apporter un certificat médical : c'est le réglement.

le règlement

2. Si tu as mal accordé un verbe, recopie le sujet et le verbe.

Les petits chats miaule dans leur panier.

Les petits chats miaulent

3. Si tu as mal accordé un nom, recopie aussi le déterminant

Je regarde passer les voiture.

les voitures

4. Si tu as mal accordé un adjectif, recopie tout le groupe nominal (le déterminant et le nom avec l'adjectif)

Voici trois aimalle personnes.

trois aimables personnes

5. Regarde bien les indications écrites dans la marge ou dans tes textes :

signifie « copie 5 fois »

signifie « il manque un mot »

signifie « erreur d'accent »

signifie « pas d'accent »

signifie « majuscule »

signifie « pas de majuscule »

signifie « Il y a une erreur à corriger dans cette ligne »

signifie « Tu as trois mots à réécrire » (cela peut être deux, ou quatre…)

signifie « Il manque un signe de ponctuation »

DOC 18 Corriger la copie d'un texte

INSTALLER UNE DISCIPLINE RÉFLÉCHIE EN CLASSE

Lorsqu'on interroge les enseignants sur ce qui les préoccupe le plus dans la classe, ils désignent le plus souvent « la discipline », sans laquelle ils ne peuvent exercer leur métier dans de bonnes conditions, ce pour quoi ils ont été formés.
Être responsable d'un groupe d'élèves que l'on n'a pas choisi et qui n'a pas choisi l'enseignant est une tâche extrêmement délicate qui impose lucidité, disponibilité, générosité et une capacité réelle de réaction.

Vivre en groupe nécessite le partage de valeurs, de règles, d'objectifs communs qu'il convient d'exposer, d'élaborer, d'expliciter, de traduire en actes. Une telle approche est certes très enrichissante, mais génère contraintes, sources de tensions et de confrontations, voire de conflits.
À l'heure actuelle, l'enjeu s'avère de la plus grande importance afin d'éviter l'exclusion voulue ou subie de certains élèves et de permettre à tous de profiter de ce que peut et doit apporter l'école. ▷ **DOC 19**

L'enseignant demande à chaque élève, en début d'année, de rédiger son « portrait chinois », puis de le lire ou de le faire identifier par un autre élève *(« À quel élève correspond ce portrait ? »)*. Il s'agit là d'un moyen de présenter chaque élève ou de révéler sa personnalité au reste du groupe. L'enseignant insistera sur les particularités des uns et des autres et ce que chacun peut ainsi apporter au groupe tout entier.

Ton prénom :

- Si tu étais une couleur ? ________
- Si tu étais un arbre ? ________
- Si tu étais une matière ? ________
- Si tu étais un personnage ou une personne ? ________
- Si tu étais un objet ? ________
- Si tu étais un liquide ? ________
- Si tu étais un instrument de musique ? ________
- Si tu étais un sentiment ? ________
- Si tu étais une chanson ? ________
- Si tu étais un aliment ? ________
- Si tu étais un animal ? ________
- Si tu étais une histoire, un livre ou un conte ? ________
- Si tu étais un mot ? ________
- Si tu étais une fleur ? ________

DOC 19 Prendre sa place dans le groupe

Comment parvenir à une discipline réfléchie et acceptée en classe ?

Prévenir

Il est préférable de prévenir certains comportements plutôt que d'avoir à les faire cesser. La prévention accorde de l'importance à la motivation de l'élève et à l'établissement d'une sorte de contrat de vie en société **(formulation de règles et de conséquences)**. Ce contrat doit être **bref, clair et logique aux yeux de tous**.

Quelles peuvent être ces mesures préventives ?

- Rendre le **programme scolaire aussi attrayant que possible**, en insistant sur les apprentissages qui ont de la valeur aux yeux des élèves. Le fait même de **présenter le programme d'étude** en début d'année permet de repérer ce qui est susceptible d'intéresser plus particulièrement les élèves.
- **Représenter l'autorité dans la classe :** même si l'objectif est d'associer, autant que faire se peut, les élèves aux décisions, certaines d'entre elles ne peuvent être prises que par l'enseignant. Ceci doit être clarifié en début d'année.
- Exprimer explicitement ce que l'**enseignant apprécie et n'apprécie pas**.
- **Établir des règles de vie avec les élèves.** (Voir le chapitre « Instruction civique ».)
- Insister sur l'importance des **comportements positifs en classe** (les « bonnes manières » de vivre ensemble) et définir au moins une **règle d'or** que tous doivent respecter, enseignants et élèves. ▷ **DOC 20**

Soutenir

Il est indispensable, lorsqu'un élève est sur le point d'adopter un comportement inapproprié, de l'aider à retrouver la maîtrise de soi et à reprendre son travail. Ces **mesures, d'intensité progressive**, doivent n'être partagées qu'entre l'enseignant et l'élève concerné.

Comment procéder ?

- Faire un signe à l'élève (regard soutenu, signe de la tête ou de la main...).
- Se déplacer physiquement.
- Manifester de l'intérêt pour l'élève (examiner son travail avec bienveillance, l'interroger à voix basse, lui redonner confiance avec humour...).
- Adapter l'exigence du travail et apporter de l'aide.
- Éloigner les motifs de distraction (à remettre à plus tard avec un petit commentaire).
- Souligner les changements positifs de comportement (un sourire, quelques paroles).
- Exiger un comportement adapté en montrant les effets positifs que ce résultat aura sur l'ensemble du groupe.

Appliquer les conséquences

Si un élève enfreint une règle, il est indispensable que l'enseignant réagisse très vite. L'objectif n'est pas de l'humilier, de l'intimider ou de provoquer un conflit de pouvoir.

Comment y parvenir ?

- Constater le comportement et y mettre fin.
- Appliquer la conséquence adéquate en cas de comportement de ce type (s'asseoir au fond de la classe, ne pas participer à telle activité...).
- Être cohérent dans l'application des conséquences (éviter les : « Aujourd'hui, je suis de bonne humeur, je fais comme si je n'avais rien vu », ce qui est très injuste aux yeux des autres élèves et présente vos réactions comme arbitraires).
- En cas de refus d'accepter les conséquences de son comportement, isoler l'élève avec surveillance, informer les parents par écrit (ou par téléphone). ▷ **DOC 21**

- Avoir du **plaisir**.
- Exercer sa **liberté**.
- Faire respecter sa **dignité**.
- Éprouver le **sentiment d'appartenance à un groupe**.
- Exercer son **pouvoir**.
- Avoir face à eux des **adultes responsables**.

Exemple d'avertissements de ce qu'un enseignant apprécie ou pas :

« Ce que j'apprécie :
– les collaborations entre élèves ;
– adapter sa façon de parler selon la situation ;
– etc.

Ce que je n'apprécie pas :
les violences verbales ou physiques adressées à un membre de la classe ; etc. »

Ces éléments doivent être communiqués oralement et par écrit aux élèves et aux parents (à tout le moins, par écrit).

DOC 20 Quels sont les besoins fondamentaux des élèves ?

- Toute **infraction à une règle** doit être suivie d'une conséquence, **sans exception.**
- **Indiquer, à chaque fois,** la règle enfreinte et sa conséquence.
- Le faire en respectant le **principe de confidentialité** : seul l'élève impliqué est informé.
- **Ne pas chercher à l'humilier** ou à lui donner le sentiment qu'il y a un gagnant et un perdant.
- Parler d'un **ton neutre** sans affectivité excessive et **refuser les discussions sans fin.**
- Chercher ensuite un **moyen d'aider l'élève** à revenir à un comportement positif.

DOC 21 Comment appliquer les conséquences ?

Comment agir face à certains élèves ?

Certains comportements d'enfants désarçonnent les enseignants, qui se sentent alors parfois remis en cause dans leur rôle et dans leur autorité, ou qui ne trouvent pas le bon chemin pour engager une relation constructive. Les comportements difficiles manifestés par quelques élèves agressifs, désobéissants, passifs, agités, etc. constituent une préoccupation quotidienne pour l'enseignant, rendant ainsi sa tâche plus difficile.
S'il est peu aisé d'enseigner à ces jeunes élèves, il demeure de la responsabilité des enseignants de les aider à contenir, à maîtriser ces comportements pour effectuer les apprentissages nécessaires.

Quelques préalables

- Développer de **bonnes relations** avec les élèves, une attitude d'écoute et de respect.
- Créer des **situations d'apprentissage motivantes et adaptées** qui ne laisseront place ni à l'ennui ni à l'agitation.
- Donner des **consignes simples**, claires, directes et courtes, suivies d'un temps raisonnable d'intégration par l'élève. Ne donner qu'une consigne à la fois.
- Éviter les **excès de verbalisation**, les directives à la chaîne.
- Attirer l'attention de l'élève, l'appeler par son nom, s'assurer que le **contact visuel** est bien établi.
- Donner des **limites claires**, réalistes, applicables. Faire régulièrement percevoir les conséquences qui leur sont associées. ▷ **DOC 22**

UN PROJET ÉDUCATIF

Il explicite les objectifs éducatifs de l'enseignant, définit les valeurs de référence ou les grands principes qui vont régir le fonctionnement de la classe, considérée en tant que structure sociale.

UN PROJET DE VIE

C'est l'appropriation du projet de l'enseignant par les élèves.
Il peut être symbolisé par une devise, une maxime, des mots…
Il peut s'appuyer sur des modalités de fonctionnement spécifiques : rôles, conseils…

Dans tous les cas, il s'articule autour :

Des droits	Des devoirs	Des réparations et des sanctions
Droits et libertés accordés par l'enseignant à chaque élève.	Qui sont les conditions sociales de mise en œuvre des droits individuels.	Qui envisagent les conséquences du tort occasionné à autrui de façon non intentionnelle ou les conséquences du non-respect d'une règle.

UN QUESTIONNEMENT CONTINU DU PROJET DE VIE

Le projet de vie, les règles de vie sont des outils de référence.
Ils sont régulièrement évalués, réactualisés de façon ponctuelle ou institutionnalisés au moyen de conseils ou autres structures d'expression : bilan, « Quoi de neuf ? »…

Document publié par l'Association départementale de l'Essonne, sur le site de la Fédération nationale de l'office central de la coopération à l'école : www.occe.coop

DOC 22 Le projet : les éléments clés de l'élaboration des règles de vie

Quelques réponses à des comportements difficiles

L'enfant qui refuse de travailler

- Il fait le pitre.
- Il rêvasse, il lambine volontairement.
- Il refuse de réaliser le travail demandé.
- Il se moque de lui-même et de ses faibles capacités.

Propositions

- Faire remarquer que si son humour est par moments très agréable, aujourd'hui il n'est pas opportun.
- Adapter l'exercice à ses possibilités après en avoir parlé avec lui.
- Intervenir rapidement pour lui apporter de l'aide ou lui indiquer où il peut en trouver (affichages et outils didactiques).
- Ne pas accepter de telles moqueries sur lui-même : ne pas en rire et ne pas accepter que d'autres en rient.
- Repérer et valoriser ses points forts, le prendre en flagrant délit de réussite ou de progrès. ▷ DOC 23

DES STRATÉGIES POUR MOTIVER L'ÉLÈVE À S'ENGAGER DANS LA CLASSE

Stratégies affectives et cognitives

- Construire, avec les élèves, un tableau des responsabilités.
- Définir avec les élèves des procédures de participation : à l'entrée, à la sortie, au retour des récréations.
- Mettre en place un référentiel disciplinaire, avec la participation des élèves : règles de vie et conséquences d'application.
- Engager l'élève dans la vie de la classe : « baptême » du groupe classe, décoration, aménagement, responsabilités.
- Utiliser des « diodes » spontanées pour développer l'entraide et la coopération.
- Habituer les élèves à se donner des râles à l'intérieur d'une équipe.
- Développer avec les élèves une démarche et des stratégies de résolution de conflits.
- Utiliser les élèves comme personnes-ressources : fabrication de matériel, animation de cliniques.

Stratégies affectives

- Faire décoder les états d'âme des élèves à un moment précis du cours ou de la journée.
- Installer dans la classe une boîte à lettres qui servira autant à l'enseignant qu'aux élèves.
- Inviter les élèves à verbaliser leurs attentes à l'égard de leur enseignant.
- Permettre aux élèves d'évaluer la qualité du vécu en classe, après une étape.
- Proposer des outils d'autoévaluation des comportements.

D'après http://www.occe.coop

DOC 23 Pour motiver les élèves

L'élève qui perturbe les activités de la classe

- Il intervient à la cantonade et parle à tue-tête, il interrompt ses camarades comme l'enseignant.
- Il interpelle les autres élèves.
- Il déambule dans la classe.
- Il lance des objets.

Propositions

- Lui confier la responsabilité du bâton de parole, de la distribution de la parole lors des phases collectives.
- Lui confier quelques tâches qui lui permettent de bouger en classe (aller effacer le tableau, préparer le matériel, présenter les ouvrages de bibliothèque relatifs au thème étudié…).
- Confisquer les objets personnels lancés.
- Ne lui faire laisser sur sa table que le matériel absolument indispensable.
- Le placer en face de l'enseignant.
- L'isoler au fond de la classe pendant quelques minutes afin de lui faire mesurer les conséquences de cet isolement.

L'élève qui défie l'autorité

- Il refuse de faire ce que lui demande l'enseignant, parfois de façon très hostile.
- Il fait ce que demande l'enseignant après un laps de temps assez long.
- Il négocie en permanence l'objet de la demande.
- Il encourage les autres enfants à désobéir.

Propositions

- Rappeler la demande en le regardant dans les yeux, mais sans agressivité ni ironie.
- Expliciter la finalité de chaque demande.
- Lui consacrer de l'attention, mais de façon assez brève, afin qu'il ne s'installe pas dans cette relation duelle privilégiée.
- Lui proposer de l'aide pour réaliser le travail.
- Décrire avec lui son comportement et les conséquences qu'il peut entraîner, pour lui comme pour la classe.
- Le rappeler à l'ordre sans se fâcher et de façon discrète (éviter qu'il se constitue en classe une image de leader négatif).
- Lui faire comprendre quelles sont les conséquences de son refus, les sanctions, et comment elles seront appliquées.

L'enfant qui agresse physiquement ou verbalement

- Il se met en colère contre un ou plusieurs camarades, parfois de manière violente.
- Il transforme les moments collectifs en occasions de conflits.
- Il peut faire partie d'une bande et exprime sa force dans la cour.
- En EPS, il crie, passe devant les autres, peut mettre lui-même ou les autres en danger.
- Il devient agressif dès qu'on le « regarde mal » ou qu'on le « traite ».
- Il agresse si on cherche à le séparer d'un autre enfant lors d'une bagarre.

Propositions

- Éviter la surenchère, calmer la situation et, au besoin, différer le règlement du conflit. La prise de distance facilite la dédramatisation.
- Lui apprendre à distinguer ses émotions des actions qu'il commet au nom de ces mêmes émotions. (« Je vois que tu es très énervé et que tu te mets en colère, mais je n'accepte pas que tu frappes cet élève. Tu peux agir autrement. »)

  Ces rappels doivent se faire en tête à tête.
- Faire lire des histoires de conflits qui se règlent de différentes façons. L'inviter à analyser ces conflits, à les jouer (approche théâtrale), à les arbitrer.
- Étudier le rôle de l'arbitre en sport.

- Valoriser ses progrès aux yeux de ses parents et des autres enfants de la classe pour éviter qu'il ne s'enferme dans son rôle de caïd.
- Éviter, lorsque c'est possible, le contact physique avec cet élève.
- Lire et commenter le règlement de l'école et les conséquences des actes de violence.
- Faire un rappel régulier, ferme mais calme, du règlement de l'école (à ce niveau, les règles de vie ne sont plus suffisantes). Appliquer rapidement les sanctions.

Dans tous les cas, par son propre comportement, l'enseignant donnera l'exemple de l'attitude recherchée : celle du citoyen responsable qui a le droit d'adopter et de défendre des idées personnelles sans pour autant manquer aux devoirs et aux valeurs de la démocratie auxquels prépare l'école républicaine.

- Respecter les autres pour être respecté soi-même.
- Respecter les règles collectives définies pour tous afin de vivre harmonieusement en groupe.
- Accomplir ses devoirs pour voir ses droits protégés.
- Se montrer solidaire pour promouvoir des valeurs républicaines à partager.

▷ DOC 24

• **L'autorité, la justice :** il doit dire où est le droit, même si l'élève s'oppose à sa décision.
L'élève préfère un enseignant ferme et rigoureux à un enseignant sympathique mais peu sûr du point de vue de l'application de la justice à laquelle chacun est très sensible.

• **La protection**, à condition que l'enseignant crée un cadre structuré, rassurant, aidant, dont les règles sont simples et explicitées et dont l'environnement est sûr.

• **La source régulière** et **directe du savoir**, et les élèves chercheront à repérer jusqu'où s'étend ce savoir.
Il convient donc de les mettre en appétit afin qu'ils aient envie d'en savoir plus, un jour, que l'enseignant qui, lui-même, doit rappeler qu'il ne sait pas tout et qu'il continue d'apprendre chaque jour.

• **Le modèle** lorsqu'il incarne, en particulier, les valeurs morales.
S'il n'est pas un saint, il doit cependant veiller à clarifier pour lui-même les valeurs auxquelles il est très sincèrement attaché et prendre toutes les mesures lui permettant de les vivre pleinement au sein de l'école.

Les élèves assignent de très nombreux rôles à l'enseignant et ils s'attendent à ce qu'il les incarne, même s'ils s'y opposent en période difficile ou de crise. À l'enseignant d'en être conscient et de les incarner avec son savoir-faire tout personnel.

DOC 24 **Qu'attendent de leur enseignant les élèves de cet âge ?**

PRÉPARER AU COLLÈGE

L'entrée au collège génère assez souvent, pour les enfants et leurs parents, de l'inquiétude et du stress, tout en confortant le sentiment qu'ils grandissent, qu'ils passent à une autre étape scolaire importante de leur vie. Cette rupture, pour être bien vécue, doit être préparée, anticipée et progressivement maîtrisée.

Les changements lors de l'entrée en Sixième

- L'environnement spatial et humain.
- La multiplicité des professeurs.
- La distinction des disciplines.
- Les logiques propres à chaque discipline.
- Les attentes des différents professeurs (participation, travail personnel, critères d'évaluation...).
- Des gestions de classe différentes d'un professeur à l'autre.
- Le rythme de travail : passer d'une classe à l'autre, écrire rapidement, journées à horaires variables.
- Le degré d'autonomie dans les déplacements, le travail personnel, le temps libre.
- La place de plus en plus importante de l'écrit dans toutes les disciplines.

Comment accompagner ces changements ?

Préparer la découverte du collège

- Visiter le collège, assister à des cours, utiliser le CDI pour une recherche.
- Lire le livret d'accueil du collège.
- Faire travailler ensemble Sixièmes et CM2 (défis lecture, rencontres sportives, classe transplantée, journal scolaire, expositions, ateliers d'écriture, rallye mathématiques...).
- Organiser un tutorat Sixièmes/CM2.

Initier les élèves

- Donner des habitudes de prise de notes.
- Développer l'autonomie des élèves (utiliser un cahier de texte, un classeur...).
- Connaître les méthodes de travail de la Sixième (découvrir des manuels, les habitudes de travail...).

Enfin, leur rappeler que beaucoup d'enfants sont passés par là sans dommages et que, la plupart du temps, ces adaptations se font très naturellement.

Partie 2

Cinq grands domaines

Maîtrise de la langue et culture humaniste

BO

« Faire accéder tous les élèves à la maîtrise de la langue française, à une expression précise et claire à l'oral comme à l'écrit, relève d'abord de l'enseignement du français mais aussi de toutes les disciplines : les sciences, les mathématiques, l'histoire, la géographie, l'éducation physique et les arts. »

Français
▷ PAGE 49

Langue vivante
▷ PAGE 101

Culture humaniste
▷ PAGE 103

FRANÇAIS

« La progression dans la maîtrise de la langue française se fait selon un programme de lecture et d'écriture, de vocabulaire, de grammaire, et d'orthographe.
Un programme de littérature vient soutenir l'autonomie en lecture et en écriture des élèves. »

BO

Langage oral
▷ **PAGE 50**

Lecture – Écriture
- Lecture ▷ **PAGE 62**
- Littérature ▷ **PAGE 70**
- Écriture, rédaction ▷ **PAGE 82**

Étude de la langue française
- Vocabulaire ▷ **PAGE 95**
- Grammaire ▷ **PAGE 92**
- Orthographe ▷ **PAGE 96**

PROJET
Écrire une pièce de théâtre « à la manière de… »

Organiser les progressions

CAPACITÉS	OBJECTIFS INTERMÉDIAIRES
Compétences attendues à la fin du CM2 : – s'exprimer à l'oral comme à l'écrit dans un vocabulaire approprié et précis ; – prendre la parole en respectant le niveau de langue adapté.	
Échanger, débattre Participer aux échanges de manière constructive : **rester dans le sujet, situer son propos par rapport aux autres, apporter des arguments,** mobiliser des connaissances, respecter les règles habituelles de la communication.	• Dans le cadre d'un travail collectif : reformuler avant de la commenter l'intervention d'un autre élève ou du maître en respectant les idées. • Demander des précisions en relation avec une situation. ▷ **DOC 26** • Garder en mémoire le plan ou la progression de l'échange et pouvoir l'analyser. • Effectuer une synthèse des informations reçues. • Rectifier, dans les propos d'un camarade, une erreur de formulation. • Repérer la nature de l'échange. • Participer à un débat contradictoire : écouter les arguments de son interlocuteur et lui répondre par des arguments opposés. ▷ **DOC 25** • Repérer l'objectif de l'échange et le présenter à ses camarades. • Utiliser des termes adéquats : *pourtant, bien que, malgré tout, au contraire.* • Utiliser un raisonnement par analogie. • Utiliser des éléments logiques de cause à effet : *puisque/alors, si/alors.*

• **Visionner et analyser des extraits de débats** (chaînes thématiques pour jeunes ou organisation d'un défi « débat » entre deux classes).
• Aménager le **coin « bibliothèque »** pour pouvoir y **préparer ces débats** en petit groupe.

• **Organiser un débat contradictoire** entre deux groupes d'élèves qui expriment deux avis contraires sur un sujet d'actualité, à des réactions de personnages ou à des gestions de situations repérées dans la littérature. Un troisième groupe spectateur peut questionner une des deux parties en fin de débat. Il se prononcera sur le groupe qui l'aura convaincu, après avoir reformulé les idées avancées.
• **Organiser un débat avec un animateur** chargé de relancer, de questionner, de reformuler les arguments avancés.
• Organiser sa classe en demi-groupes pour augmenter le temps de parole de chaque élève (mieux vaut 2 × 15 min à 13 que 25 min à 26).

1) Utiliser de véritables situations de classe
• Pour la fête de l'école, certains souhaitent préparer une chorégraphie, d'autres ne veulent pas danser.
• Le dernier article lu dans Mon Quotidien ou dans autre journal de classe a soulevé des propos contradictoires : *« Pour ou contre le fait que les jeunes puissent se réunir dans les cages d'escaliers ? »*
• Etc.

2) Déroulement
• Annoncer une semaine avant l'objet du prochain débat pour avoir le temps d'organiser deux groupes opposés et de les réunir dans le coin « bibliothèque » afin de les aider à préparer leurs arguments.
• Proposer une **situation d'apprentissage collective** pendant laquelle les élèves vont identifier les caractéristiques d'un débat contradictoire et prendre conscience de la démarche à mettre en œuvre (repérer l'argument avancé et répondre argument contre argument en utilisant certaines expressions comme *au contraire, pourtant, si… alors*, etc.) : lecture expliquée d'un extrait de texte, dialogue court inventé par l'enseignant et dans lequel celui-ci a introduit les expressions à réutiliser… Exemple :
– Un chasseur : « La chasse est un sport noble que les hommes ont toujours pratiqué. Tous les êtres vivants chassent pour se nourrir ! »
– Un défenseur : « Il existe pourtant des êtres vivants qui ne chassent pas pour se nourrir, par exemple ceux qui sont végétariens. »
– Le chasseur : « Les hommes sont carnivores, donc ils ont besoin de manger de la viande. »
– Le défenseur : « Pourtant, il y a des humains végétariens qui sont en bonne santé. De toute façon, c'est la cruauté de la chasse qui n'est pas acceptable. »
– Etc.
Chaque groupe écrit quelques arguments qu'il pense mettre en avant pour défendre son point de vue.
• Après l'échange, chacun repère les mots clés et prépare un contre-argument.
• Le jour du débat, quelques élèves se confrontent et doivent à la fois avancer les arguments préparés par le groupe, écouter les réponses de leurs adversaires et contrer les idées proposées.

L'enregistrement du débat permet ensuite de l'analyser.
Il faut s'attendre à des premiers débats assez pauvres, car il s'agit d'un apprentissage progressif, au même titre que tout autre apprentissage.

DOC 25 Organiser un débat contradictoire

Jeux des messages

Plusieurs situations complémentaires sont proposées sous forme de messages écrits. Le but du jeu est d'associer deux messages (le premier message peut être la solution du second). Les élèves doivent s'expliquer mutuellement les situations et se questionner. Il leur est interdit de montrer le message écrit. Six à sept situations peuvent à chaque fois être proposées. Exemples :

• Un groupe de deux élèves a reçu le message suivant :
« De très bons amis à vous viennent de vous téléphoner pour vous annoncer qu'ils sont à Paris pour quelques jours et qu'ils passent dans l'après-midi près de chez vous. Spontanément, vous les invitez à goûter. Mais en regardant dans votre réfrigérateur, vous vous apercevez qu'il est vide. Nous sommes dimanche et les commerces ne sont pas ouverts. Qu'allez vous faire ? »

• Deux autres enfants ont ce message :
« Vous aviez préparé une fête pour quelques amis qui arrivaient de l'étranger. Ils viennent de vous téléphoner pour vous avertir que leur vol a été annulé pour cause d'intempéries, qu'ils n'arriveront que le lendemain et qu'ils ne pourront plus passer vous voir car ils devront se rendre directement chez leur grands-parents. Qu'allez vous faire de toute cette nourriture ? »

DOC 26 Communiquer dans la classe

CAPACITÉS	OBJECTIFS INTERMÉDIAIRES
Échanger, débattre Participer aux échanges de manière constructive : rester dans le sujet, situer son propos par rapport aux autres, **apporter des arguments, mobiliser des connaissances,** respecter les règles habituelles de la communication.	**En situation de travail de groupe et mise en commun des résultats d'une recherche :** • Exposer une situation, des faits, une expérience. • Répartir le rôle de chacun en concertation avec le groupe. • Justifier. • Modifier son propre point de vue en fonction des avis des autres membres du groupe. • Expliquer, avec un effort de cohérence, une règle de jeu ou de fabrication. ▷ **DOC 27 ET FICHE DE PRÉPARATION N° 1** • Faire un exposé. ▷ **DOC 28** • Structurer, dans la présentation du travail, son propos, ses documents, ses commentaires. • Expliciter les difficultés que l'on rencontre dans une activité. • Commencer à expliciter ses choix et ses jugements. • Préparer un exposé en utilisant des notes et des mots-clés. **En situation d'exercice et de la compréhension d'une consigne orale ou écrite usuelle :** • Formuler une demande d'aide. ▷ **FICHE DE PRÉPARATION N° 2** • Repérer le document, ou l'extrait, en relation avec la tâche à accomplir. • Établir un lien entre ces termes et les modèles de résolution de l'exercice. • Confronter sa stratégie à celle d'autres membres du groupe. • Repérer, dans la formulation de la consigne, les éléments importants qui induisent des procédures particulières : consignes doubles ou triples. • Produire des consignes en distinguant le sens des mots utilisés dans le langage courant et dans le langage spécifique à certaines disciplines *(comparer, décrire, résoudre, faire un plan…).* • Argumenter. • Utiliser des éléments logiques de cause à effet *(puisque/alors, si/alors).* • Adapter son discours à son interlocuteur ou à la situation.

Concours d'énigmes

Il existe de nombreuses énigmes dans la presse enfantine. Chacun leur tour, les élèves présentent oralement l'énigme, plusieurs enfants proposent leur point de vue avant que la solution ne soit dévoilée.

• **Géographie :** expliquer le chemin à suivre pour aller d'un lieu à un autre (jeu des itinéraires à retrouver).
• Faire le **compte rendu d'un séjour en classe de découverte** (préparer un exposé pour la réunion organisée avec les familles).
• **Arts visuels :** en lien avec l'histoire, montrer des séances de films et analyser les caractéristiques du personnage principal, les conditions de vie des gens de l'époque, l'impression générale qui ressort de l'extrait choisi (films sur Louis XIV, Bonaparte, la Révolution…).
• **Technologie :** proposer et expliquer la réalisation d'un objet simple (instruments de musique pour monter un groupe, cartes animées et lumineuses…).

Mémoriser / se concentrer

Sous forme de jeu, assez régulièrement, donner aux élèves des consignes orales complexes doubles ou triples. Après réalisation, les élèves vérifient et analysent leur production.
Ex. : « Prendre son stylo rouge et souligner, sur la deuxième petite ligne, la deuxième phrase du paragraphe. »

1) Contexte

Pendant une période scolaire (d'octobre à décembre), un groupe de trois élèves sera chargé de présenter un jeu de société de son choix, qui sera ensuite disponible dans la classe pendant un temps donné. Deux fois par semaine, pendant la demie-heure de travail autonome, l'atelier « jeu de société » est ouvert. Il peut s'agir, en fonction du contexte, de jeux apportés par des élèves ou encore de jeux empruntés à la ludothèque par l'enseignant. Le but est d'éviter les jeux trop connus ou trop longs d'exécution (comme le jeu de l'oie ou le Monopoly ; en revanche, le Master Mind est recommandé).

2) Séance mise en œuvre

Lors d'une séance collective, deux élèves vont essayer de jouer à ce nouveau jeu, guidés par le groupe qui aura précédemment préparé son intervention. Les autres élèves seront chargés de relever les points de déficience de l'explication formulée.
Un court moment de synthèse devra permettre à chaque fois de revenir sur l'importance de la clarté d'expression, la justesse du lexique employé, la pertinence de l'ordre des étapes proposées.

DOC 27 Expliquer des règles de jeux de société

POUR PRÉPARER UN EXPOSÉ

1 Prépare le contenu de l'exposé

- En fonction du thème retenu, cherche les différents points que tu comptes aborder.
- Trouve un sous-titre pour chacun d'eux.
- Si tu n'as pas d'idées, aide-toi d'une documentation.

2 Cherche les informations

- À partir des sous-titres choisis, cherche les informations nécessaires (utilise le dictionnaire, une encyclopédie, des ouvrages en BCD…).
- Attention, évite de recopier des phrases que tu ne comprends pas.
- Prends uniquement les informations qui te sont utiles.
- En consultant ta documentation, tu peux éventuellement rajouter une ou plusieurs parties auxquelles tu n'avais pas pensé.

3 Entraîne-toi à l'exposé oral

- Dans une courte introduction, présente le thème et les différents points que tu comptes aborder.
- Dans le développement, reprends les différents points un à un en apportant des précisions.
- Dans une conclusion, tu peux donner ton opinion personnelle, reprendre un point qui t'a semblé très important. Tu n'oublies pas de présenter les livres et les documents que tu as utilisés.

4 Conseils

- Entraîne-toi à utiliser des notes pour éviter de trop lire devant tes camarades.
- Articule, parle fort et lentement.
- Tu peux utiliser pendant l'exposé quelques documents intéressants pour illustrer tes propos : photographies, diapositives, affiches, morceau musical, schémas, cartes, etc.

C. Mettoudi, A. Yaïche *et al.*, *Objectif méthode*, Hachette Éducation, coll. « L'école au quotidien », 1997, p. 143.

DOC 28 Préparer un exposé

CAPACITÉS	OBJECTIFS INTERMÉDIAIRES
Échanger, débattre Participer aux échanges de manière constructive : rester dans le sujet, situer son propos par rapport aux autres, **apporter des arguments, mobiliser des connaissances, respecter les règles habituelles de la communication.**	**Dans toutes les disciplines :** • Comprendre et utiliser correctement le lexique spécifique à chaque champ disciplinaire. • Exprimer les nuances apportées par l'utilisation d'expressions différentes pour un même message. • Reformuler à l'aide de termes spécifiques un message afin d'en modifier la tonalité. • Mémoriser les contenus et les arguments évoqués et les restituer (rapporter le contenu des conseils d'élèves). • Anticiper pour dresser un plan d'action (faire une campagne électorale). **En littérature :** • Faire un récit devant un groupe. • Restituer les éléments essentiels d'une histoire entendue en respectant leur ordre de présentation. • Restituer les liens entre les personnages, les lieux et les actions. • Expliciter l'implicite du texte. • Approfondir une idée émise en l'interprétant par un commentaire personnel. • Formuler une interprétation d'un texte et la confronter à autrui. ▷ **DOC 29** • Exprimer une opinion personnelle sur l'exposition de certaines situations. • Justifier son interprétation par la prise en compte du contexte ou par comparaison avec d'autres situations identiques. • Comprendre et justifier les divergences d'interprétation.

Ces moments d'échange peuvent en effet aider les élèves à se positionner, à se construire, à mettre des mots sur des émotions qui les submergent souvent.

Les extraits de textes ou diverses lectures rencontrés devraient permettre de faire exprimer les élèves sur les thèmes suivants : la peur, le courage, la lâcheté, l'héroïsme, l'amour, la mort, la détresse, la solitude…

Élaborer un **répertoire des mots spécifiques** relevés dans les différents champs disciplinaires :
- En histoire : *monarchie, dynastie, clergé, noblesse…*
- En mathématiques : *résoudre, graphique, coefficient, somme…*
- En français : *rédiger, récit, synonyme, commentaires…*

Jouer à trouver **plusieurs expressions pour un même message**.
Ex. : *j'ai faim, j'ai l'estomac dans les talons, j'ai le ventre vide… ; j'ai le cœur gros, je suis malheureux, j'ai l'âme en peine…*

L'appel téléphonique
3 élèves passent le même message à la même personne, mais en exprimant des motivations ou sentiments différents. Ex. : *« 3 élèves doivent appeler leur famille de la classe transplantée où ils séjournent.*
Ils racontent tous le même événement, mais l'un s'en est réjoui, l'autre en était attristé, le troisième est inquiet. »
Les autres enfants doivent deviner la personnalité de chacun et, surtout, préciser ce qui les a aidé.
La mise en scène des jeux de téléphone doit toujours permettre aux enfants qui parlent d'être hors de vue de ceux qui les écoutent (derrière leurs camarades ou derrière le tableau).

Les élèves utilisent le plus souvent le langage pragmatique : dans la cour de récréation, dans leur vie quotidienne. Il s'agit alors de leur **proposer des situations leur permettant d'utiliser, à l'oral, d'autres types de discours**, ceci avant d'être confronté aux difficultés syntaxiques de ces mêmes discours écrits.

DISCOURS DISCURSIF	• Dialogues. • Saynètes. • Interviews.	• Utilisation des pronoms personnels *je/tu* (accord en conjugaison). • Utilisation des pronoms compléments : « Je *les* vois ; je *lui* ai donné » • Utilisation des phrases interrogatives, affirmatives, négatives.
DISCOURS INFORMATIF ET ARGU-MENTATIF	• Reformulations de consignes. • Comptes rendus de visite, d'expérience. • Journal, description, article. • Présentation d'exposé et de livres.	• Utilisation des adjectifs qualificatifs, des propositions relatives, des compléments de nom pour les descriptions. • Utilisation des pronoms possessifs et démonstratifs. • Utilisation des propositions circonstancielles de temps, de lieu, de cause, de conséquence, de condition *(si… alors, pour que, parce que)*. • Utilisation du passé composé et du futur simple (rarement utilisé spontanément à l'oral).
DISCOURS NARRATIF	Raconter une histoire.	• Utilisation du passé simple et de l'imparfait (respect de la concordance des temps). • Utilisation des connecteurs logiques et des indicateurs temporels. • Utilisation des compléments de nom pour la description.
DISCOURS POÉTIQUE	• Dire des poèmes. • Créer des poésies.	Utilisation des rimes, des anaphores et des métaphores.

DOC 29 Les différents types de discours

CAPACITÉS	OBJECTIFS INTERMÉDIAIRES
Récitation Dire sans erreur et de manière expressive des textes en prose ou des poèmes (une dizaine).	• Lire, en toute situation de communication, un texte adapté à ses possibilités, sans hésitation et sans erreur, de façon expressive, témoignant ainsi qu'il est compris. • Exercer sa diction. • Restituer le texte de manière fluide prouvant qu'il est bien mémorisé. • Adapter son débit à la longueur et au rythme des phrases. • Adapter le ton au type de texte. • Lire des textes dialogués à plusieurs en se concentrant sur son tour de parole. • Faire percevoir la distinction entre récit et discours direct, entre l'expression des différents personnages. • Libérer toutes formes d'inhibition et faire appel à sa créativité. ▷ **DOC 30** • Écouter ses partenaires pour placer ses répliques. • Mémoriser simultanément des déplacements et des morceaux de dialogue.

Apprendre à mémoriser
« Je redis le texte plusieurs fois, je ferme les yeux et je vois le texte dans ma tête. Je dis le texte devant ma glace, devant un camarade. »

Mettre à disposition des élèves un **fichier de poésies ou de textes en prose** pour qu'ils puissent choisir celui qu'ils souhaitent apprendre et exprimer.

Les **« souffleurs »** permettent de sécuriser celui qui joue le texte.
Être souffleur exige des qualités de concentration et d'adaptation rapide de lecture.
Cette responsabilité favorise l'esprit d'équipe et l'entraide.

• **Dire un texte devant un public** est un exercice très difficile. Il faut mettre l'élève en situation de réussite, **l'encourager**, ne pas lui faire subir cette épreuve contre son gré, mais l'amener progressivement à vaincre son inhibition.
• Distinguer l'expression d'un texte de la restitution par cœur.

PROPOSER DES EXERCICES DE DICTION

- Pour faire prendre conscience aux élèves de la difficulté de prononciation de certains phonèmes associés.
- Pour travailler la concentration.

Prononcer plusieurs fois de suite les phrases suivantes :

– Trois petites truites cuites, trois petites truites crues.
– Trois tortues trottaient sur trois toits.
– Pruneau cuit, pruneau cru.
– Seize jacinthes sèchent dans seize sachets sales.
– Ciel si ceci se sait ces soins sont un succès.

PROPOSER DES EXERCICES POUR LIBÉRER L'EXPRESSION ET SE DÉGAGER DU REGARD DE L'AUTRE

- Inciter les élèves à oser.
- Les libérer de toutes formes d'inhibition.

Penser à toujours laisser un groupe d'enfants spectateurs. Cette notion est fondamentale au théâtre.

Jeu de la machine

Un enfant débute l'exercice en prenant une posture et en bruitant le son d'une machine. Un autre élève vient se placer à côté de lui, prend un point de contact avec son camarade, adapte la position de son choix et émet un deuxième son.
Et ainsi de suite…
Les élèves spectateurs imaginent cette machine et son utilité.

Ce jeu développe la créativité et la prise en compte de l'autre. À chaque fois, quatre ou cinq élèves peuvent se compléter. Un lien peut être imaginé avec la reproduction artistique d'une machine, sa description écrite, la présentation orale de son inventeur, etc.

Jeu des mimes

Un élève fait face à un autre élève pendant que le reste de la classe leur tourne le dos. Le premier mime une situation courte de son choix. L'élève qui l'a regardé doit reproduire devant un autre camarade les mêmes gestes en ajoutant une séance, et ainsi de suite… jusqu'à 6 élèves.
Le dernier reproduit l'ensemble devant le groupe classe, qui doit donner une interprétation de ce qu'il voit. Chaque enfant explique enfin ce qu'il voulait produire.

Ce jeu favorise la mémorisation gestuelle et le langage corporel.

D'autres idées sont proposées par S. Balazard et É. Gentet-Ravasco, *in Le Théâtre à l'école*, Hachette Éducation, coll. « Pédagogie pratique à l'école », 2003.

DOC 30 Faire du théâtre

Difficultés des élèves et remédiation

Les élèves ne s'écoutent pas mutuellement.

REMÉDIATION →
- Enregistrer des moments de débat à l'insu des enfants et en faire l'analyse.
- Mettre en place des situations d'apprentissage où, avant d'avancer un nouvel argument, on doit obligatoirement poser une question à celui qui vient de s'exprimer.

Les élèves ne respectent pas l'ordre chronologique des événements qu'ils relatent.

REMÉDIATION →
- Permettre l'utilisation d'outils d'aide : dessins symboliques, moyens mnémotechniques de mémorisation...
- Aider l'élève en lui « soufflant » des moments à restituer et en l'amenant à les encadrer progressivement des événements importants.

Les élèves manquent de vocabulaire pour s'exprimer.

REMÉDIATION →
- Récapituler le lexique nécessaire avant toute production orale.
- Constituer des champs lexicaux autour des thèmes ou des disciplines abordés.

Les élèves sont en difficulté pour dire des textes.

REMÉDIATION →
- Aider l'élève à apprendre son texte et le faire réciter individuellement pour le sécuriser (instaurer un tutorat pour s'entraider).
- Faire passer l'élève quand il se sent prêt et le sécuriser par la présence d'un « souffleur ».

Les élèves ont des problèmes de diction.

REMÉDIATION →
- Proposer régulièrement des exercices d'entraînement : « Les chaussettes de l'archiduchesse sont-elles sèches, archi-sèches ? »
- Valoriser les progrès effectués.

Des élèves ne prennent jamais la parole.

REMÉDIATION →
- Organiser des petits groupes de parole pour les mettre en confiance.
- Dans le cadre d'une pédagogie différenciée, s'adresser à eux en privilégiant des situations de dialogue.
- Distinguer l'enfant discret de l'enfant timide, inhibé ou présentant une réelle pathologie.

Les fiches de préparation de l'enseignant

Fiche de préparation n° 1

Capacité visée

Échanger : respecter les règles habituelles et mobiliser des connaissances.

Objectifs spécifiques

- Expliquer, avec un effort de cohérence, une règle de fabrication.
- Utiliser le vocabulaire adéquat.

Organisation de la classe

Un groupe de deux ou trois élèves face au groupe classe.

Durée

30 min.

Matériel nécessaire

- 1 livre simple sur l'origami.
- Des petites feuilles de papier.

Déroulement

Consigne : « Expliquez à vos camarades la réalisation de votre origami. »

- **Phase préparatoire**

– L'enseignant choisit un origami (très simple) pour chaque groupe de quatre élèves.
– Lors d'une séance d'entraînement et de lecture, les élèves s'entraînent à le réaliser et, surtout, se mettent d'accord sur la manière qu'ils vont adopter pour l'expliquer aux autres (choix du vocabulaire, ordre des consignes, anticipation des difficultés).

- **Phase de collective**

(Passage d'un seul groupe par séance.)
– Le moment venu, les élèves vont expliquer à leurs camarades les phases successives de réalisation. Ils ne doivent ni montrer, ni lire la fiche explicative qu'ils peuvent avoir sous les yeux.
– Par deux, les autres élèves essaient de comprendre et de réaliser les consignes d'élaboration. Ils peuvent poser des questions.

Difficultés anticipées, rôle du maître

- Les élèves ne se comprennent pas mutuellement par manque d'utilisation ou de compréhension du vocabulaire (spatial, entre autres).

⇒ Le groupe peut utiliser des jokers (l'objectif étant d'en utiliser le moins possible, comptabilisés à la fin de chaque séance) en se référant à l'enseignant, en montrant une ou deux étapes.

- Les autres enfants ont des soucis de manipulation.

⇒ Aider les élèves qui produisent, s'il ne s'agit pas d'une erreur de compréhension du message. La réalisation à deux est souvent une entraide.

Évaluation

- Utilisation adéquate du lexique de description.
- Bonne utilisation du discours informatif.

Variante

Utiliser le même procédé pour réaliser des dessins, des collages, des fabrications très simples (voir la presse enfantine).

Fiche de préparation n° 2

■ Capacité visée

Échanger, situer son propos par rapport aux autres.

■ Objectif spécifique

Formuler une demande d'aide.

■ Organisation de la classe

Classe entière : 2 élèves jouent devant leurs camarades.

■ Durée

30 min.

■ Matériel nécessaire

Des messages précisant les situations à jouer.

■ Déroulement

• Le jeu

– Deux élèves viennent tirer deux messages complémentaires.
L'un explique à celui qui est censé appeler l'autre qui il est, à qui il téléphone et la raison de son appel.
L'autre dit qu'il est le récepteur et quelle sera sa position devant l'appel qu'il recevra.
Consigne : « Échanger au téléphone sur la situation pendant deux ou trois minutes. »
Ex. n° 1 : « Tu es un jeune garçon qui téléphone à un service de restauration rapide pour demander d'être engagé. »
Ex. n° 2 : « Tu es restaurateur. Tu es conciliant, tu es pressé, tu ne comprends rien à ce que veut celui qui t'appelle, etc.

– Il est important de chronométrer l'appel pour imposer une contrainte de temps d'échanges, et donc d'arguments.
– Les élèves jouent la scène dos à dos pour ne pas avoir recours aux gestes ou aux mimiques.

• Synthèse collective

Ce jeu doit à chaque fois permettre de revoir les éléments suivants : comment se présenter au téléphone, quelles informations il est utile de donner, quels arguments peuvent être avancés, le vocabulaire qui a manqué, la qualité de l'expression, l'adaptation à la situation.

■ Difficultés anticipées, rôle du maître

• L'échange est très court car les élèves ne savent pas gérer l'improvisation.
• Les élèves s'expriment mal ou dans un registre de langue inadapté à la situation.

⇒ Dans les premiers temps, il peut être utile de permettre à deux élèves d'aider chaque participant.
⇒ L'échange peut évoluer grâce à l'intervention de l'enseignant ou des élèves pour l'améliorer. La synthèse en fin de scène devrait permettre de progresser régulièrement.

■ Évaluation

• La qualité de l'échange du point de vue des arguments et des informations apportés par chacun.
• Les progrès des élèves dans leur manière de s'exprimer au téléphone dans une situation de présentation ou de demande d'aide.

■ Variante

Dans le cadre de l'apprentissage des premiers gestes d'urgence, il peut être très utile et très citoyen d'apprendre aux élèves à appeler les secours.

Proposition de programmation annuelle

	PREMIER TRIMESTRE	DEUXIÈME TRIMESTRE	TROISIÈME TRIMESTRE
Utiliser le discours discursif Organiser un débat	• Élection des délégués de classe. • Faire une campagne électorale : présenter un programme et répondre aux questions de ses interlocuteurs. • Formuler une question sur un thème imposé. • Respecter les règles de prise de parole.	Participer à un débat contradictoire.	• Formuler une demande d'aide au téléphone. • Échanger au téléphone sur une situation imposée et adapter son discours à la situation.
Utiliser le discours narratif		Apprendre à raconter l'histoire du livre qu'on a aimé.	Apprendre à raconter une histoire que l'on a imaginée.
Utiliser le discours informatif	Proposer un résumé oral des éléments essentiels d'une séance d'histoire, de géographie ou de sciences.	• Expliquer, avec un effort de cohérence, une règle de fabrication ou de jeu. • Utiliser le vocabulaire adéquat.	• Présenter un exposé. • Présenter une situation afin de lancer un débat.
Utiliser le discours poétique	• Dire des poèmes ou des textes en prose. • Exercer sa diction.		Créer des poèmes.

Lecture

Organiser les progressions

CAPACITÉS	OBJECTIFS INTERMÉDIAIRES
Compétences attendues à la fin du CM2 : – lire avec aisance (à haute voix, silencieusement) un texte ; – lire seul des textes du patrimoine et des œuvres intégrales de la littérature de jeunesse, adaptés à son âge ; – lire seul et comprendre un énoncé, une consigne ; – comprendre des mots nouveaux et les utiliser à bon escient ; – dégager le thème d'un texte ; – utiliser ses connaissances pour réfléchir sur un texte (mieux le comprendre, ou mieux l'écrire) ; – répondre à une question par une phrase complète à l'oral comme à l'écrit.	
Lire sans aide les consignes du travail scolaire, les énoncés de problèmes.	• Comprendre tous les termes de la consigne, compte tenu du type de texte de référence (littéraire, technologique, mathématique…). • Repérer les éléments essentiels de la consigne (avec l'aide d'une fiche-guide, puis progressivement en se référant à un questionnement autonome). ▷ **DOC 31** • Repérer la consigne quelle que soit sa place par rapport à l'énoncé de l'exercice. • Repérer, sans l'aide de l'enseignant, les erreurs d'application de la consigne dans un exercice réalisé par un camarade. • Produire une consigne. ▷ **DOC 32** • Se représenter ce qui est demandé implicitement (reformuler, expliquer aux autres après lecture individuelle). • Anticiper les tâches à effectuer.

ATTITUDES

• Goût de la lecture, curiosité à l'égard de la culture littéraire française et étrangère.
• Goût de la recherche documentaire, dans des livres ou sur la Toile.

Interpeller les élèves sur la **spécificité de chaque champ disciplinaire qui implique des attitudes différentes pour une même consigne.**
• **Observer un texte :** relever le temps des verbes, repérer le champ lexical, deviner ou reconnaître le contexte, faire des liens avec d'autres lectures…
• **Observer une expérience :** prendre des informations sur la taille, la couleur, l'évolution, noter des différences entre deux moments…
• **Observer un tableau historique :** repérer les vêtements pour situer la période, noter les expressions, les symboles…

Lexique de base des consignes

- **Maîtrise de la langue :** *classer, observer, établir la liste, situer le texte ou l'extrait, relire, associer, réécrire, comparer, justifier, exprimer un point de vue, décrire…*
- **Mathématiques :** *ranger, croissant, décroissant, somme, différence, produit, quotient, diviseur, dividende, ordonner, décrire, exprime, reproduire, comparer, mesure…*
- **Histoire :** *lire les légendes, comparer, observer, construire une courbe, placer sur la frise, faire une fiche biographique, analyser le document, résumer les textes…*
- **Géographie :** *à l'aide du plan, nomme les éléments, situer, repérer, s'orienter, représenter à l'aide d'un schéma, d'un graphique, d'un tableau, expliquer, comparer, observer, identifier, faire une légende, décrire…*
- **Sciences :** *schématiser, classer, observer, représenter, faire l'expérience, expérimenter, tester, changer de variante, prendre des notes, expliquer…*

Au CE2 et au CM1, les élèves ont pu apprendre à utiliser une fiche guide pour relever les éléments essentiels de la consigne. Au CM2, il s'agit de leur faire acquérir des réflexes de questionnement qui devraient leur permettre progressivement de se libérer de ce premier outil.

1) Avant la réalisation de la tâche

- *Qu'est-ce qui m'est demandé ? Combien de tâches la consigne induit-elle ?*
- Une représentation du produit attendu.
À quoi dois-je aboutir ? Quelle forme finale doit avoir mon travail ?
- Une anticipation sur la tâche à accomplir :
Ai-je déjà accompli une tâche avec une consigne similaire ?
- Une planification du travail
Par quoi faut-il commencer ? Quelles étapes ? dans quel ordre ? Quel temps consacré à chaque étape ?

2) Pendant la réalisation de la tâche

Suis-je toujours en train de respecter la consigne ?

3) Après la réalisation de la tâche

Suis-je arrivé(e) au produit attendu ?

Il est important d'entraîner régulièrement les élèves à se poser ces questions jusqu'à ce qu'ils finissent par pratiquement les connaître par cœur.

C. Mettoudi, A. Yaïche, *Travailler avec méthode*, Hachette Éducation, coll. « L'école au quotidien », 2003, pp. 25-26.

DOC 31 Adopter un comportement face à la consigne

Proposer régulièrement aux élèves de produire des consignes exerce leur faculté d'observation fine d'un exercice et de ses composantes, et les placent devant les difficultés de formulation de phrases injonctives précises.

C. Mettoudi, A. Yaïche *et al.*, *Objectif méthode*, Hachette Éducation, coll. « L'école au quotidien », 1997, p. 33.

Observe le travail de l'élève qui a réalisé les exercices suivants, retrouve et écris les consignes des exercices :

Exercice 1

Consigne : ……………………

– Tu *choisis* ce magnifique livre. (choisir)

– Nous *sommes* devant le cinéma depuis dix minutes. (être)

– Elles *attendent* le bus pour aller au théâtre. (attendre)

Exercice 2

Consigne : ……………………

10 945 – 8 999 – 9 023 – 23 045 – 19 978

8 999 < 9 023 < 10 945 < 19 978 < 23 045

Exercice 3

Consigne : ……………………

Un fleuve : c'est un cours d'eau qui aboutit à la mer.

Exercice 4

Consigne : ……………………

– Le rideau rouge s'est levé.

– De grands châtaigniers entourent la place du marché.

– Un faible soleil perce sous le ciel nuageux.

– Un vent léger vient de se lever dans la vallée.

DOC 32 Produire des consignes pour prendre conscience de leur complexité

CAPACITÉ	OBJECTIFS INTERMÉDIAIRES
Lire sans aide une leçon dans un manuel après un travail en classe sur le sujet.	• Lire et comprendre l'organisation des manuels de français, de géographie et de sciences (les mathématiques et l'histoire ayant été vu au CE2 et au CM1). • Retrouver rapidement une information utile dans son manuel (utiliser l'index et le sommaire, se repérer sur la frise, utiliser le tableau de conjugaison, retrouver une règle et ses exemples, lire une carte légendée...). • Repérer le plan d'une leçon dans un chapitre du manuel. • Apprendre le résumé d'une leçon en se reportant aux passages développant les notions qu'il comprend. • Utiliser un atlas. ▷ **DOC 33** • Repérer des informations différentes sur plusieurs atlas. • Utiliser spontanément les outils d'aide de la classe. • Organiser ses outils d'aide. ▷ **DOC 34**

Organiser le classement des affichages avec les élèves

- Distinguer les affichages didactiques, méthodologiques et esthétiques.
- Choisir les emplacements et la couleur support de ces outils avec le groupe classe pour interpeller les élèves sur le rôle et la fonction de chacun.
- Au cours de l'année, certains élèves peuvent prendre en responsabilité la tenue des affichages : leur présentation, leur organisation, leur roulement.
- Chaque élève possède son cahier-outil, mais il peut aussi exister l'outil « mémoire de la classe » qui récapitule toutes les aides possibles pour les diverses activités scolaires

Se repérer dans :

- le tableau de présentation des ateliers de lecture ;
- le tableau récapitulatif des livres lus avec l'avis des différents lecteurs ;
- le tableau de programmation des exposés ;
- l'emploi du temps pour anticiper les activités.

Avant toute activité, les élèves récapitulent les outils à leur disposition : cahier de règles, répertoire de mots classés par champ lexical, manuels, affichages, logiciels encyclopédiques, Internet...

Les textes d'étude qui ont permis de découvrir certaines notions ou particularités littéraires sont des aides précieuses à l'écriture. Mettre en place un répertoire ou cahier-mémoire de ces textes avec des indices pour les retrouver rapidement. Ex. :
1) *Poil de Carotte*, Jules Renard (Dialogue de théâtre), « manuel de français p. 188 »
2) « Nomades et sédentaires » (Différencier textes et commentaires) *Livre des déserts*, Découverte Gallimard, photocopie « classeur de géographie »

Les élèves participent à un défi lecture sur Tintin avec une autre classe de CM2.
Ils ont lu plusieurs BD du célèbre reporter et ont dû retracer sur un atlas ses déplacements.
Ils peuvent aussi calculer la distance que Tintin a dû parcourir d'une aventure à une autre en utilisant l'échelle à l'équateur.

Proposer une représentation d'un planisphère avec le fléchage des déplacements suivants :
France ⇒ Congo ⇒ Amérique du Nord ⇒ Égypte ⇒ Chine ⇒ Amérique du Sud ⇒ Tibet…

Il est difficile d'avoir la collection complète en classe. Ce travail peut se faire sur les albums choisis par l'enseignant ou en prolongement d'un autre travail de recherche qui consisterait à trouver, dans l'ordre de parution, toutes les BD parues.

Il peut aussi être envisagé de créer une nouvelle aventure de ce personnage. Pour cela, il s'agit de choisir une destination et d'aller rechercher les caractéristiques du pays pour imaginer le contexte, le climat, la végétation, les habitudes de vie de la population…

DOC 33 Utiliser un atlas pour repérer ou inventer le trajet de personnages de roman ou de BD

AFIN DE RETROUVER FACILEMENT UN DOCUMENT :

1 Organise ton classeur en plusieurs rubriques à partir des indications du maître

- Dans chaque rubrique, ne mets que des documents ayant un rapport avec la matière : sciences, histoire, géographie, éducation civique…
- Sépare chaque rubrique avec un intercalaire portant le nom de la matière.
- Range les rubriques dans l'ordre indiqué par le sommaire.

2 Organise les documents à l'intérieur de chaque rubrique

- Range les documents dans l'ordre choisi : dates, thèmes…
- Protège-les dans des feuillets plastifiés lorsque cela est nécessaire.
- Mets en valeur les titres et sous-titres que tu trouveras dans le sommaire : souligner, encadrer…

3 Fabrique un sommaire au début de ton classeur

- Reporte le titre des rubriques.
- Pour chacune d'elles, précise les différentes parties abordées.

Sommaire
1. Sciences
– Les dents
– La respiration
2. Histoire
– La Révolution
3. Géographie
– Les Alpes
– Le Massif central

Conseil

Pense à vérifier régulièrement l'état et l'organisation de ton classeur car lorsque celui-ci est bien tenu, il est une aide précieuse pour apprendre.

C. Mettoudi, A. Yaïche *et al.*, *Objectif méthode*, Hachette Éducation, coll. « L'école au quotidien », 1997, p. 124.

DOC 34 Retrouver facilement un document

CAPACITÉS	OBJECTIFS INTERMÉDIAIRES
Effectuer, seul, des recherches dans des ouvrages documentaires (livres, produits multimédia).	• Repérer le type d'ouvrages adaptés à sa recherche. • Trouver sur la Toile des informations historiques, géographiques, scientifiques, artistiques et culturelles simples. • Effectuer les manipulations nécessaires à l'utilisation d'une base de données informatisée (utiliser d'une manière autonome le logiciel de la BCD). • Ouvrir le fichier. • Formuler clairement la demande. • Énoncer les critères de tri. • Utiliser un moteur de recherche sur la Toile. • Utiliser une encyclopédie logicielle. • Participer à des échanges sur messageries (correspondance scolaire, informations échangées avec le maître, avec le directeur, avec d'autres classes). • Décomposer les différents éléments d'un mail. • Utiliser les croquis ou dessins pour compléter les informations d'un texte explicatif. • Traiter les informations d'un tableau de données. ▷ **DOC 35** • Utiliser des corrigés d'exercices. • Utiliser le lexique situé en fin de manuel. • Associer le champ lexical d'un texte à une discipline. • Utiliser les manuels d'histoire ou de géographie pour mieux situer le contexte de ce qu'on lit.

• **En géographie :** lire une image satellite. Compléter ces informations sur un sujet en utilisant des cartes différentes (population française, croissance de la population, régions d'accueil…).
• **En mathématiques :** lire et utiliser des graphiques pour représenter des fonctions numériques.
• **En sciences :** lire et comprendre la représentation d'une expérience.

L'installation de l'ordinateur individuel au fond de la classe permet ces manipulations régulières et donne son véritable statut à cet outil.

Des sites intéressants

- La main à la pâte : www.lamap.fr
- Littérature de jeunesse : www.crdp.ac-creteil.fr/ telemaque, ainsi que www.ricochet-jeunes.org

S'assurer que l'utilisation d'Internet est protégée soit par l'installation dans l'école d'un boîtier de filtrage, soit par la sélection, au préalable, des sites d'accès possible.

Voici un tableau qui contient le nom des maladies contre lesquelles on pratique habituellement des vaccinations en France.

LES VACCINATIONS PERMETTENT DE SE PROTÉGER CONTRE DES MALADIES
Extrait du calendrier vaccinal français

	Dès le 1er mois	À partir de 2 mois	À partir de 12 mois	Entre 16 et 18 mois	Entre 3 et 6 ans	Entre 11 et 13 ans	Entre 16 et 18 ans	À partir de 70 ans
Maladies contre lesquelles la vaccination est obligatoire	Tuberculose	- Diphtérie - Tétanos - Polio - Coqueluche		1er rappel : - Diphtérie - Tétanos - Polio - Coqueluche	2ème rappel : - Diphtérie - Tétanos - Polio - Coqueluche Tuberculose	3ème rappel : - Diphtérie - Tétanos - Polio - Coqueluche	4ème rappel : - Diphtérie - Tétanos - Polio - Coqueluche	
Maladies contre lesquelles la vaccination est recommandée		Hépatite B	Rougeole Oreillons Rubéole *(1ère dose)* Hépatite B		Rougeole Oreillons Rubéole *(2ème dose)*	Rougeole Oreillons Rubéole Hépatite B	Rubéole *(et au-delà de 18 ans pour les jeunes femmes non vaccinées)*	Grippe *(tous les ans)*

- **Score global de réussite : 60,7 %.**

– Le score par item tombe à 28,9 % lorsqu'il s'agit de procéder à des sélections d'informations et d'opérer des recoupements pour répondre à la question posée.
– L'élève est en difficulté lorsque les informations sont nombreuses et qu'il doit mettre en relation des données présentes dans plusieurs colonnes pour répondre à la question.

- Beaucoup de situations de la vie courante et la plupart des disciplines du collège demandent des stratégies efficaces de lecture de tableaux (notamment le tableau à double entrée), d'où la nécessité d'exercices fréquents sur ce type de support, en situation de production comme en situation de réception.

Ces activités pourront faire l'objet d'un travail pluridisciplinaire.

DEP, *Évaluations CE2/6e, Repères nationaux,* « Français : exercice 4 », 2002.

DOC 35 Traiter les informations d'un tableau de données

CAPACITÉS	OBJECTIFS INTERMÉDIAIRES
• Se repérer dans une bibliothèque, une médiathèque. • S'appuyer sur les mots de liaison et les expressions qui marquent les relations logiques pour comprendre avec précision l'enchaînement d'une action ou d'un raisonnement.	• Reconnaître le genre d'un texte et sa fonction. ▷ **FICHE DE PRÉPARATION N° 3** • Rechercher un livre en fonction de critères différents (auteur, titre, thème, type d'ouvrage). • Distinguer les informations essentielles des informations secondaires d'un texte. • Repérer les mots-clés. • Mémoriser les informations essentielles pour pouvoir les restituer. • Repérer les mots essentiels à restituer. • Reformuler l'essentiel d'un texte lu. • Construire des informations à partir d'un texte lu. • Reconstituer l'enchaînement logique d'un texte puzzle. • Sélectionner un documentaire à partir du sommaire. • Sélectionner des livres par genre. • Regrouper des livres autour d'un même personnage. • Identifier les référents des substituts pronominaux. ▷ **DOC 36** • Identifier les référents des substituts lexicaux. • Compléter un texte par des connecteurs adéquats.

Pour aider les élèves à saisir l'essentiel d'un texte entendu, proposer des activités de reformulation reposant sur des supports audiovisuels et intégrant des discours variés. On peut entraîner les enfants à trouver les questions permettant de comprendre l'essentiel des messages entendus.
La reformulation par leurs propres mots de textes, narratifs ou non, permet de cerner leur degré de compréhension.

Partager la responsabilité de la gestion de la BCD.
Le rangement, le tri et la classification des ouvrages sont des activités d'apprentissage en situation.

Si la reconnaissance du conte et de l'article du dictionnaire ne représente guère de difficulté pour l'ensemble des élèves qui ont passé les évaluations 6e (respectivement 83,1 % et 92,7 % de réussite), les scores obtenus pour la reconnaissance de l'écrit documentaire est beaucoup plus difficile (33 % d'erreurs). (Source : *DEP, Évaluations CE2/6e, Repères nationaux*, 2002.)
Il est par conséquent très important de proposer régulièrement des lectures cursives de textes appartenant à des genres différents, d'inviter les élèves à reconnaître les caractéristiques des genres et de leur demander des justifications dans un échange oral.

- **Score global de réussite : 30,5 %.**
– « Identifier les référents des substituts pronominaux » (association de « Docteur Watson » avec « vous » et de « Sherlock Holmes » avec « moi ») : 33,3 % de réussite.
– Identifier les référents des substituts lexicaux (association de « Mr Smith » avec « un gros homme », « son interlocuteur » et « le visiteur ») : 28 % de réussite.

- Les élèves ont du mal à :
– repérer les substituts dans les parties narratives, puis dans les propos tenus ;
– considérer que les pronoms de 1re personne peuvent renvoyer à deux personnages distincts ;
– identifier la situation de communication par la présence de paroles rapportées au sein d'une partie narrative.

Lis ce texte.

L'automne dernier, en me rendant à l'improviste à Baker Street, je trouvai mon ami Sherlock Holmes plongé dans une grande conversation avec **un gros homme** d'un certain âge. J'allais me retirer lorsque Sherlock Holmes m'arrêta d'un geste.
« **Vous** ne pouviez pas mieux tomber, Watson ! me dit-il gaiement. Monsieur Smith, reprit-il en se retournant vers **son interlocuteur**, puis-je vous présenter le docteur Watson ? »
Le visiteur se tourna vers **moi** avec un sourire modeste, visiblement ravi d'avoir été présenté par **le célèbre détective**.

Ce texte parle de trois personnages :

1. **Sherlock Holmes**
2. **Le docteur Watson**
3. **Monsieur Smith**

On a recopié dans le tableau ci-dessous les mots qui sont en caractères gras dans le texte.
À toi d'associer chaque personnage avec le mot ou l'expression qui le désigne dans le texte.
Mets une croix dans la case qui convient.

	Sherlock Holmes	Le docteur Watson	Monsieur Smith
Un gros homme			
Vous			
Son interlocuteur			
Je			
Le visiteur			
Moi			
Le célèbre détective			

- Ce travail sur le repérage des différents substituts doit être régulier et mis en place dans l'ensemble des disciplines. En effet, en histoire et en sciences, les élèves ont très souvent du mal à identifier les éléments de la chaîne référentielle. Il semble également important de travailler en classe (en lecture et en écriture) sur des textes dans lesquels s'inscrivent des dialogues.

DEP, *Évaluations CE2/6e*, *Repères nationaux*, « Français : exercice 7 », 2004.

DOC 36 Identifier les référents des substituts lexicaux et pronominaux

CONNAISSANCES ET CAPACITÉS	OBJECTIFS INTERMÉDIAIRES
Littérature	
• Lire à haute voix avec fluidité et de manière expressive un texte de plus de dix lignes, après préparation.	• Préparer une lecture orale. • Adapter son débit à la longueur et au rythme des phrases. • Respecter la ponctuation. • Anticiper la suite des mots d'une phrase. • Lire plusieurs fois un extrait d'un même texte dans des registres d'émotion différents (joie, crainte, tristesse, etc.).
• Lire au moins cinq ouvrages dans l'année scolaire et en rendre compte ; choisir un extrait caractéristique et le lire à haute voix. • Expliciter des choix de lecture, des préférences. • Raconter de mémoire une œuvre lue ; citer de mémoire un court extrait caractéristique. • Rapprocher des œuvres littéraires, à l'oral et à l'écrit.	• Exprimer le sentiment général que laisse le texte. • Distinguer l'essentiel et l'accessoire d'un texte. ▷ **DOC 38** • Exprimer les images et les sentiments évoqués par le texte. • Comprendre l'implicite du texte (construire les inférences). ▷ **DOC 37** • Mémoriser les informations à retenir d'un chapitre à un autre et les mettre en relation (noter quelques mots-clés facilitant la mobilisation des idées). • Mener une lecture (adaptée à ses capacités) à son terme. ▷ **DOC 39** • Se repérer dans l'organisation générale du texte (par ex. : *flash-back*). • Comprendre le déroulement logique et chronologique d'un texte. • Repérer les liens entre les personnages et les actions. • Comparer un personnage à d'autres personnages rencontrés. ▷ **FICHE DE PRÉPARATION N° 4** • Présenter un avis personnel et argumenté sur ce qui a été lu.

• La reconstitution de l'ordre des actions ou des événements dans un texte est préalable à toute activité analytique.
• Pour aider les élèves à situer le déroulement chronologique, on peut :
– leur faire placer les actions sur un axe temporel ;
– reproduire la progression chronologique en dessinant des vignettes de BD.

Utiliser des **post-it** pour que l'enfant note quelques mots-clés, deux ou trois phrases de résumé, les titres des chapitres précédents, la ou les question(s) qu'il se pose concernant la suite du livre.

Jouer avec des énoncés sarcastiques est un moyen intéressant d'interpeller les élèves sur ce qu'ils doivent comprendre implicitement.
Dans les énoncés suivants, les enfants doivent exprimer l'intention réelle de celui qui parle :

- Le père d'Andy entre dans sa chambre. Son fils joue à la Nintendo et les cahiers et les livres sont éparpillés sur son bureau.
« Arrête de travailler autant, lui dit-il, tu vas trop te fatiguer et te faire mal à la tête ! »
- Cindy prend le goûter chez sa tante avec sa maman. Elle ne desserre pas les dents et semble s'ennuyer énormément. La tante dit alors à sa mère : *« Quelle charmante fille, tu as là. Cela doit être un vrai bonheur que de vivre auprès d'elle ! »*

DOC 37 Mise au point sur la compréhension : l'inférence

Les évaluations nationales ont révélé qu'une majorité importante d'élèves (88,8 %) est capable de sélectionner, parmi plusieurs proposés, le titre pertinent d'un extrait de texte.
« Choisir un résumé pour le même extrait » obtient un score de réussite inférieur (58,9 %).
Les plus grosses difficultés résident dans le repérage du référent du pronom personnel « nous » et dans l'identification du narrateur.

Au cours des lectures, et en évitant de proposer des analyses systématiques de textes qui pourraient dénaturer le travail littéraire, il convient de proposer les activités suivantes, le plus souvent à l'oral :

- donner un titre au passage ou au chapitre qu'on vient de lire ;
- résumer chaque paragraphe par une courte phrase ;
- choisir entre différentes affirmations ;
- repérer la progression thématique ;
- faire comparer des textes de genres différents (biographies et autres).

Lis ce texte :

Nous étions presque arrivées quand Verte a sursauté puis a ralenti le pas.
– Oh ! mince, a-t-elle dit, des garçons de ma classe. Qu'est-ce qu'ils font là ?
Devant nous avançaient deux gamins en baskets et blouson.
– Bonjour Madame, a dit le plus grand en souriant poliment, bonjour, Verte.
– Bonjour Soufi, a répondu Verte en baissant le museau[1]. Bonjour, Vincent.
– On va au foot, a annoncé Soufi à qui on ne demandait rien.
Comme Verte ne pipait mot, je me suis permis de répondre à sa place.
– Eh bien ! nous allons chez moi. Nous passons le mercredi ensemble.
– Tu en as de la chance, a dit Soufi à Verte, d'avoir ta grand-mère tout près de chez toi. Moi je ne vois la mienne que pendant les grandes vacances.
– De quel pays viens-tu ? ai-je demandé pleine de curiosité.
– De Bretagne. Mes grands-parents habitent Ploërmel, ce qui explique que je ne les vois pas souvent.
Quand je pense que certaines personnes se plaignent du manque de politesse chez les jeunes ! Ce Soufi n'était pas seulement poli. Il était aussi spontané et gentil. Je suis tombée sous le charme.
– Si tu veux une grand-mère près de chez toi, mon garçon, je suis là. J'habite la petite maison entre la papeterie et la laverie. Tu n'as qu'à venir sonner chez moi dans l'après-midi. Nous t'attendrons à l'heure du goûter.

1. « en baissant le museau » : en baissant la tête.

1. Coche le résumé qui convient le mieux à ce texte.

☐ Verte rencontre deux garçons de sa classe. Elle n'a pas envie de leur parler parce qu'elle trouve que les jeunes ne sont pas assez polis. Pourtant, elle leur explique où elle habite.

☐ Une grand-mère et sa petite-fille se promènent. Elles rencontrent deux jeunes garçons. L'un d'eux regrette de ne pas voir sa grand-mère assez souvent. Alors, la grand-mère de la petite fille l'invite à venir chez elle.

☐ Deux garçons rencontrent une fille de leur classe en allant au foot. La fille invite ses copains à venir chez sa grand-mère à l'heure du goûter.

☐ Verte discute avec deux garçons timides et polis. Sa grand-mère arrive et elle est ravie de rencontrer des enfants aussi gentils.

2. Coche le titre qui correspond le mieux à l'ensemble du texte.

- Une rencontre qui finit mal ☐
- Une invitation à un anniversaire ☐
- Un garçon sans-gêne ☐
- Une grand-mère sympathique ☐

DEP, *Évaluations CE2/6e, Repères nationaux*, « Français : exercice 2 », 2004.

DOC 38 Distinguer l'essentiel de l'accessoire

Un parcours littéraire

Chaque année, les élèves doivent lire deux « classiques » et au moins huit ouvrages appartenant à la bibliographie de littérature de jeunesse contemporaine.
Il ne s'agit pas d'expliquer dans le détail et dans sa totalité chacun des textes choisis et il n'est pas question d'enfermer les élèves pendant plusieurs semaines dans un livre qui va, de ce fait, perdre tout intérêt.

> *« Un module de littérature ne devrait pas durer plus de quinze jours, mais il peut, en revanche, se concentrer sur une séance unique limitée à une demi-matinée. »*
>
> *Document d'accompagnement des programmes*

La littérature de jeunesse et les documentaires appropriés à l'âge des enfants doivent être **fréquentés quotidiennement**, en grande partie à l'oral. **La lecture à haute voix de l'enseignant** est ici essentielle, tout comme l'activité par laquelle les élèves **reformulent**, dans leurs propres mots, les textes entendus. C'est le débat sur ce qui a été lu qui permet de s'assurer de la compréhension. ▷ **DOCS 39 ET 40**

Concevoir un parcours littéraire sur le cycle, c'est constituer une culture commune littéraire pour tous les élèves : répartir les œuvres classiques au sein du cycle et s'assurer de la diversité des thèmes abordés et des genres littéraires présentés (thèmes imposés, mais liberté du choix des livres).

Concevoir un parcours littéraire pour sa classe, c'est :
- programmer dans l'année l'articulation des lectures choisies et des thèmes de débats proposés ;
- assurer une diversité des genres littéraires ;
- distinguer les livres qui seront lus par l'enseignant des livres qui seront lus par les élèves et, par conséquent, adaptés à leur capacité de lecture ;
- réfléchir sur une mise en réseau possible de ces ouvrages autour de l'étude d'un auteur, d'un thème, des caractéristiques des personnages ou des types de textes.

▷ **DOC 41**

> *« Chaque lecture est le lieu de réinvestissement de lectures anciennes et le tremplin pour de nouvelles lectures. Tel ouvrage contemporain en appelle à telle œuvre patrimoniale ou classique, telle œuvre classique trouve des échos dans la production actuelle. Ainsi s'établissent des résonances, des liens, propices à des mises en réseaux, à la constitution de constellations. »*
>
> *Document d'accompagnement des programmes*

Diversifier les modalités de lecture

- Le livre est lu en partie à voix haute par l'enseignant et fait l'objet d'échanges et de débats.
- Chaque chapitre est préparé à tour de rôle par des élèves qui le lisent au groupe classe.
- Un livre est lu collectivement en classe (lecture suivie partagée avec le groupe classe).
- Certains livres adaptés aux possibilités des élèves sont lus individuellement par les élèves et font l'objet d'une réflexion collective.

DOC 39 La gestion des lectures

- L'enseignant lit lui-même le texte à haute voix, en particulier les passages clés et les passages complexes.
- Les élèves lisent silencieusement les parties du texte ayant une forte unité.
- L'enseignant rédige un résumé partiel qu'il donne à lire aux élèves – ce qui permet de soulager leur mémoire.
- Les élèves lisent à haute voix le texte.
- L'enseignant raconte le livre.

DOC 40 Comment préparer le cheminement dans l'œuvre ?

- **Choisir un thème de débat** qui permettra d'aborder avec les élèves des sujets sur lesquels ils ont besoin de confronter leur point de vue avec un adulte ou avec les autres enfants pour trouver des repères de vie.
- **Organiser une ronde des livres**

Sur le thème « la violence », quatre livres de difficultés différentes sont mis en circulation dans la classe. Les élèves les lisent à tour de rôle, en fonction de leur choix et de leur niveau, et expriment leur avis sur un tableau récapitulatif au fond de la classe. Un débat permet ensuite d'échanger des idées sur le thème retenu à travers l'expérience de lecture de chacun.
Le tableau est un moyen, pour l'enseignant, d'évaluer l'investissement individuel des élèves et de pouvoir intervenir, si besoin, dans le cadre d'une pédagogie différenciée. Exemple :

LISTE DES ÉLÈVES	É. Bravo, *C'était la guerre mondiale*, Bréal Jeunesse, 2003.	O. Daniel, *La poudre au cœur*, Grasset Jeunesse, 1999.	B. Costa, *Dis non*, Syros, 1994.	P. Barbeau, Le Type, *Atelier du poisson soluble*, 1999.
Lucie	Je ne l'ai pas lu car je n'aime pas la guerre.	J'ai adoré.	J'ai aimé.	Moyen.
Pierre	J'avais du mal à comprendre tous les mots, mais l'histoire m'a plu.	J'ai abandonné car c'était trop dur.	J'ai adoré.	J'ai bien aimé car il y avait des images.

- **Organiser un débat**

Quatre élèves ayant lu un exemplaire différent échangent devant leur camarade sur la manière dont la question posée a été traitée dans le livre, donnent des exemples et se positionnent. Un débat collectif peut ensuite se mettre en place pour élargir la question.

Débats argumentaires
- Comment réagir face à des agressions verbales ?
- Pourquoi y a-t-il des guerres ?
- Quand peut-on dire que l'on est violent ?
- Comment arrive la violence ?

Débats contradictoires
- Le personnage a-t-il eu raison de se battre ?
- A-t-il fait preuve de lâcheté ?
- Est-il toujours facile d'être courageux ?
- Comment devient-on un héros ?

DOC 41 Mener des débats autour d'une ronde des livres

Quels objectifs peut-on poursuivre ?

LECTURE	ÉDUCATION À LA CITOYENNETÉ
• Repérer la situation de départ et la situation finale. • Répondre aux questions relatives à la chronologie et aux personnages. • Repérer les personnages essentiels et secondaires. • Comparer un personnage à d'autres personnages rencontrés. ▷ **FICHE DE PRÉPARATION N° 4** • Comprendre qu'un même personnage peut être désigné par des procédés différents et les repérer : noms, pronoms, surnoms… • Repérer et mémoriser les actions essentielles. • Formuler l'idée principale d'un paragraphe. • Formuler l'idée générale d'un texte.	• Émettre des sentiments, percevoir les sentiments des personnages. • Émettre des émotions. • Donner son avis. • Émettre un jugement objectif sur un texte. • Émettre un jugement affectif sur un texte. • Exprimer un jugement sur le caractère du personnage. • Justifier son avis. • Formuler une idée personnelle en relation avec le sujet traité. • Distinguer l'affirmation de l'argumentation.

Comment choisir les ouvrages d'un parcours ?

Il convient de varier les types de livres, les genres littéraires et les thèmes abordés afin qu'au cours du cycle les élèves aient côtoyé un panel assez large d'œuvres. ▷ **DOCS 42 ET 43**

TYPES DE LIVRES	GENRES LITTÉRAIRES	THÈMES ABORDÉS
Documentaire	Fantastique	Amour
Fiction	Policier	Amitié
Album	Science-fiction	Identité/différences
BD	Aventures	Peur/angoisse
Roman	Parodie	Mentir/tricher/ruser
Imagier		Violence/affrontement
Nouvelle		Vieillir
Poésie		Maladie/handicap
Conte		Mort
		Séparation/solitude
		Adoption
		Rumeur

« L'interprétation prend, le plus souvent, la forme d'un débat très libre dans lequel on réfléchit collectivement sur les enjeux esthétiques, psychologiques, moraux, philosophiques qui sont au cœur d'une ou plusieurs œuvres. »

• Quels sont les critères de choix des ouvrages ?

– Travail sur les caractéristiques du roman policier.
– Lien lecture/écriture : écrire une nouvelle policière (décrire des situations, des lieux, des personnages ; créer des liens entre les personnages ; écrire une nouvelle dans laquelle le narrateur est le détective principal…).
– Étendre sa culture littéraire et cinématographique sur les détectives les plus connus.
– Des livres de premier niveau de lecture, des textes courts et aérés pour ceux qui seront lus par les élèves.

• Quatre livres choisis sur le thème du Moyen Âge

LIVRES	GENRES	THÈMES	MODALITÉS DE LECTURE
Y. Hugues, *Enquête à mon quotidien*, Gallimard Jeunesse, 2003.	Roman policier.	Enquête policière dans un milieu journalistique (champ lexical de la presse).	Lu par l'enseignant.
B. Frédéric, *La reine des fourmis a disparu*, Albin Michel, 1996.	Album.	• Comparaison fiction/documentaire. • Sciences : observation du monde des insectes.	Lu individuellement par les élèves.
H. Winterfeld, *L'Affaire Caius*, Hachette Jeunesse, 2001.	Roman policier.	Découverte ou révision de la Rome antique.	Préparé et lu par plusieurs élèves successivement.
A. C. Doyle, *La Figure jaune et autres aventures de Sherlok Holmes*, Gallimard Jeunesse, 2004.	Roman policier.	• Découverte d'un grand détective (classique). • Comparaison de certaines œuvres littéraires et cinématographiques. • Recherche sur les autres grands détectives connus.	Préparé et lu par plusieurs élèves successivement.

Chaque séance de lecture suivie peut se situer dans un domaine disciplinaire différent. Il est important de cerner au préalable l'objectif spécifique pour identifier l'apprentissage au sein des progressions de la classe.

DOC 42 Un exemple de parcours littéraire

SEPTEMBRE/ TOUSSAINT	TOUSSAINT/ NOËL	NOËL/ FÉVRIER	FÉVRIER/ PÂQUES	PÂQUES/ JUIN
Les personnages de BD. *Lien avec la géographie et l'histoire (les resituer dans le temps et l'espace : Tintin, Astérix, Alix…).*	Des textes à exprimer. *Poésies, textes dialogués, théâtre.*	Les enquêtes policières. *Romans.*	La guerre traitée dans la littérature. *Genres diversifiés de livres.*	Les parodies des contes traditionnels. *Contes.*

DOC 43 Programmer des parcours littéraires dans l'année

Des ateliers de lecture

Des ateliers techniques pour conforter la compréhension de textes littéraires ou documentaires
• Repérer les éléments du texte qui permettront d'élaborer la réponse. • Inférer ce qui n'est pas explicitement dit dans le texte. • Repérer les éléments qui permettent de comprendre la logique d'un texte. • Rechercher rapidement des mots ou groupes de mots dans un texte. • Mémoriser les éléments essentiels d'un texte pour pouvoir le résumer. • Utiliser la relation texte/image pour élaborer une réponse. • Donner des titres à des paragraphes. • Distinguer l'essentiel de l'accessoire. • Adapter l'expression de sa lecture au type de texte lu et à la situation de communication vécue.

Des ateliers différenciés autour d'une même compétence à travailler		
Ex. : repérer les éléments qui permettent de comprendre la logique d'un texte de plus en plus long (*flash-back*, succession d'actions, présence de plusieurs personnages liés entre eux, temps d'actions variés…)		
1er groupe Lecteurs fragiles	2e groupe Lecteurs autonomes	3e groupe Lecteurs confirmés
• Choisir, parmi plusieurs propositions, le début ou la fin logique d'un texte. (Utiliser le surlignage et la reformulation.) • Reconstituer les événements d'un chapitre en les reproduisant sous forme d'images séquentielles.	• Reconstituer une lecture puzzle. • Remettre en ordre les paragraphes. • Resituer les évènements sur un axe du temps.	Reconstituer deux textes dont les phrases ont été mélangées. (Prises d'indices de plus en plus fins portant sur les substituts pronominaux, les indications orthographiques, l'implicite.)

Des ateliers différenciés dans un domaine disciplinaire					
Ex. en technologie : lire pour faire			Ex. en géographie : lire un document complexe sur la population de la France		
1er groupe Lecteurs fragiles	2e groupe Lecteurs autonomes	3e groupe Lecteurs confirmés	1er groupe Lecteurs fragiles	2e groupe Lecteurs autonomes	3e groupe Lecteurs confirmés
• Réaliser un montage très simple. • Lire la fiche technique décomposée en plusieurs séances et dont chaque pièce est représentée en trois dimensions.	Réaliser le même montage, mais avec des éléments schématisés et sans modification de la présentation de la fiche technique.	Démonter un objet simple type « Lego » et réaliser la fiche technique pour le faire construire à des camarades.	Répondre à des questions à partir d'un diagramme en barre et d'une pyramide des âges.	• Comparer trois graphiques : diagramme en barre, pyramide des âges, courbe. • Écrire une petite phrase pour chacun d'eux afin de préciser les différentes informations qu'ils apportent.	• Lire un résumé d'informations sur l'évolution de la population française. • Représenter les informations reçues sous forme d'un diagramme (imposé ou non, avec d'autres diagrammes sous les yeux).

Difficultés des élèves et remédiation

Les élèves ne sont pas parvenus à une lecture automatique.

REMÉDIATION → Entraîner régulièrement les élèves à la lecture expressive à haute voix en préparant les étapes de respiration et le respect de la ponctuation. Les lectures théâtralisées permettent d'effectuer de nombreux exercices.

Les élèves ne comprennent pas le sens général du texte.

REMÉDIATION →
- Leur faire repérer systématiquement le champ lexical du texte.
- Exercer leur mémoire (reformulation immédiate/différée).
- Faire de nombreux liens entre les lectures effectuées et l'ensemble des domaines disciplinaires.

Les élèves ne situent pas les personnages, ils ne maîtrisent pas la reconnaissance des substituts lexicaux ou pronominaux.

REMÉDIATION →
- Relever dans un texte tous les substituts désignant un même personnage.
- Après la lecture d'un passage, entraîner les élèves à associer personnages et actions. Exemple :

Personnages	Substituts	Actions

- Leur faire écrire des textes en les obligeant à utiliser les substituts pour éviter les répétitions.

Les élèves n'effectuent aucun contrôle de leur compréhension.

REMÉDIATION →
- Leur apprendre à revenir en arrière pour vérifier.
- Relire des passages pour justifier des réponses.
- Ralentir le rythme de lecture pour des passages difficiles.

Les élèves n'identifient pas l'implicite des textes.

REMÉDIATION → Jouer avec des énoncés sarcastiques. Ex. : « Pourquoi le père de Jonathan lui dit-il qu'il est un vrai "champion", alors qu'il en est à sa première séance de natation ? »

Fiche de préparation n° 3

■ Capacité visée

Se repérer dans une bibliothèque, une médiathèque.

■ Objectif spécifique

Reconnaître le genre d'un texte et sa fonction.

■ Organisation de la classe

Par deux.

■ Durée

20 min.

■ Matériel nécessaire

Des textes, sans image, sur un animal (type baleine) : documentaire, extrait de récit, texte intermédiaire, définition, article de journal.

■ Déroulement

Consigne : « Proposez, pour chaque extrait, une ou deux phrases résumant les informations reçues. Précisez dans quel type d'ouvrage de la BCD vous pourriez les trouver. Justifiez votre proposition. »

• Phase par groupe de deux

Après avoir lu silencieusement et individuellement l'ensemble des textes, les élèves se mettent d'accord sur les phrases de présentation et sur l'ouvrage de référence.

Les textes ont été numérotés pour faciliter la correction.

• Mise en commun

Trois groupes viennent proposer au tableau leur travail, les autres étant chargés de valider, de contester ou de faire de nouvelles propositions qui ne sont acceptées qu'après justification.

• Synthèse

La synthèse portera sur le lexique utilisé : documentaire, encyclopédie, revue, article, livre ou fiche de sciences, etc. et sur les caractéristiques d'un écrit documentaire (temps de conjugaison utilisé, pronom, vocabulaire scientifique, présentation, informations scientifiques précisées).

■ Difficultés anticipées, rôle du maître

• Les élèves confondent documentaire et fiction.

⇒ Les inciter à utiliser la bibliothèque de classe pour vérifier leurs hypothèses.

• Les élèves éprouvent des difficultés à synthétiser par une phrase les éléments essentiels.

⇒ Les contraindre à surligner un nombre défini de mots clés qu'ils réutiliseront dans leurs phrases.

■ Évaluation

Proposer ce travail plusieurs fois dans l'année et évaluer l'évolution des élèves (justesse du vocabulaire utilisé et meilleure distinction des genres de texte).

■ Variante

Proposer un extrait de récit sur un animal et demander aux élèves de le réécrire dans un écrit documentaire, ou vice versa.

Fiche de préparation n° 4

■ Capacité visée

Rapprocher des œuvres littéraires, à l'oral et à l'écrit.

■ Objectif spécifique

Comparer un personnage à d'autres personnages rencontrés.

■ Organisation de la classe

Groupe classe, puis recherche individuelle ou par deux.

■ Durée

2 × 30 min.

■ Matériel nécessaire

- Un exemplaire de A. C. Doyle, *La Figure jaune et autre aventure de Sherlock Holmes*, Gallimard Jeunesse, 2004, ainsi que des extraits de films et de livres proposant des descriptions de détectives.
- Une télévision et un magnétoscope.

■ Déroulement

Consigne : « Trouvez des caractéristiques physiques et morales attribuées aux personnages de détectives pour mieux imaginer celui pour lequel vous allez devoir inventer une enquête. »

• Phase collective

Présenter des extraits de films qui mettent en scène les plus célèbres détectives : Hercule Poirot, Miss Marple, Commissaire Maigret, Sherlok Holmes, Colombo…

Les élèvent échangent sur ces personnages, sur leur allure, sur les objets fétiches qu'ils utilisent, sur leurs particularités et sur leur ressemblance.

• Phase individuelle

Leur demander d'écrire une description d'un de ces personnages (quelques lignes).

En outil d'aide, leur proposer de chercher le lexique dont ils auraient besoin dans des extraits mis à leur disposition ou en utilisant les livres du parcours littéraire en cours.

L'objectif n'est pas la qualité d'écriture, mais le réinvestissement et l'appropriation d'un certain vocabulaire spécifique.

• Synthèse

Les élèves lisent leur texte, dans lequel aucun nom n'a été communiqué. Les autres enfants doivent deviner de qui il s'agit.

À chaque lecture, les mots ou expressions qui ont permis cette reconnaissance sont répertoriés.

■ Difficulté anticipée, rôle du maître

Les élèves identifient mal les caractéristiques morales.

⇒ Orienter le regard des élèves par des questions ou des comparaisons entre les personnages.

■ Évaluation

Les élèves devront retrouver, dans un ensemble de portraits, celui qui correspond à un détective précis.

■ Variantes

- Créer de nouveaux personnages en mélangeant les caractéristiques des détectives rencontrés.
- Adopter la même démarche pour une recherche en BCD si l'utilisation de la télévision pose problème. Certaines informations peuvent également être obtenues sur Internet.

Propositions de programmation

Une programmation sur l'année

	PREMIER TRIMESTRE	DEUXIÈME TRIMESTRE	TROISIÈME TRIMESTRE
Savoir lire pour apprendre	• Repérer la consigne, quelle que soit sa place. • Produire une consigne. • Se représenter ce qui est demandé implicitement. • Lire ou comprendre l'organisation des manuels de sciences et de géographie. • Utiliser le lexique en fin de manuel.	• Lire et utiliser des graphiques complexes en géographie et en mathématiques. • Effectuer les manipulations nécessaires à l'utilisation d'une base de données informatisée. • Ouvrir le fichier. • Formuler clairement la demande. • Énoncer les critères de tri.	• Utiliser les croquis ou les dessins pour compléter les informations d'un texte explicatif. • Traiter les informations d'un tableau de données. • Utiliser des corrigés d'exercices. • Utiliser des manuels d'histoire ou de géographie pour mieux situer le contexte de ce que l'on lit.
Ateliers techniques pour favoriser l'automa-tisation	• Repérer les éléments du texte qui permettront d'élaborer la réponse. • Rechercher rapidement des mots ou groupes de mots dans un texte. • Donner des titres à des paragraphes.	• Repérer les éléments qui permettent de comprendre la logique d'un texte. • Utiliser la relation texte/image pour élaborer une réponse. • Distinguer l'essentiel de l'accessoire. • Mémoriser les éléments essentiels d'un texte pour pouvoir le résumer.	• Inférer ce qui n'est pas explicitement dit dans le texte. • Adapter l'expression de sa lecture au type de texte lu et à la situation de communication vécue.
Préparer une lecture orale	Déchiffrer rapidement tous les mots inconnus.	• Accroître sa vitesse perspective. • Élargir son empan visuel.	Adapter son débit à la longueur et au rythme des phrases.
Se servir de la BCD	Répertorier, classer et classifier les nouveaux livres arrivés.	• Rechercher des éléments d'aide à l'écriture. • Trouver, sur la Toile, des informations historiques et géographiques.	Sélectionner un nombre de livres pour élaborer des parcours littéraires sur des auteurs ou sur des thèmes.
Lire en littérature	Trois parcours littéraires.		

Une programmation sur la semaine

LUNDI	MARDI	JEUDI	VENDREDI
Savoir lire pour apprendre (30 min).	Lire en littérature (15 min).	Littérature : projet littéraire (lien écrit) (40 min).	Lire en littérature (15 min).
Lire en littérature (5 min).	Ateliers techniques ou différenciés (40 min).	BCD/Informatique.	Ateliers techniques ou différenciés (40 min).

En dehors de ces plages, réservées à des apprentissages spécifiques, la lecture est présente dans tous les champs disciplinaires, au même titre que l'écriture et le langage.

Ecriture, rédaction

Organiser les progressions

CAPACITÉS	OBJECTIFS INTERMÉDIAIRES
Compétences attendues à la fin du CM2 : – utiliser ses connaissances pour réfléchir sur un texte (mieux le comprendre, ou mieux l'écrire) ; – répondre à une question par une phrase complète à l'oral comme à l'écrit ; – rédiger un texte d'une quinzaine de lignes (récit, description, dialogue, texte poétique, compte rendu) en utilisant ses connaissances en vocabulaire et en grammaire ; – orthographier correctement un texte simple de dix lignes – lors de sa rédaction ou de sa dictée – en se référant aux règles connues d'orthographe et de grammaire ainsi qu'à la connaissance du vocabulaire ; – savoir utiliser un dictionnaire.	
• Copier sans erreur un texte d'au moins quinze lignes en lui donnant une présentation adaptée.	• Repérer les caractéristiques orthographiques de la partie mémorisable. • Conserver en mémoire immédiate une partie du modèle à copier. • Transcrire en respectant les règles de présentation établies. • Exercer, à chaque étape de la réalisation de la tâche, un contrôle de conformité de la production. • Vérifier le résultat obtenu en le comparant au modèle.
• Maîtriser la cohérence des temps dans un récit d'une dizaine de lignes.	• Écrire sous la dictée un texte de dix lignes au maximum. ▷ **DOC 44** • Mémoriser les différentes questions que l'on doit se poser pour chercher ses erreurs (verbe conjugué, temps de conjugaison, sujet, groupe nominal, etc.). • Utiliser une fiche guide. • Utiliser spontanément un dictionnaire, un correcteur orthographique ou ses outils d'aide. • Savoir se questionner pour retrouver des erreurs orthographiques. ▷ **DOC 45** • Connaître les erreurs que l'on commet le plus souvent. • Enregistrer à l'aide d'un traitement de texte sur l'ordinateur les versions successives de sa production. Comparer le texte produit au projet initial.

ATTITUDES

La production d'écrit développe :
– le goût de l'écriture, de l'expression juste et nuancée ;
– l'habitude de prendre appui sur l'écrit pour structurer sa pensée, pour garder une trace.

- Associer l'outil d'aide pertinent à chaque difficulté orthographique rencontrée.
- Associer des règles de présentation ou de structuration de la langue à des textes rencontrés et pouvoir les retrouver rapidement grâce au cahier-mémoire de la classe.

Faire une dictée quotidienne

Tous les jours, et dans des champs disciplinaires différents, les élèves se confrontent à la dictée d'une ou de deux phrases.

Un élève, caché de la vue des autres élèves, écrit au tableau une ou deux phrases dictées par l'enseignant ou par un enfant, pendant que ses camarades font de même sur leur cahier de classe.
Les écrits sont confrontés et discutés. Chaque point de désaccord fait l'objet d'une recherche dans les divers outils de la classe pour que s'effectue la validation définitive.
Lorsque tout le monde est tombé d'accord, chaque élève réécrit les phrases sur son cahier pour vérifier qu'il a mémorisé les points abordés.

- Écriture de deux phrases résumés dans le classeur d'éveil pour retenir les éléments essentiels.
- Écriture de deux phrases sur le cahier pour résumer les éléments importants abordés lors du débat.
- Écriture de deux phrases pour expliquer la démarche mathématiques mise en œuvre.
- Écriture de deux phrases pour réemployer le vocabulaire appris ou pour réinvestir la notion d'orthographe, de grammaire ou de conjugaison récemment observée.

DOC 44 Se poser des questions sur son orthographe

Lorsque l'élève écrit une ou deux phrases, il apprend à se relire en soulignant d'une couleur différente les points orthographiques sur lesquels il a un doute.

Exemple :

- En bleu, si je pense plutôt utiliser le dictionnaire ou le correcteur orthographique.
- En rouge, si j'ai un doute sur la terminaison du verbe.
- En vert, si je ne suis pas sûr(e) de mon accord.

La correction se fera sur les erreurs commises, mais également sur la nature de ces erreurs.
La mise en place d'une fiche-guide permet aux élèves d'apprendre à se relire et à se poser les bonnes questions.

DOC 45 Savoir se questionner pour retrouver ses erreurs

CAPACITÉS	OBJECTIFS INTERMÉDIAIRES
Rédiger différents types de textes d'au moins deux paragraphes en veillant à leur cohérence, en évitant les répétitions, et en respectant les contraintes syntaxiques et orthographiques ainsi que la ponctuation. ▷ DOC 46	• En **histoire**, rédiger la fiche de synthèse d'un événement à partir d'un extrait de récit historique. • En **géographie**, rédiger un court résumé à partir des informations présentées sous forme de graphique. • En **mathématiques**, transmettre une démarche en utilisant un langage clair. Représenter des résultats sous forme de tableaux. • En **sciences**, formuler des questions permettant de faire évoluer la construction d'un concept, de connaissances. • Rédiger un texte littéraire à partir d'un écrit scientifique. ▷ **FICHE DE PRÉPARATION N° 6** • En **éducation artistique**, écrire un texte en utilisant l'œuvre comme point de départ, étape ou fin du récit. • Surligner les mots clés d'un texte. • Noter, en adoptant un ordre logique, certaines informations au cours d'une lecture. ▷ **FICHE DE PRÉPARATION N° 5** • Respecter les liens chronologiques et logiques existant entre ces informations afin de rédiger une courte synthèse à partir de ses notes. • Utiliser une fiche-guide. • Réécrire un texte en évitant les répétitions par l'utilisation de substituts. • Réécrire un texte en le complétant d'informations tirées des lectures documentaires effectuées en histoire, en géographie ou en sciences. • Réécrire un texte dans le respect d'une mise en page (modèle). ▷ **DOCS 47 ET 49**

Lorsqu'un élève présente un exposé, une prise de notes effectuée par ses camarades a trois objectifs.
- Permettre à tous les élèves d'être actifs.
- Solliciter l'écoute attentive.
- Évaluer le travail proposé et la qualité de l'exposé en comparant les notes prises avec le corps de l'exposé.

Ne pas proposer plus d'une réécriture.
Ne pas exiger plus de trois points de correction, clairement identifiés par l'élève.

Les fiches-guide doivent être élaborées avec les élèves après l'étude, en lecture, des caractéristiques du type de texte. Elles ne doivent pas contenir plus de quatre ou cinq consignes.

Établir une fiche de synthèse en histoire permet d'identifier les éléments importants à mémoriser : quelle période ? Quel personnage historique ? Dans quel contexte politique ou social ? Déclencheur ? Conséquences ?

Organiser un défi « sciences » dans l'école ou dans la classe donne l'occasion d'échanger de nombreux écrits ou questionnements scientifiques.

Serge Boëche, *La Malle aux contes*, SEDRAP Jeunesse, 2005.

Ce livre présente un résumé des contes traditionnels vis-à-vis lesquels l'auteur a pris certaines libertés afin de les transformer. Par exemple, les sœurs de Cendrillon, dépitées de ne pas être choisies par le prince, sortent du conte traditionnel pour participer à un concours de dégustation de carottes afin de devenir plus aimables. L'album se termine par l'invention d'un nouveau conte, mélangeant l'ensemble des histoires imaginées pour chaque transformation de conte.

Les élèves peuvent donc s'amuser à faire de même à partir d'autres contes ou en lien avec les livres du « parcours littéraire » sur les romans policiers, les personnages de BD...

DOC 46 Écrire en s'amusant à partir de la littérature de jeunesse

Recopie ce texte en ajoutant les points et les majuscules qui manquent. Attention, tu ne dois pas ajouter de virgule ni en supprimer.

ils arrivèrent près du bosquet où s'était déroulée la lutte brusquement, Crin-Blanc s'arrêta il tendit le cou, tourna la tête de droite, de gauche, et demeura planté sur ses jambes, immobile, tournant le dos au marais

....

....

DEP, *Évaluations CE2/6e, Repères nationaux,* « Français : exercice 18 », 2004.

- **Score global de réussite : 64 %.**

– « Utiliser la ponctuation : le point » : 38,4 %.
– « Utiliser la majuscule » : 52,8 %.

- Le rôle de cet exercice était de vérifier qu'un élève savait segmenter de façon satisfaisante un texte simple. Moins de la moitié des élèves a réussi à utiliser à bon escient le point, ce qui met en évidence la nécessité pour l'enseignant de se montrer très rigoureux sur la présentation et la ponctuation de toute présentation d'écrit.

- Lorsque de tels problèmes se posent, il peut être fructueux de faire travailler les élèves sur leurs propres productions, préalablement « toilettées » (corrections orthographiques effectuées, substituts proposés, etc.) par l'enseignant. On peut aussi demander à un élève de la classe de lire le texte d'un autre, voire de le ponctuer, ce qui permet d'en éclaircir la lisibilité.

DOC 47 Utiliser la ponctuation

CAPACITÉS	OBJECTIFS INTERMÉDIAIRES
• Dans les diverses activités scolaires, prendre des notes utiles au travail scolaire.	• Repérer, en cours de lecture, les mots importants d'une phrase. • Souligner les mots importants d'un passage ou d'un texte lu. • Rédiger durant sa lecture de courts résumés des passages, des pages ou des chapitres lus. • Comparer la demande de recherche initiale et les éléments retenus. • Rédiger un texte à l'aide des éléments sélectionnés. • Écrire une phrase ou deux en utilisant le vocabulaire spécifique de la discipline. • Savoir se relire et se questionner pour corriger ses erreurs syntaxiques ou orthographiques. ▷ **DOC 48** • Connaître les caractéristiques et les conventions de présentation de différents écrits. • Rédiger un compte rendu d'expérience (usage informatif). • Rédiger une saynète de théâtre (usage discursif). • Rédiger un article de journal (usage informatif). • Rédiger une fiche de lecture (usage informatif). • Rédiger des poèmes (usage poétique).
• Écrire un texte de type poétique en obéissant à une ou plusieurs consignes précises.	• Rédiger un écrit scientifique ou une fiche technique à partir d'un récit, ou l'inverse. ▷ **FICHE DE PRÉPARATION N° 6** • Rédiger la biographie d'un personnage historique en utilisant des informations repérées dans des documents visuels ou écrits. • Utiliser différents graphiques pour représenter les informations relevées dans un texte. • Écrire une histoire en respectant les caractéristiques d'un genre déjà étudié. • Utiliser des champs lexicaux différents.

Rédiger une saynète de théâtre, c'est :
• se confronter au passage du discours direct à l'indirect ;
• se confronter au repérage dans le temps (différents temps de conjugaison, compréhension de la chronologie des évènements) ;
• pouvoir réinvestir des informations (deux personnages historiques, le professeur Tournesol et le capitaine Haddock qui ne comprend rien aux expériences de son ami, deux amis qui se racontent leurs voyages…).

Rédiger un article de journal qui aurait pu paraître après certains évènements historiques (la prise de la Bastille, le sacre de Napoléon…).

Voir « Les différents types de discours », p. 55.

Première production

- Préciser le contrat collectif (deux points maximum en plus).

Exemple : respect de la présentation d'une fiche technique / verbes correctement conjugués à l'impératif ou à l'infinitif.

- Outils d'aide à mettre à disposition des élèves :

– le champ lexical du thème proposé ;
– la fiche-guide (sur le type de texte, sur la structure narrative, sur l'organisation du texte…) ;
– un exemple de présentation finale ;
– les tableaux de conjugaison.

- Évaluation : respect du contrat collectif.

Seconde production

- Contrat individuel.

Exemples :
– Untel devra corriger son texte en centrant son attention sur la ponctuation et sur l'orthographe que l'enseignant aura soulignées dans sa production.
– Unetelle réécrira les quatre premières phrases en faisant très attention à la formulation syntaxique (elle sera aidée d'un camarade qui lui lira sa production pour l'aider à prendre conscience de son écriture).

- Évaluation finale : respect des deux contrats. L'enseignant corrigera lui-même les erreurs qui ne sont pas les priorités à corriger pour l'élève.

Dans le cahier d'expression écrite, un espace peut être réservé pour noter « ses » erreurs récurrentes afin d'éveiller la vigilance des élèves.

DOC 48 Un contrat de réécriture

- **Score global de réussite : 68 %.**

« Comprendre la structure du texte » : 46 %. Plus de la moitié des élèves n'a pas identifié les deux grandes parties qui correspondaient, d'une part, aux éléments bibliographiques et, d'autre part, à ceux qui portaient sur les personnages et le résumé.

- Cet exercice met en évidence une compétence requise dans toutes les disciplines : la capacité à classer, regrouper, dissocier des informations, et peut être le point de départ d'un travail sur la façon de disposer un texte sur une page.

On rappelle que ces compétences, en Sixième, sont en cours d'acquisition. Les écrits les plus demandés au collège sont les textes explicatifs : synthèses, résumés, comptes rendus d'expérience. Il est donc essentiel de confronter les élèves à leur production régulière.
La fréquentation régulière de la BCD permet la rencontre avec ces différents types de textes.

Le texte ci-dessous donne des renseignements sur un roman. Mais ces renseignements ont été mal présentés.
Recopie ce texte, en changeant sa disposition, pour qu'il devienne plus lisible. Ne modifie ni l'ordre des mots ni la ponctuation. Pense à aller à la ligne, à souligner, à encadrer …

Titre : PAS DE PITIÉ POUR LES POUPÉES B. Auteur : Thierry Lenain. Édition : Syros. Collection : Mini Souris noire. Personnages de l'histoire : Diego, Djemila, Sandra, Aurélie, Laura, Élodie. Résumé de l'histoire : D'abominables meurtres sont commis sur les poupées des cinq filles du club « Barbie ». Sandra mène son enquête ; Diego, de son côté, ne reste pas inactif ! Finalement, le criminel sera découvert ! Qui est-il ? Si vous voulez le savoir, précipitez-vous à la bibliothèque ou dans une librairie.

……………………………………………………………
……………………………………………………………
……………………………………………………………
……………………………………………………………
……………………………………………………………
……………………………………………………………
……………………………………………………………
……………………………………………………………
……………………………………………………………

DEP, *Évaluations CE2/6e, Repères nationaux*, « Français : exercice 19 », 2004.

- Les compétences mises en œuvre dans cet exercice peuvent être travaillées :

– à l'oral, en exploitant la structure des textes supports de travail (manuels, usuels…), en repérant la hiérarchisation des informations et en demandant une justification des différentes mises en page ;
– à l'écrit, usage raisonné du classeur, production journalière d'écrits dans tous les champs disciplinaires, recours au traitement de texte.

DOC 49 Assurer la lisibilité en mettant en page et en soignant la présentation

Difficultés des élèves et remédiation

Les élèves n'ont pas d'idées ou restent dans des stéréotypes.

REMÉDIATION →
- Mettre au tableau des pistes de réflexion comme outils d'aide.
- « Souffler » des idées aux plus démunis pour les aider à rentrer dans la tâche.
- Les inciter à réinvestir les connaissances installées dans toutes les disciplines.
- Récapituler en début de production toutes les sources d'inspiration ou d'informations disponibles dans la classe.

Les élèves écrivent phonétiquement ; leur texte est illisible.

REMÉDIATION →
- Distinguer l'objectif de production d'écrits de celui d'orthographe.
- Repasser par la dictée à l'adulte pour les élèves les plus en difficulté.
- Penser à utiliser l'ordinateur et le correcteur orthographique.
- Les contraindre à utiliser les répertoires lexicaux à disposition dans la classe.
- Pratiquer des petites dictées quotidiennes.

Les élèves manquent de vocabulaire pour s'exprimer.

REMÉDIATION →
- Récapituler le lexique nécessaire avant toute production écrite.
- Constituer des champs lexicaux autour des thèmes ou des disciplines abordés.

Les élèves produisent des phrases incohérentes.

REMÉDIATION →
- Leur permettre d'« entendre » ce qu'ils écrivent : les faire travailler par deux pour que chacun lise ses phrases à l'autre et qu'ils puissent les corriger ensemble.
- Les entraîner à compléter des textes « à trous ».

Les élèves produisent des énoncés incohérents et ne se relisent pas.

REMÉDIATION →
- Favoriser l'écriture, à deux, des textes, afin d'obliger les élèves à clarifier mutuellement leur pensée.
- Inciter les élèves à relire à haute voix leur production et à s'écouter pour progresser vers une autocorrection.
- Travailler sur la chronologie de trois événements avec l'obligation d'utiliser les indicateurs *d'abord*, *ensuite* et *enfin*.

Les fiches de préparation de l'enseignant

Fiche de préparation n° 5

■ Capacité visée

Rédiger un texte littéraire à partir d'un écrit scientifique.

■ Objectifs spécifiques

- Noter, en adoptant un ordre logique, certaines informations au cours d'une lecture.
- Rédiger un résumé des informations reçues (« dossier du mois »).

■ Organisation de la classe

Par groupes de 2.

■ Durée

3 × 20 min.

■ Matériel nécessaire

- Un ordinateur en fond de classe ou son utilisation en salle informatique ou dans la BCD
- L'utilisation du logiciel « Mobiclic » (abonnement de la classe ou de l'école).

■ Déroulement

Étape 1

- **Travail par groupes de deux**

Première consigne : « Prenez connaissance une première fois du document, puis échangez sur ce que vous avez globalement compris. Lors du deuxième visionnage, vous prendrez chacun séparément des notes sur l'essentiel et sur le nouveau vocabulaire abordé. »

- **Synthèse**

Les deux élèves comparent leurs notes et justifient leur choix.
L'enseignant ou un autre groupe d'élèves valide les notes relevées.

Étape 2

Seconde consigne : « Rédigez un court texte à partir des notes que vous avez prises. »

Étape 3

- Les deux élèves proposent leur résumé à leurs camarades, qui expriment à leur tour ce qu'ils ont compris et appris.
- **Synthèse collective :** des propositions de compléments d'informations ou de modifications peuvent être faites.

Le groupe classe identifie la caractéristique du document (histoire, géographie, sciences).
Après une validation collective, le texte, présenté avec soin, est photocopié et classé dans le classeur.

■ Difficultés anticipées, rôle du maître

- Les élèves prennent en compte toutes les informations.

⇒ Contraindre le nombre d'éléments à relever pour les obliger à hiérarchiser leurs priorités.

- Les élèves ne savent pas organiser leur travail.

⇒ Imposer la méthode de travail pour progresser au cours de l'année vers une plus grande autonomie.

■ Évaluation

L'amélioration progressive des documents produits et de l'organisation des documents dans les classeurs.

■ Variante

Proposer une démarche similaire pour la présentation de dossiers proposés dans des magazines pour enfants.

Fiche de préparation n° 6

■ Capacité visée
Rédiger un texte littéraire à partir d'un écrit scientifique.

■ Objectifs spécifiques
- Rédiger un texte.
- Enrichir un récit d'informations scientifiques.

■ Organisation de la classe
Par groupes de 2 et collective.

■ Durée
3 × 20 min.

■ Matériel nécessaire
Des ouvrages tirés de la collection « Les yeux de la Découverte », parue chez Gallimard (en BCD ou empruntés à la bibliothèque municipale).

■ Déroulement
Contexte : en BCD ou dans la classe, les élèves ont choisi un livre et un article particuliers.
Par exemple : « La conquête de l'espace ».

• Étape 1
Les élèves effectuent une prise de notes de ce qu'ils lisent.
Consigne : « Relevez les éléments essentiels du sujet abordé en complétant les informations du texte et des images. Notez le vocabulaire spécifique employé. »
Ex. : « Lorsque les astronautes consomment de l'oxygène et rejettent du gaz carbonique, ils risquent de suffoquer. », « Ils consomment des plats emballés pour lesquels ils doivent parfois rajouter de l'eau. », etc.

• Étape 2
Consigne : « En utilisant les notes que vous avez prises, racontez une aventure que vous auriez vécue, en étant le plus précis possible sur les connaissances scientifiques que vous avez découvertes. Par exemple, racontez votre voyage dans l'espace. »

– **Contrat collectif**
Contrainte d'écriture : utilisation des temps de narration (imparfait/passé simple) ; utilisation des propositions circonstancielles de lieu et de temps.

– **Contrat individuel**
En fonction des groupes, retravailler les étapes 1 ou 2, le reste étant corrigé par l'enseignant.

– **Synthèse collective**
L'exercice inverse est proposé : les groupes lisent leur texte pendant que les autres relèvent les informations scientifiques reçues.

Lorsque tous les groupes sont passés, un échange collectif permet de mettre en évidence les différences de structure des deux écrits utilisés : temps de conjugaison, place des images, présence des connecteurs de temps…

■ Difficulté anticipée, rôle du maître
Les élèves peuvent se contenter du texte ou, au contraire, ne pas être capable de faire des choix.

⇒ Imposer la prise en compte de plusieurs images et restreindre le nombre d'informations à relever.

■ Évaluation
L'amélioration des performances lors de tris de textes.

■ Variantes
- Même démarche pour différents supports écrits (écrire un article de journal à partir d'un extrait de livre, etc.).
- Proposer une première séance collective sur le même support pour que les élèves comprennent lieux ce que l'on attend d'eux.

Propositions de programmation

Une programmation sur l'année

	PREMIER TRIMESTRE	DEUXIÈME TRIMESTRE	TROISIÈME TRIMESTRE
Usage discursif		• Rédiger une saynète. • Passer du discours direct à l'indirect.	
Usage informatif	Rédiger un court résumé à partir de notes en histoire ou en géographie.	Rédiger un compte rendu scientifique.	• Transformer des écrits scientifiques en récit. • Rédiger une fiche de lecture.
Usage narratif	Projet d'écriture : écrire un récit policier.		
Usage poétique			Écrire des poèmes.

Une programmation sur la semaine

LUNDI	MARDI	JEUDI	VENDREDI
Travail d'écrit mis en place en histoire, en géographie ou en sciences. Ex. : rédiger le résumé de géographie ou un compte rendu d'expérience.	Travail d'écrit après observation de la langue. Ex. : produire des phrases ou des paragraphes en respectant des contraintes d'orthographe ou de conjugaison liées aux observations de la langue.	Travail d'écrit autour de différents types de textes. Ex. : transformer un écrit d'un type de texte à un autre. Travail lié aux activités de vocabulaire et de conjugaison.	Réécriture de textes liée aux activités d'orthographe, de grammaire ou de conjugaison.

Organiser les progressions

CAPACITÉS	OBJECTIFS INTERMÉDIAIRES

Grammaire

L'enseignement de la grammaire a pour finalité de favoriser la compréhension des textes lus et entendus, d'améliorer l'expression en vue d'en garantir la justesse, la correction syntaxique et orthographique. Il porte presque exclusivement sur la phrase simple : la phrase complexe n'est abordée qu'en CM2.

Compétences attendues à la fin du CM2 :
– rédiger, orthographier un texte simple de dix lignes – lors de sa rédaction ou de sa dictée – en se référant aux règles connues d'orthographe et de grammaire ainsi qu'à la connaissance du vocabulaire ;
– savoir utiliser un dictionnaire.

CAPACITÉS	OBJECTIFS INTERMÉDIAIRES
La phrase • Construire correctement des phrases exclamatives. • Comprendre la distinction entre phrase simple et phrase complexe. • Reconnaître des propositions indépendantes coordonnées, juxtaposées. • Reconnaître la proposition relative (seulement la relative complément de nom).	• Effectuer des manipulations dans un texte (déplacement, remplacement, expansion, réduction) et en mesurer les effets. • Repérer tous les éléments qui constituent le groupe nominal et qui se modifient lorsque le nom change de genre ou de nombre. • Repérer les caractéristiques des différents types de phrase. • Connaître les différents pronoms interrogatifs. • Maîtriser l'inversion sujet/verbe. • Comprendre les nuances des différentes marques de la négation *(ne/plus ; ne/pas ; ne/guère)*.
Les classes de mots • Distinguer selon leur nature les mots des classes déjà connues, ainsi que les pronoms possessifs, démonstratifs, interrogatifs et relatifs, les mots de liaison (conjonctions de coordination, adverbes ou locutions adverbiales exprimant le temps, le lieu, la cause et la conséquence), les prépositions (lieu, temps). • Connaître la distinction entre article défini et article indéfini et en comprendre le sens ; reconnaître la forme élidée et les formes contractées de l'article défini. • Reconnaître et utiliser les degrés de l'adjectif et de l'adverbe (comparatif, superlatif).	• Comprendre les modifications du sens d'un texte lorsqu'on utilise différents adverbes ou compléments. • Effectuer des analyses grammaticales simples. Par exemple, *chien* : nom commun singulier, sujet du verbe *aboyer*. • Distinguer divers homonymes grammaticaux (déterminants/pronoms/verbe/préposition/conjonction/adverbe). • Effectuer divers classements d'un même mot (par fonction, par classe de mots). • Connaître et utiliser à bon escient le vocabulaire grammatical (sujet, COD, complément de nom, etc.). – Classer des mots dans des répertoires différents (alphabétique, phonologique, sémantique, thématique). ▷ **FICHE DE PRÉPARATION N° 8**

CAPACITÉS	OBJECTIFS INTERMÉDIAIRES
Les fonctions • Comprendre la distinction entre compléments essentiels (complément d'objet) et compléments circonstanciels (manipulations). • Comprendre la notion de groupe nominal : l'adjectif qualificatif épithète, le complément de nom et la proposition relative comme enrichissements du nom.	• Utiliser les fonctions syntaxiques de la ponctuation. • Manipuler et comprendre la notion de compléments de nom. • Comprendre et utiliser à bon escient la notion de compléments circonstanciels de lieu, de temps, etc. • Comprendre et utiliser à bon escient la notion de compléments circonstanciels de cause, de manière, etc. • Connaître et utiliser à bon escient les connecteurs temporels, spatiaux et logiques. • Repérer les risques d'erreur d'interprétation (exemple des pronoms). • Identifier et utiliser les propositions relatives. • Compléter un texte par différents déterminants. • Utiliser la ponctuation à bon escient pour passer du discours direct au discours indirect.
Le verbe • Comprendre la notion d'antériorité relative d'un fait passé par rapport à un autre, d'un fait futur par rapport à un autre. • Conjuguer aux temps et mode déjà étudiés, ainsi qu'à l'indicatif futur antérieur, plus-que-parfait, conditionnel présent, au participe présent et passé, les verbes déjà étudiés ; conjugués des verbes non étudiés en appliquant les règles apprises. • Les accords : connaître la règle de l'accord du participe passé dans les verbes construits avec *être* et *avoir* (cas du complément d'objet direct posé après le verbe).	• Reconnaître le groupe du verbe. • Construire progressivement des tableaux de conjugaison pour repérer et mémoriser les règles d'engendrement des formes les plus fréquentes. • Transformer dans un texte les verbes conjugués d'un temps à un autre. • Distinguer la valeur de chaque temps. • Préserver la concordance des temps au sein d'une narration. • Associer le temps du verbe à l'effet souhaité (actions rapides : passé ; actions qui durent : imparfait). • Repérer le genre et le nombre des noms. • Justifier par une règle l'accord sujet/verbe. • Repérer et corriger des erreurs d'accord sujet/verbe. • Substituer un pronom à un nom pour effectuer l'accord. • Accorder le verbe et le sujet quels que soient le temps ou le mode employé.

Compléter des textes à trous et modifier une situation par le choix de tels ou tels prépositions ou adverbes (lien avec le travail de compréhension sur l'implicite) :
- Charles joue évidemment au base-ball.
- Finalement, Charles joue au base-ball.
- Charles joue probablement au base-ball.

Travailler la conjugaison à l'oral afin de distinguer les problèmes d'orthographe de ceux d'écoute de la langue (certains temps ne sont jamais pratiqués à l'oral).

- Privilégier les réécritures de textes plutôt que le travail sur des phrases isolées.
- Favoriser également des relectures d'un même texte en respectant les variantes proposées.

CAPACITÉS	OBJECTIFS INTERMÉDIAIRES
• Utiliser de manière adéquate des signes de ponctuation usuels.	• Utiliser dans une activité d'écriture la majuscule de début de phrase, le point comme élément organisateur d'un paragraphe, le point d'interrogation, la virgule dans ses usages simples. • Ponctuer différemment un même message pour en modifier le sens. • Rectifier des erreurs de ponctuation. • Repérer les risques de confusion de sens liés à l'absence de ponctuation. • Ponctuer un texte comprenant des discours directs et indirects.
• Utiliser de manière adéquate la substitution pronominale ainsi que des conjonctions de coordination et autres mots de liaison (adverbes).	• Utiliser à bon escient les substituts du nom afin d'éviter les répétitions. • Équilibrer la position de ces substituts dans le texte. • Choisir parmi une liste de mots de liaison, celui qui convient le mieux. • Vérifier après relecture, que ce mot est utilisé à bon escient. • Préserver la concordance des temps au sein d'une narration : présent/passé composé ; passé simple/imparfait.

Associer cette activité avec des exercices de théâtre : prononcer une même phrase différemment en fonction de la ponctuation donnée ; deviner la ponctuation en fonction de l'intonation proposée, etc.

CONNAISSANCES ET CAPACITÉS	OBJECTIFS INTERMÉDIAIRES

Vocabulaire

L'acquisition du vocabulaire accroît la capacité de l'élève à se repérer dans le monde qui l'entoure, à mettre des mots sur ses expériences, ses opinions et ses sentiments, à comprendre ce qu'il écoute et ce qu'il lit, et à s'exprimer de façon précise et correcte à l'oral comme à l'écrit.
L'extension et la structuration du vocabulaire des élèves font l'objet de séances et d'activités spécifiques, notamment à partir de supports textuels intentionnellement choisis ; la découverte, la mémorisation et l'utilisation de mots nouveaux s'accompagnent de l'étude des relations de sens entre les mots.

Acquisition du vocabulaire
- Commencer à utiliser des termes renvoyant à des notions abstraites (émotions, sentiments, devoirs, droits).
- Comprendre des sigles.

Maîtrise du sens des mots
- Distinguer les différents sens d'un verbe selon sa construction (ex. : *jouer, jouer quelque chose, jouer à, jouer de, jouer sur*).
- Identifier l'utilisation d'un mot ou d'une expression au sens figuré.
- Classer des mots de sens voisin en repérant les variations d'intensité (ex. : *bon, délicieux, succulent*).
- Définir un mot connu en utilisant un terme générique adéquat et en y ajoutant les précisions spécifiques à l'objet défini.

- Repérer le sens d'un mot selon le contexte utilisé (exemple : vache au cœur gros, cet homme a le cœur gros).
- Employer des mots acquis dans un contexte semblable au contexte d'acquisition.
- Employer ces mots dans des contextes différents.
- Savoir lire une définition qui rassemble des caractéristiques autour d'un terme générique.
- Savoir lire une définition qui use de synonymes, propose des équivalences.

▷ **FICHE DE PRÉPARATION N° 7**

- Trouver l'équivalence d'un mot dans les divers registres de langue.
- Élaborer un catalogue d'expressions de sens proche.
- Connaître les sens propres et figurés d'un même mot.
- Connaître ses divers registres d'utilisation (par exemple : chaussures, pompes).
- Repérer la gradation d'intensité de certains mots (adverbes, adjectifs, verbes).
- Sélectionner dans une liste de synonymes, celui qui convient le mieux, compte tenu du contexte dans lequel il doit être employé.
- Élaborer un catalogue des expressions qui emploient les mêmes mots dans des sens différents.

Créer des affiches ou conserver des listes dans des répertoires.
Par exemple : peur/terreur ; minuscule/microscopique.

CONNAISSANCES ET CAPACITÉS	OBJECTIFS INTERMÉDIAIRES
Les familles de mots • Regrouper des mots selon leur radical. • Regrouper des mots selon le sens de leur préfixe et connaître ce sens, en particulier celui des principaux préfixes exprimant des idées de lieu ou de mouvement. • Regrouper des mots selon le sens de leur suffixe et connaître ce sens. • Pour un mot donné, fournir un ou plusieurs mots de la même famille en vérifiant qu'ils existent.	• Reconstituer des familles de mots. • Classer des mots par similitudes morphologiques (même radical, préfixe, suffixe, etc.). • Trouver le mot correspondant à plusieurs définitions données. • Définir un mot par synonyme. • Retrouver rapidement un mot à partir de sa définition.
Utilisation du dictionnaire • Utiliser avec aisance un dictionnaire.	• Émettre des hypothèses sur l'orthographe des mots avant de les vérifier.

Orthographe

Une attention permanente est portée à l'orthographe. La pratique régulière de la copie, de la dictée sous toutes ses formes et de la rédaction ainsi que des exercices diversifiés assurent la fixation des connaissances acquises : leur application dans des situations nombreuses et variées conduit progressivement à l'automatisation des graphies correctes. Les élèves sont habitués à utiliser les outils appropriés.

▷ **DOCS 50 ET 51**

Compétences attendues à la fin du CM2 :

– rédiger, orthographier un texte simple de dix lignes – lors de sa rédaction ou de sa dictée – en se référant aux règles connues d'orthographe et de grammaire ainsi qu'à la connaissance du vocabulaire ;

– savoir utiliser un dictionnaire.

• Écrire sans erreur sous la dictée un texte d'au moins dix lignes en mobilisant les connaissances acquises.	• Repérer l'outil qui convient le mieux pour vérifier l'orthographe d'un mot. • Savoir utiliser un dictionnaire. • Savoir utiliser un cahier de règles. • Les utiliser à bon escient en cas de doute ou d'erreur. • Photographier des segmentations de phrase. • Se relire avec la volonté de détecter les erreurs commises.

Créer un jeu des 7 familles avec le nom, l'adjectif, l'adverbe, etc. Par exemple, « la famille Prudence » : prudent, prudemment, etc.

CONNAISSANCES ET CAPACITÉS

Orthographe grammaticale

• Orthographier correctement les verbes étudiés aux temps étudiés, dont les verbes du 1er groupe en *-yer, -eter, -eler*.

• Appliquer le règle de l'accord du verbe avec son sujet, y compris avec le sujet *qui* de 3e personne.

• Écrire sans erreur les homophones grammaticaux déjà étudiés, ainsi que *on/on n', quel(s)/quelle(s)/qu'elle(s), sans/s'en* ; la distinction entre *leur* et *leurs* est en cours d'acquisition en fin de cycle.

• Distinguer par le sens les formes verbales homophones de l'imparfait et du passé composé.

Orthographe lexicale

• Écrire correctement (doublement de la consonne) le début des mots commençant par *-ap, -ac, -af, -ef* et *-of.*

• Écrire correctement la syllabe finale des noms terminés par *-ée* ; par *-té* ou *-tié* ; par un *e* muet.

• Respecter la convention de la coupe syllabique à la ligne.

OBJECTIFS INTERMÉDIAIRES

• Corriger des phrases en opérant les modifications nécessaires.

• Compléter une phrase ou un texte lacunaire par le choix entre trois mots orthographiés différemment (par exemple : gâté, gâtée, gâtées ; changé, changeait, changés).

• Réécrire une phrase ou un texte en modifiant le genre et le nombre des personnages.

• Justifier par une règle l'accord sujet/verbe.

• Justifier par une règle l'accord du participe passé.

Classer des mots :

• par analogie phonologique (mère/père ; bonnet/tiret) ;

• par analogie morphologique (préfixe *in/im* ; suffixe *ette*) ;

• par doublement de consonnes (homme/pomme) ;

• en fonction des syllabes initiales ou finales (*ment* ; *tion* ; *ier* de métier) ;

• par analogie orthographique (ban*c*/accro*c*).

• par identification à la famille (galop/galoper).

• Reconnaître les principaux homophones grammaticaux.

• Identifier leur nature grammaticale et leur orthographe.

• Corriger dans un texte, des erreurs dues à des homophones grammaticaux mal employés.

• Appliquer des pratiques de substitution pour vérifier l'orthographe du mot (exemple : je l'ai vu → nous l'avons vu → je « les » vu : forme impossible).

• Justifier le choix de l'homophone.

Il faut, au préalable, toujours distinguer la **dictée d'apprentissage** de la **dictée de contrôle**.

Pour les dictées non préparées :
1) Proposer un **contrat**.
– 5 points accordés si le temps étudié au cours de la semaine en conjugaison est correctement orthographié.
– 1 point par phrase correctement orthographiée du point de vue des accords.
Après l'indication, dans la marge, des erreurs commises, l'élève doit pouvoir se corriger avec les outils de la classe. Toute faute corrigée n'est pas pénalisée.

2) Permettre aux élèves de **visualiser leur progrès**.
Donner un temps de relecture et de correction possible avec l'utilisation des outils de la classe. Les fautes corrigées ne sont pas comptabilisées. Celles qui restent sont sanctionnées par des points fautes, l'objectif final étant de diminuer son nombre de points fautes dans l'année.

Les élèves gèrent le diagramme ci-contre dans leur cahier de classe.

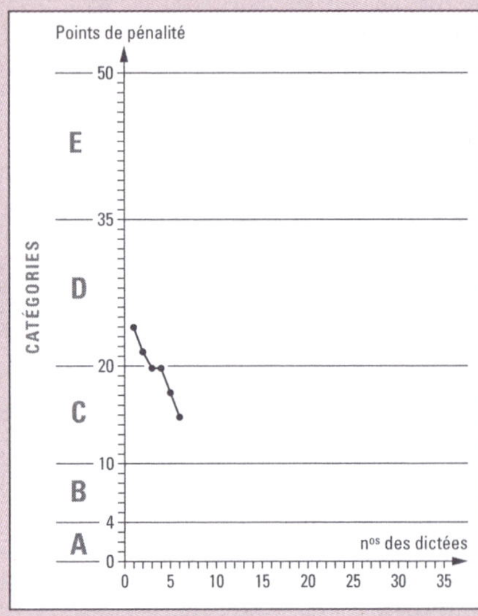

DOC 50 Évaluer les progrès des élèves

L'autodictée
L'élève mémorise un texte court qu'il devra restituer, sans erreur, en classe. Cette restitution peut se faire de façon progressive (certains mots, les accords des verbes, des noms…). Ces textes sont issus des récits et des documentaires lus en classe ou des poésies à mémoriser.

La dictée accompagnée
L'élève peut s'aider de ses outils (cahier de règles, dictionnaire, affichages didactiques, répertoire de mots…).

La dictée quotidienne
À instaurer dans diverses situations (écriture d'une consigne, copie du résumé d'histoire ou de géographie, mot sur le carnet de correspondance…).
L'enseignant dicte une ou deux phrases.
Un élève l'écrit au tableau, caché de ses camarades pendant que ces derniers l'écrivent également sur leur cahier de brouillon. Une confrontation permet à chacun de justifier son point de vue en cas de désaccord (recours aux outils d'aide de la classe).
Lorsque tout le monde est d'accord, chacun réécrit la (les) phrase(s), sous dictée, sur le bon support.

La corbeille à dictées
Plusieurs textes très courts, portant sur un point précis, sont copiés sur de petites bandes de papier pliées en deux et regroupées dans une corbeille. Tous les matins sont tirés deux textes à dicter. Il s'agit là d'un entraînement régulier qui plaît beaucoup aux élèves.

La dictée préparée
Le texte est préparé en classe de façon progressive et en relation avec les outils de langue maîtrisés ou en cours d'acquisition. Parfois, la dictée est reprise en classe à l'issue d'une première phase de correction, l'objectif étant que les élèves diminuent le nombre de fautes lors de la seconde dictée.

DOC 51 Plusieurs sortes de dictées

Les fiches de préparation de l'enseignant

Fiche de préparation n° 7

Capacité visée
Définir un mot connu en utilisant un terme générique adéquat et en y ajoutant les précisions spécifiques à l'objet défini.

Objectif spécifique
Produire des définitions qui utilisent des synonymes.

Organisation de la classe
Collective.

Durée
20 min, puis 30 min.

Matériel nécessaire
Des dictionnaires.

Déroulement
Consigne : « Faites deviner un mot à vos camarades en utilisant des synonymes ou des comparaisons. »

• Phase 1
Chaque élève reçoit un papier plié sur lequel un mot simple est écrit.
Les élèves sont invités à réfléchir à une définition de ce mot, voire à l'écrire, en utilisant des synonymes ou des comparaisons.

• Phase 2
– Les élèves viennent à tour de rôle proposer leur définition pour que les autres devinent le mot choisi.
On peut à chaque fois désigner un petit groupe d'élèves qui ne participe pas à la définition des mots, mais est chargé de rechercher ensuite la véritable définition pour repérer des synonymes auxquels les élèves n'auraient pas pensé.

– **Synthèse :** quelques mots sont répertoriés avec leurs synonymes dans un outil d'aide afin d'être réutilisés dans des expressions écrites pour éviter les répétitions.

Difficulté anticipée, rôle du maître
Les élèves ont du mal à trouver une définition ou des synonymes.

⇒ Permettre à certains élèves d'effectuer ce travail par deux. Permettre d'aller lire rapidement la définition du dictionnaire avant de la reformuler.

Évaluation
Les élèves utilisent des synonymes dans leurs expressions écrites.

Variantes
• Faire le contraire : définir un mot sans utiliser de synonyme.
• Sélectionner au hasard des mots dans le dictionnaire, lire la définition et la reformuler pour faire deviner les mots aux autres élèves.

Fiche de préparation n° 8

■ Capacité visée
Distinguer selon leur nature les mots des classes déjà connues.

■ Objectif spécifique
Classer des mots dans des répertoires différents (alphabétique, sémantique, thématique).

■ Organisation de la classe
Travail de recherche en groupes, puis synthèse collective.

■ Durée
45 min.

■ Matériel nécessaire
Trois ou quatre phrases tirées d'un texte. Ex. :
« Il s'appelle Poil de Carotte au point que la famille hésite avant de retrouver son vrai nom de baptême.
– Pourquoi l'appelez-vous Poil de Carotte ? à cause de ces cheveux jaunes ?
– Son âme est encore plus jaune, dit sa mère. »

■ Déroulement
Consigne : « Écrivez la définition d'un mot pour le faire trouver par vos camarades. »

Phase 1
- Individuellement, les élèves sont invités à séparer tous les mots du texte pour les isoler les uns des autres.
- Une première synthèse permettra de vérifier la représentation qu'ont les élèves du concept de mot (« s'appelle » ou « s' » et « appelle » ?).

Phase 2
- Par groupes de trois ou quatre, les élèves doivent classer ces mots dans des catégories pour lesquelles ils devront préciser le critère.
- Une présentation sous forme de tableau permettra plus facilement la mise en commun.

Phase 3
- Les tableaux sont affichés et un échange s'instaure pour valider les critères de classement effectués et préciser le lexique exact.
- Des remarques intéressantes peuvent survenir :
– « l' », « il », « vous » sont regroupés ou non ?
– certains critères de classement sont difficiles à trouver (« au », « avant », « de », « à », etc.) ;
– des mots se retrouvent dans des classements différents (« Poil de Carotte » est isolé ou regroupé avec « nom de baptême », etc.).

Synthèse collective
- Apporter le nom grammatical de certaines catégories.
- Distinguer la nature de la fonction des mots.

■ Difficultés anticipées, rôle du maître
- Les élèves ne pensent pas à la classification par fonction.

⇒ Accepter leurs critères, puis relancer la classification avec deux critères imposés : le nom des mots, leur rôle dans la phrase.

- Les élèves sont en désaccord sur le nom donné à la classification.

⇒ Faire utiliser le dictionnaire ou tout autre outil d'aide.

■ Évaluation
- La cohérence des classements proposés.
- Aucun critère n'est refusé s'il s'avère justifié.

■ Variantes
- Proposer de nombreux classements libres pour découvrir ou nommer les références grammaticales, orthographiques ou lexicales.
- Imposer des critères de classement pour réinvestir les connaissances acquises.

LANGUE VIVANTE

Organiser les progressions

Pour organiser sa progression il est indispensable de se reporter *BO* hors-série n° 8 du 30 août 2007 qui propose un ensemble de tableaux présentant chacun une activité langagière : comprendre, réagir et parler en interaction ; comprendre à l'oral ; parler en continu ; lire ; écrire. L'extrait des programmes ci-dessous permet de mieux en comprendre l'organisation. ▷ **DOC 52**

Niveau de compétence langagière visé.

Type d'activité langagière.

BO

A1 – Comprendre, réagir et parler en interaction orale

L'élève sera capable de communiquer, en des termes simples et en utilisant des expressions élémentaires, au besoin avec des pauses pour chercher ses mots, si l'interlocuteur répète ou reformule ses phrases lentement et l'aide à formuler ce qu'il essaie de dire.

Capacités	**Formulations**		**Connaissances**		
	Cycle 2 (CE1)	**Cycle 3**	**Culture et lexique**	**Grammaire**	**Phonologie**
Se présenter	– How old are you? – Seven / I'm seven. – Where do you live? – In ... / I live in ...	I'm ten (years old) / I'm ten and a half.	L'âge *I live* (bloc lexicalise)	HOW OLD? Nombres cardinaux WHERE? Préposition de lieu : IN	Bonne réalisation de la longueur et de la qualité des sons vocaliques (ex: /u/, /u:/, /i/, /i:/)
* ou se présenter dans le cadre d'un jeu de rôle		– When is you birthday? – In December / It's in December / on December 10 th.	L'anniversaire des mois	WHEN? Prépositions : In + mois / ON + date	
		– What's your mobile / phone number? – 01234567 ... – Where do you come from? / Where are you from? – From ... / I'm from ...	Moyens de communication	Préposition de lieu : FROM	Bonne réalisation des diphtongues (ex : /ei/*name, eight*... ; /əu/ *old, phone, hello*)

Tâche que l'élève doit être capable d'accomplir à l'école élémentaire.

Exemples ou amorces d'énoncés possibles.

Composantes linguistiques et culturelles au service de l'accomplissement des tâches.

• **Identifier l'objectif notionnel-fonctionnel**
– Objectif grammatical/structural : la fonction langagière qui sera écoutée et répétée.
– Objectif lexical (pas plus de quatre ou cinq mots nouveaux dans une séance).
– Objectif phonologique qui sera analysé de manière spécifique.
– Objectif culturel.
Dans chaque séance, il est raisonnable de prévoir l'apprentissage de deux objectifs spécifiques.

• **Prévoir un rituel d'entrée**
Une chanson symbolique, une comptine mimée…

• **Vérifier les prérequis**
Il s'agit du brassage du vocabulaire ou de la structure déjà étudiés et qui serviront d'appuis au nouvel apprentissage.
Toute nouvelle notion devra être travaillée, manipulée en relation avec les acquis précédents.

• **Présentation de la notion ou de la fonction nouvelle**
Il s'agit de permettre aux élèves de construire du sens sans avoir recours à la langue maternelle.
Prévoir des indices visuels, sonores ou kinesthésiques qui permettront aux enfants de rentrer dans la compréhension de cette nouvelle notion.

• **Appropriation phonologique de la notion ou de la fonction**
Proposer des répétitions collectives pour que les élèves prennent de l'assurance, puis réserver des moments de répétitions individuelles réparties dans la séance pour éviter la lassitude.

• **Appropriation de la notion ou de la fonction par l'élève**
Des activités variées vont permettre aux élèves d'utiliser la langue, l'enseignant étant le meneur de jeu au début, puis passant le relais aux enfants.

• **Phase dite d'« autonomie »**
Un jeu permet aux élèves de jouer entre eux sans que l'enseignant intervienne. Il pourra, à ce moment, apprécier les comportements langagiers des élèves dans une vraie situation de communication.

• **Évaluation**
Prévoir une petite fiche, une activité physique ou un échange pour vérifier les acquis en fin de séance.

DOC 52 Démarche et déroulement d'une séance type

CULTURE HUMANISTE

BO

« La culture humaniste des élèves dans ses dimensions historiques, géographiques, artistiques et civiques se nourrit aussi des premiers éléments d'une initiation à l'histoire des arts. La culture humaniste ouvre l'esprit des élèves à la diversité et à l'évolution des civilisations, des sociétés, des territoires, des faits religieux et des arts ; elle leur permet d'acquérir des repères temporels, spatiaux, culturels et civiques. Avec la fréquentation des œuvres littéraires, elle contribue donc à la formation de la personne et du citoyen. »

Histoire
▷ PAGE 104

Géographie
▷ PAGE 113

Histoire

BO

« L'histoire donne des repères communs, temporels et spatiaux, pour commencer à comprendre l'unité et la complexité du monde. Elle développe chez les élèves curiosité, sens de l'observation et esprit critique. Les travaux des élèves font l'objet d'écrits divers, par exemple des résumés et frises chronologiques […].
[…] *L'étude* [d'un certain nombre de questions] *permet aux élèves d'identifier et de caractériser simplement les grandes périodes qui seront étudiées au collège. Elle s'effectue dans l'ordre chronologique par l'usage du récit et l'observation de quelques documents patrimoniaux. Il ne s'agit donc, en aucune façon, de traiter dans tous leurs aspects les thèmes du programme mais seulement de s'assurer que les élèves connaîtront les personnages ou événements représentatifs de chacune de ces périodes. »*

Pour atteindre ces buts, les enseignants doivent aller **à l'essentiel, faire simple**, sans se perdre dans des détails dépassant les possibilités de compréhension des élèves et qui trouveront leur place dans la suite de leur scolarité. ▷ **DOCS 53, 54 ET 57**

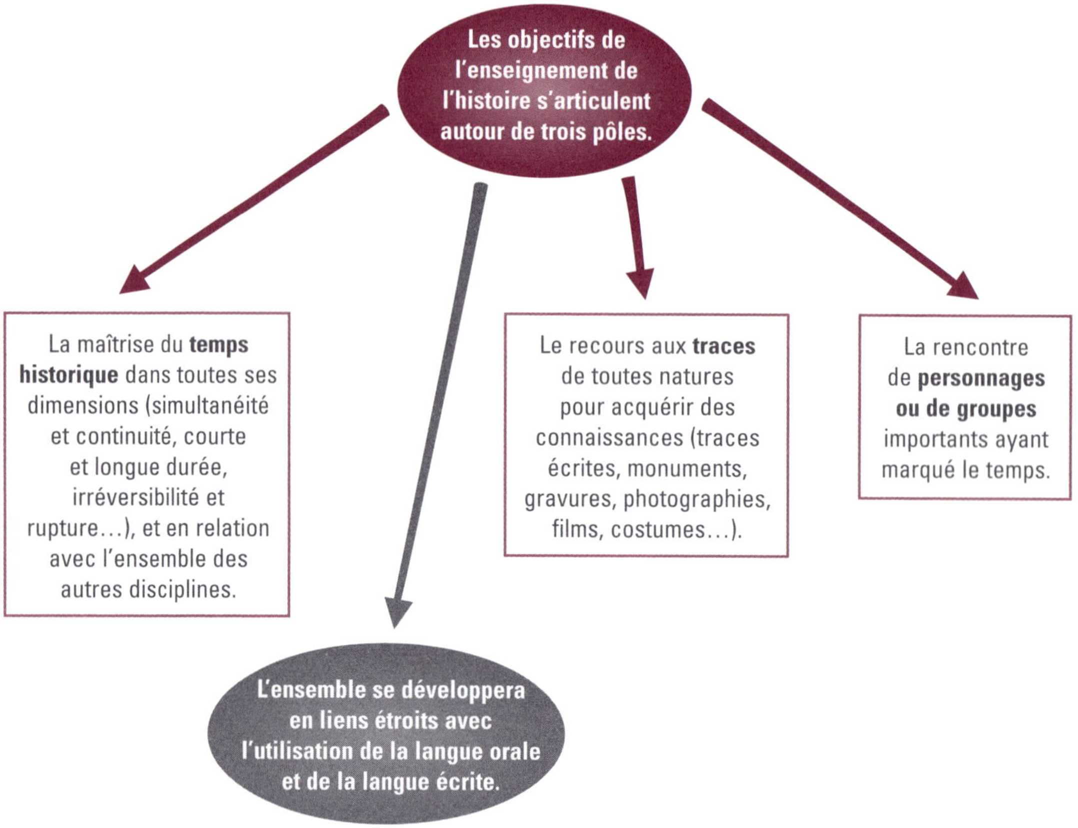

Auteur : Gilles Rapaport.
Illustrateur : Gilles Rapaport.

TITRE : *GRAND-PÈRE*

Difficulté : niveau de lecture 3.

Genre : historique.
Thèmes : la déportation, les camps de concentration, la mort.

Éditions : Circonflexe.
Collection : Albums.

L'écrit	L'illustration et la typographie
• Texte difficile avec une écriture particulière, avec beaucoup d'implicite. • Images métaphoriques et sens non immédiat. • Belle écriture, sensible et humaniste. • Variation des temps employés (imparfait /passé composé, présent, futur).	• 2 tons dominent : le noir et le bleu à l'encre. • Dessin stylisé aux traits larges et durs, sombres. • Illustrations entières sur une page (très souvent) qui aident à la compréhension du texte. • Caractères épais.

Pistes possibles :
• Histoire : la Shoah, la Seconde Guerre mondiale, l'Holocauste.
• Langue écrite : métaphores, langages poétique et symbolique.
• Instruction civique : exactions humaines, mémoire…
Suggestions : sous un titre anodin, un texte imagé et poétique qui nécessite des connaissances préalables, voire une réflexion sur la question. À utiliser avec beaucoup de précaution en lecture collective orale, par exemple.

www.ac-poitiers.fr/voir.asp?p=ia17/pedagogie/ecole/m_langue/fiches/index.htm

DOC 53 Histoire et littérature

• L'étude de la vie d'un grand personnage.
• L'étude d'un ou de plusieurs documents.
• L'étude d'un chapitre du manuel.
• L'étude de l'évolution d'un élément de société (costume, armes, outils, métiers, etc.).
• L'étude du progrès social, scientifique, médical, scolaire, etc.
• L'analyse d'une question de société : le travail des enfants (au XIXe siècle en France et aujourd'hui dans le monde).
• L'analyse d'événements situés dans une perspective chronologique.
• La mise en relation de faits parfois éloignés dans le temps et dans l'espace.
• L'étude d'une question problème ; par exemple : « Pourquoi y a-t-il toujours eu des guerres ? »

DOC 54 Différentes approches possibles pour aborder une séance en histoire

Organiser les progressions

CAPACITÉS	OBJECTIFS INTERMÉDIAIRES
Identifier les principales périodes de l'histoire étudiée, mémoriser quelques repères chronologiques pour les situer les uns par rapport aux autres en connaissant une ou deux de leurs caractéristiques majeures.	
La maîtrise du temps historique • Distinguer chacune des périodes étudiées de manière intensive (le XXe siècle et notre époque). • Pouvoir utiliser de façon exacte et appropriée un vocabulaire spécifique à l'histoire.	• Caractériser la période en indiquant ses dates, la nature du régime, la forme du pouvoir. ▷ **DOC 55** • Comparer deux périodes en indiquant leurs différences et leurs ressemblances. • Envisager les conséquences que peut avoir une période sur la suivante (causes des guerres, progrès social, décisions politiques…).
• Situer chronologiquement la période étudiée par rapport aux autres grandes périodes historiques.	• Classer différentes périodes entre elles. • Situer différentes périodes sur une frise chronologique.
• Connaître : – deux ou trois caractères relevant des formes de pouvoir ;	• Nommer les différents régimes de la période étudiée (royauté, empire, régime présidentiel…). • Indiquer la forme du pouvoir (pouvoir absolu, démocratie…). • Indiquer les caractéristiques de ce pouvoir (mode d'accession, pouvoir exécutif et/ou législatif…).
– deux ou trois caractères relevant des groupes sociaux ;	• Nommer ces groupes. • Donner leur composition, leurs objectifs, leurs actions. • Indiquer par qui ils ont été créés, dirigés.
– quelques productions techniques et artistiques.	• Nommer ces productions. • Indiquer si elles sont encore visibles. • Indiquer le courant artistique concerné. • Mettre en relation les faits politiques, les faits sociaux et les faits culturels.

Préparer un défi historique relatif à la période (personnages au pouvoir, événements historiques, dates, événements culturels, faits sociaux, groupes politiques…).

• **Établir une fiche** type pour caractériser une période.
• **Inventorier, comparer** les différents régimes qui se sont succédé en France au cours de la période étudiée.
• **Comparer** les liens de parenté existant d'un dirigeant à l'autre pour en déduire des modalités d'accès au pouvoir.

PÉRIODE	Le XXᵉ siècle et notre époque.
DATES	De 1914 à aujourd'hui
REPÈRES CHRONOLOGIQUES	• 1916 : bataille de Verdun. • 11 novembre 1918 : armistice de la Grande Guerre. • 18 juin 1940 : appel du général de Gaulle. • 8 mai 1945 : fin de la Seconde Guerre mondiale en Europe. • 1945 : droit de vote des femmes en France. • 1957 : traité de Rome. • 1958 : Charles de Gaulle et la fondation de la Vᵉ République. • 1989 : chute du mur de Berlin. • 2002 : l'euro, monnaie européenne.
POINTS FORTS	• La violence du XXᵉ siècle : – les deux conflits mondiaux ; – l'extermination des juifs et des tziganes par les nazis : un crime contre l'humanité ; • La révolution scientifique et technologique, la société de consommation. • La Vᵉ République. • La construction européenne.
LES GRANDS PERSONNAGES	• Clemenceau. • Jean Moulin. • Charles de Gaulle.
POUR ALLER PLUS LOIN *(On pourra croiser la programmation d'histoire avec celle de l'histoire des arts.)*	• Architecture : ouvrages d'art et habitat. • Des récits, nouvelles, récits illustrés, poésies. • Design graphique (une affiche) ; design de transport (un train). • Des musiques du XXᵉ siècle (dont jazz, musiques de films, chansons). • Spectacle de mime, de cirque, de théâtre ; un extrait d'un spectacle de danse moderne ou contemporaine. • Quelques œuvres illustrant les principaux mouvements picturaux contemporains ; une sculpture ; des œuvres cinématographiques (dont le cinéma muet) et photographiques ; des œuvres cinématographiques illustrant les différentes périodes historiques.

DOC 55 Connaître les caractéristiques d'une période historique

CONNAISSANCES ET CAPACITÉS	OBJECTIFS INTERMÉDIAIRES
Le retour aux traces de toute nature • Classer des documents relatifs aux périodes étudiées selon leur nature, leur date et leur origine.	• Distinguer un document d'époque d'un document rapporté ou actuel. • Distinguer un document historique d'un document autre. • Fixer la date d'un document en fonction d'indices prélevés dans le contexte. • Collecter pour un même événement des traces de natures différentes (textes, photographies, témoignages sonores et interview, tableaux de peinture, statistiques, portraits, reportages…).
• Savoir utiliser les connaissances historiques en instruction civique et dans les autres enseignements. ▷ **DOC 56**	• Retrouver dans différents domaines les causes, les effets ou les conséquences d'un fait historique. • Établir des corrélations entre un fait historique et une évolution dans un courant littéraire, musical, culturel ou social. • Recenser les manifestations actuelles en relation avec un évènement passé.
• Consulter une encyclopédie et les pages Internet pour y trouver des réponses valides à une question.	• Identifier les sites à consulter sur une question. • Récolter les documents disponibles à propos d'un sujet, d'un personnage ou d'un événement donnés. • Organiser ces documents pour les présenter. • Échanger des documents avec des correspondants.
La rencontre avec des personnages ou des groupes importants • Situer dans leur période les faits significatifs, le rôle des personnages principaux et des groupes. • Retenir, pour la période étudiée, une vingtaine d'événements et leurs dates ainsi que le rôle de quelques personnages clés. • Aller à la rencontre de ces personnages ou d'un de leurs descendants (par invitation, correspondance, voyage…).	• Retrouver le déroulement chronologique d'événements en vue d'en expliquer la portée historique. • Associer à des faits des personnages et des groupes principaux : hommes ou femmes politiques ; auteurs ; compositeurs ; artistes ; inventeurs ; héros ; victimes ; etc. ▷ **FICHE DE PRÉPARATION N° 9**

- Participer à l'examen collectif d'un document historique en justifiant son point de vue.
- Comprendre et analyser, avec l'aide de l'enseignant, un document oral.
- Raconter un événement ou l'histoire d'un personnage.
- Rédiger une courte synthèse à partir des informations notées pendant la leçon.
- Rédiger la légende d'un document iconographique ou donner un titre à un récit historique.

Un extrait des actualités filmées en 1940 et un extrait du film *Le jour le plus long.*

Le Journal d'Anne Franck et le discours prononcé par un chef d'état vivant à une autre époque, lors d'une commémoration.

ATTITUDES

Au cours du cycle 3, l'acquisition d'une culture humaniste développe chez les élèves le sens de l'observation, la curiosité et l'esprit critique. Par des lectures variées et la fréquentation des œuvres, ils découvrent des productions artistiques et patrimoniales qui les ouvrent à une vie culturelle personnelle.

• **Le classeur d'histoire.**

• **La frise chronologique :** enrichis et illustrés à chaque nouvelle étude, le modèle collectif et l'exemplaire individuel de l'élève le suivront au cours des trois années du cycle. Des repères de couleurs faciliteront le travail de mémorisation des élèves, qui s'exerceront à une lecture verticale de la frise.

Repères chronologiques par siècle					
Dates retenues					
Événement datés					
Personnages importants					
Régime politique					
Groupes sociaux importants					
Courant littéraire					
Courant artistique					
Grandes découvertes					
Événements à l'étranger					

Le recours aux documents récoltés sur la toile facilitera l'évaluation des compétences relatives au B2I.

• **Les documents méthodologiques :** fiches types d'enquête, fiches types de description d'un personnage ou d'étude d'une époque, panneaux d'exposition, diaporama… constitueront d'excellents documents de départ déclencheurs d'une recherche complémentaire.

• **Le musée de l'école :** il sera constamment enrichi par des apports quotidiens des élèves ou des acquisitions de la coopérative de classe. Les commentaires qui accompagnent les pièces du musée seront régulièrement mises à jour par les élèves. Ces écrits, ainsi que les commentaires préparés en vue de visites du musées organisées à l'intention d'autres classes, seront réalisés en relation avec les autres disciplines (langue écrite et orale, éducation artistique visuelle et musicale, histoire, géographie, sciences, etc.).

DOC 56 Des outils pour le cycle

S'agissant d'une période de l'histoire particulièrement nourrie de films, de romans et autres documents en tout genre, les élèves disposent de nombreuses informations, d'où l'installation d'idées parfois fausses. La stratégie de l'enseignant prend alors tout son sens dans une mission de **déconstruction des faux savoirs** de l'élève vers l'**intégration de connaissances validées**.
La démarche pédagogique adoptée comprend les six grandes étapes suivantes, qui sont illustrées pour l'étude d'une période particulière : la **Seconde Guerre mondiale**.

1. Première phase (1 séance) : méthodologie et émergence collective des représentations

- Demander aux élèves d'exprimer les représentations qu'ils croient avoir sur le sujet (certains diront ne rien savoir).
- Noter au tableau toutes les propositions, même contradictoires, sans commentaire et les garder jusqu'à validation ou invalidation après analyse des documents (nombreuses confusions possibles entre Allemands et nazis, sur les dates de la guerre, les causes, les belligérants, les dégâts, les pays envahis, etc.).
- Apprendre progressivement aux élèves à justifier leurs réponses (sources, motifs, causes, etc.).

2. Collecte de documents

En cette fin de cycle, veiller à une autonomie des élèves dans la collecte de documents qui sera sollicitée en permanence au collège.

- Les BD (Pascal Croci, *Auschwitz*).
- Le cinéma (*Le jour le plus long, Adieu les enfants, Monsieur Batignolles*, etc.) ou le théâtre (L'Atelier).
- La mémoire transmise par les parents, les grands-parents…
- Les lectures personnelles dans la bibliothèque de la classe, de l'école, du quartier ou à la maison (romans, revues, encyclopédies, BD, maquettes, films, dictionnaires ou cédéroms, etc.).
- La Toile.
- Manuels ou livres documentaires et mis à disposition.

3. Deuxième phase (2 séances) :
recherche en groupes

- Chaque groupe se fonde sur les documents, 3 ou 4, qui lui ont été remis et relatifs à une question spécifique à laquelle il aura à répondre. À cette occasion, les élèves prennent l'habitude de caractériser les documents (nature, date, auteur) et de faire ainsi une distinction entre document historique, éventuellement d'époque, et document rapporté, voire actuel.
- Il importe d'initier les élèves à échanger la documentation entre groupes : réaliser qu'un document peut servir à un autre groupe, c'est garder en mémoire une représentation de la tâche globale à effectuer.

4. Troisième phase, collective :
confronter les productions aux représentations initiales

- Aider les élèves à mettre en relation les représentations initiales et les informations données par les rapporteurs de chaque groupe et tirées des documents étudiés.
- Veiller à la correction de ce qui est dit, aider à établir des liens avec la leçon précédente, compléter l'information en « racontant » un épisode ou en mettant en valeur l'action de tel personnage emblématique. Mettre en place le vocabulaire de base à retenir.

5. Institutionnalisation

Au cours de cette étape particulièrement importante, les élèves, aidés de l'enseignant, dégagent la signification globale des éléments récoltés en en retrouvant les liens (personnages, événements, groupes sociaux, courants politiques, influences sur la vie quotidienne, culturelle, etc.).

6. Formalisation

Une fois ce travail accompli, interroger les élèves, rectifier les erreurs et les aider à distinguer l'essentiel de l'accessoire.
Ce qui sera retenu servira à l'élaboration de la trace écrite. Enfin, les savoirs constitués seront reportés sur la frise chronologique personnelle ou affichée en classe.

Travail conduit dans les classes de CM2 d'Annie Chicha et de Corinne Di Stéphano, à Marseille.

DOC 57 Étudier une période historique à partir des représentations des élèves

La fiche de préparation de l'enseignant

Fiche de préparation n° 9

■ Capacité visée

Retenir, pour la période étudiée, une vingtaine d'événements et leurs dates ainsi que le rôle de quelques personnages.

■ Objectif spécifique

Retrouver le déroulement chronologique d'événements en vue d'en expliquer la portée historique : l'extermination des juifs, un crime contre l'humanité.

■ Organisation de la classe

Individuelle au départ, puis en petits groupes, collective, enfin, pour la synthèse.

■ Durée

4 ou 5 séances de 30 min.

■ Matériel nécessaire

- Photocopie de l'affiche du film de Louis Malle, *Au revoir les enfants*.
- Des feuilles de brouillon, des photographies tirées du film, la cassette ou le DVD du film.

■ Déroulement

• Observation et analyse d'un extrait du film (les vingt dernières minutes)
Situer l'action du film dans le temps, en préciser le thème, distinguer document historique et document cinématographique de fiction.

• Situer l'action du film dans le temps
– Après projection du film, analyser les images en s'appuyant sur les connaissances acquises ou par déduction, et déduire la véracité des faits évoqués dans l'histoire.
– Analyser les attitudes les comportements des personnages.

• Débat collectif
– Dégager le thème principal (extermination des Juifs) et en rappeler les caractéristiques (organisation, modalités, ampleur, durée).

– Recenser les lieux de sa région offrant des témoignages du passé (mémorial, plaque du souvenir, camp de concentration, association de déportés, etc.).
– Comprendre l'importance du travail de mémoire (« plus jamais ça », autres génocides ayant eu lieu au XXe siècle…).

• Formalisation
– À partir des remarques de chaque groupe, établir une trace écrite précisant les éléments à retenir et utilisant le vocabulaire spécifique *(occupation, rafle, déportations, camp de concentration, camp d'extermination, kapos, Gestapo, SS, nazis, ghetto, Auschwitz, Mathausen, Buckhenwaldt, Drancy).*

■ Difficulté anticipée, rôle du maître

Les élèves ont du mal à imaginer l'ampleur de ce désastre.

⇒ Les sensibiliser aux effets tragiques d'une exclusion d'une partie de l'humanité. Impliquer les parents des élèves qui, souvent, pourront fournir des documents ou témoignages personnels.

■ Évaluation

- La précision des concepts utilisés.
- Les connaissances acquises tout comme le vocabulaire spécifique sont réinvestis lors des interventions des élèves, à l'oral comme à l'écrit.

■ Prolongements

À partir de l'analyse conduite, réaliser une étude consacrée à la déportation des Juifs dans sa propre région.

Proposition de programmation annuelle

PREMIER TRIMESTRE	DEUXIÈME TRIMESTRE	TROISIÈME TRIMESTRE
La violence du XXe siècle : les deux conflits mondiaux.		
	• La violence du XXe siècle : l'extermination des Juifs et des Tziganes par les nazis : un crime contre l'humanité. • La révolution scientifique et technologique, la société de consommation.	• La Ve République. • La construction européenne.

Les repères :
1916 : bataille de Verdun ; Clemenceau ; 11 novembre 1918 : armistice de la Grande Guerre ;
18 juin 1940 : appel du général de Gaulle ; Jean Moulin ;
8 mai 1945 : fin de la Seconde Guerre mondiale en Europe ;
1945 : droit de vote des femmes en France ; 1957 : traité de Rome ;
1958 : Charles de Gaulle et la fondation de la Ve République ;
1989 : chute du mur de Berlin ; 2002 : l'euro, monnaie européenne.

Géographie

BO

« Le programme de géographie a pour objectifs de décrire et de comprendre comment les hommes vivent et aménagent leurs territoires. Les sujets étudiés se situent en premier lieu à l'échelle locale et nationale ; ils visent à identifier, et connaître les principales caractéristiques de la géographie de la France dans un cadre européen et mondial. La fréquentation régulière du globe, de cartes, de paysages est nécessaire.
Le programme de géographie contribue, avec celui de sciences, à l'éducation au développement durable. »

Produire en France
▷ PAGE 114

Le territoire français dans l'Union européenne
▷ PAGE 116

La France dans le monde
▷ PAGE 117

Pour atteindre ces buts, les enseignants doivent aller à l'essentiel, faire simple, sans se perdre dans des détails dépassant les possibilités de compréhension des élèves et qui trouveront leur place dans la suite de leur scolarité. ▷ **DOC 59**

Organiser les progressions

CAPACITÉS	OBJECTIFS INTERMÉDIAIRES
Produire en France	
• Connaître les caractéristiques des quatre types d'espaces d'activités : une zone industrialo-portuaire, un centre tertiaire, un espace agricole et une zone de tourisme.	• Étudier une zone industrialo-portuaire, un centre tertiaire, un espace agricole, une zone de tourisme. • Dans le cadre de l'approche du développement durable, ces quatre études mettront en valeur les notions de ressources, de pollution, de risques et de prévention.
• Mettre en relation des cartes à différentes échelles pour localiser un phénomène.	• Mettre en relation, dans sa région, des activités économiques ou sociales, des lieux et des périodes (les flux migratoires durant les vendanges, les vacances d'hiver ou d'été, la transhumance des troupeaux, etc.).

• Représenter par des schémas les données statistiques traduisant un phénomène.
• Réaliser un jeu de questions relatives aux ressources de la région, du département ou de la commune.
• Présenter de manière méthodique l'organisation de son quartier ou de sa région.
• Établir la carte d'identité d'une autre grande région.

ATTITUDES

Au cours du cycle 3, l'acquisition d'une culture humaniste développe chez les élèves le sens de l'observation, la curiosité et l'esprit critique.
Par l'étude de la géographie, l'élève s'ouvre à des sociétés et des modes de vie différents.

Quels sont les différents espaces agricoles en France ?

• La comparaison de deux paysages permettra de relever les différences entre un paysage de bocage et un paysage d'openfield : habitat dispersé, disparition des haies vives, parcelles plus grandes. D'autres paysages mettront en évidence le contraste entre :

– les petites fermes familiales ;

– les grandes exploitations industrialisées.

• L'étude des productions agricoles ne doit pas devenir une leçon d'économie nourrie de multiples statistiques. Une carte permettra d'expliquer :

– l'importance de la polyculture ;

– la spécialisation des productions : grandes exploitations céréalières, viticulture et production maraîchère, élevage.

• Préparer une sortie avec une feuille de route permet de relever les permanences et les mutations d'un espace agricole proche de l'école :

– Où se trouve l'espace agricole ? (Distance de la ville, axes de communication.)

– Combien y a-t-il d'habitants dans le village ? Quelle est l'évolution démographique récente ? Combien y a-t-il de paysans ? Où travaillent les autres villageois ?

– Quelles sont les productions agricoles ? Quelles sont les autres activités au sein de la commune ?

Extrait de Laurent Bonnet, *Comment enseigner l'histoire et la géographie au cycle 3*, Hachette Éducation, 2009.

L'étude d'un parc naturel régional ou national permet d'initier les élèves à la protection de l'environnement. On s'attardera plus particulièrement sur les actions menées pour concilier la conservation des milieux et le développement économique et touristique.

CONNAISSANCES ET CAPACITÉS	OBJECTIFS INTERMÉDIAIRES
Le territoire français dans l'Union européenne	
Connaître les caractéristiques d'un ou deux États européens.	• Repérer les grandes villes, les principaux fleuves, les reliefs, les grands axes routiers des états étudiés. • Connaître leurs principales caractéristiques économiques. • Comparer la France à un autre État.

Rechercher des documents de toutes sortes montrant l'adaptation des hommes aux espaces occupés.

• Organiser des jeux (de questions, de stratégie, etc.) en prenant les notions de géographie comme thèmes.
• Habiller un globe à l'aide de costumes différents : les vents dominants, les grandes migrations, les voies de communication (à l'aide d'éléments collés).

• Élaborer une liste de critères permettant de définir une société et son organisation.
• Établir des relations entre les lieux géographiques et les habitudes humaines pour expliquer des phénomènes.
• Mesurer l'influence d'un phénomène naturel sur l'organisation sociale d'un groupe.

CONNAISSANCES ET CAPACITÉS	OBJECTIFS INTERMÉDIAIRES
La France dans le monde	
• Situer les territoires français dans le monde. ▷ **FICHE DE PRÉPARATION N° 10**	• Situer la France dans l'espace mondial. • Repérer sur un globe terrestre ou une carte du monde la situation de la France et des départements et territoires français d'outre-mer. • Lire la situation de la France à travers des documents variés. • Repérer les pays de langue française (en relation avec le programme d'instruction civique et morale). • Éclairer historiquement l'usage de la langue française dans ces pays.
• Repérer les grandes caractéristiques de la planète.	• Repérer, à différentes échelles, les principaux contrastes de la planète : – zones denses et vides de populations ; – océans et continents ; – ensembles climatiques considérés du point de vue humain ; – genres de vie. ▷ **DOC 58** • Localiser, nommer, puis décrire des phénomènes naturels (grands vents, grands courants marins, grandes tendances météorologiques, etc.) sur des cartes à différentes échelles. • Repérer sur une carte les lieux investis par les grands ensembles humains en fonction de données topographiques ou thématiques et décrire leur organisation.

• Repérer différents pays et leur situation par rapport à la France.
• Repérer les grandes voies de liaison avec ces pays (aériens, maritimes, ferroviaires, routiers).
• Analyser les horaires et les destinations de vols aériens, de départs de bateaux…
• Répertorier les statistiques relatives aux voyages en direction de ces pays.

POUR INTERPRÉTER UN PAYSAGE, IL FAUT :

• En **faire le croquis** :
– tracer les éléments principaux du paysage ;
– mettre en valeur ces éléments à l'aide de couleurs différentes (les terres agricoles, les terres boisées, les terres cultivées, les habitations, les voies de communication, les voies fluviales, les bâtiments agricoles ou industriels, etc.) ;
– élaborer une légende la plus simple et la plus claire possible, indiquant à quoi correspondent les couleurs adoptées.

• **Localiser le paysage sur plusieurs cartes** du département, de la région, de France, de l'Europe ou du monde.

• **Chercher à savoir puis à expliquer** pourquoi s'y trouvent de telles installations, telle végétation, telle activité plutôt que d'autres.

• **Chercher** comment ces installations et ces activités ont été reliées aux zones avoisinantes ou à des zones plus lointaines de destination.

DOC 58 Point « méthode » : pour interpréter un paysage

Parmi les approches qui s'offrent à l'enseignant, citons celles qui privilégient une entrée par :

- L'étude de **documents actuels**, proches de l'enfant (photos au sol ou aériennes, films, publicités, etc.).
- L'étude de **phénomènes** ou d'**« objets » géographiques** représentés sur des cartes, de schémas, des modèles.
- Le suivi et l'illustration d'un **événement majeur** sur une carte (course à la voile, raid, etc.).
- L'analyse de **récits de voyages**, d'expéditions scientifiques et militaires, de descriptions de paysages (pouvant alimenter un atelier de lecture).
- L'étude des **titres**, des **légendes**, des **nomenclatures** de documents graphiques.
- La recherche dans l'**index** d'un atlas, dans les **corrélats** d'une encyclopédie (papier ou numérique), dans le **sommaire** d'un portail ou le formulaire de requête d'un **moteur de recherche**, dans la structure d'un site Internet...
- La comparaison de **documents complémentaires** (reportage vidéo et récit se déroulant dans une région particulière, par exemple).
- L'étude d'un chapitre du **manuel**.
- L'analyse de phénomènes situés dans une **perspective mondialiste** (vents, courants, migrations, échanges, etc.).
- La mise en relation de **faits parfois éloignés** dans le temps et dans l'espace.
- L'étude d'une **question problème**.
- L'étude d'un **même objet à travers différents champs disciplinaires** (l'eau dans le monde...).

DOC 59 Point « méthode » : différentes approches de l'enseignement de la géographie

La fiche de préparation de l'enseignant

Fiche de préparation n° 10

Capacité visée
Situer les territoires français dans le monde.

Objectifs spécifiques
Lire la situation de la France à travers des documents variés.

Organisation de la classe
Individuelle au départ, puis en petits groupes, collective, enfin, pour la synthèse.

Durée
4 à 6 séances de 30 min.

Matériel nécessaire
- 4 diagrammes pour la France et le reste du monde : % de terre émergée, commerce de produits industriels et agricoles, population.
- Diagramme des exportations et des importations françaises.

Déroulement
• Analyse des documents statistiques

– Les élèves, répartis en groupes de 2 ou 3, recensent et analysent toutes les informations fournies par les documents fournis.

– Une synthèse collective conduit à relever la complémentarité des documents et à clarifier leur utilisation.

• L'influence de la France dans le monde

– Chaque groupe établit la carte d'identité de l'influence de la France dans le monde dans le domaine considéré.

– Comparer ensuite ces données avec d'autres pays ayant la même population que la France, mais situés dans d'autres parties du monde.

• Relever les termes de vocabulaire spécifique

– Dans le domaine économique : *flux*, *taux*, *richesses*, *revenus*, *production agricole*, *production industrielle*, etc.

– Dans le domaine culturel : création, diffusion, etc.

• Débat et réflexion

Relever les grands défis auxquels la France est confrontée en Europe et dans le monde : le chômage, la concurrence, la main-d'œuvre, la contrefaçon, etc.

• Synthèse

– Rédaction collective du plan de la synthèse.

– Rédaction en petits groupes de chacune des parties du texte.

Difficulté anticipée, rôle du maître
Les élèves ignorent les difficultés économiques rencontrées dans différents pays du globe.

⇒ Pointer sur une carte, à l'aide d'éléments de couleurs différentes, les phénomènes principaux : famines, désertification, déficit en eau, surpopulation, pauvreté, etc.

Évaluation
La compréhension des concepts difficiles qui sont évoqués. Pour cela, multiplier l'analyse de l'utilisation de ces termes dans les textes rencontrés.

Prolongement
Enquêter sur la puissance économique des autres pays de l'Union européenne.

Proposition de programmation annuelle

	PREMIER TRIMESTRE	DEUXIÈME TRIMESTRE	TROISIÈME TRIMESTRE
Produire en France	Connaître les caractéristiques des quatre types d'espaces d'activités : une zone industrialo-portuaire, un centre tertiaire, un espace agricole et une zone de tourisme.	Mettre en relation des cartes à différentes échelles pour localiser un phénomène.	
Le territoire français dans l'Union européenne		Connaître les caractéristiques d'un ou deux États européens.	
La France dans le monde	Situer les territoires français dans le monde.		Repérer les grandes caractéristiques de la planète.

Instruction civique et morale

BO

« L'instruction civique et l'enseignement de la morale permettent à chaque élève de mieux s'intégrer à la collectivité de la classe et de l'école au moment où son caractère et son indépendance s'affirment.
Elle le conduit à réfléchir sur les problèmes concrets posés par sa vie d'écolier et, par là-même, de prendre conscience de manière plus explicite des fondements même de la morale : les liens qui existent entre la liberté personnelle et les contraintes de la vie sociale, la responsabilité de ses actes ou de son comportement, le respect de valeurs partagées, l'importance de la politesse et du respect d'autrui. »

L'estime de soi, le respect de l'intégrité des personnes
▷ PAGE 123

L'importance de la règle de droit dans le respect des relations sociales
▷ PAGE 123

Les règles élémentaires d'organisation de la vie publique et de la démocratie
▷ PAGE 124

Les traits constitutifs de la nation française
▷ PAGE 124

L'Union européenne et la francophonie
▷ PAGE 124

Organiser les progressions

CONNAISSANCES ET CAPACITÉS	OBJECTIFS INTERMÉDIAIRES
L'estime de soi, le respect de l'intégrité des personnes **L'importance de la règle de droit dans le respect des relations sociales** ▷ DOCS 60 À 64	
• Connaître et appliquer les principales règles de politesse et de civilité. • Les règles de la vie collective de l'école et de la classe et leur signification. • Participer à l'élaboration du règlement intérieur de la classe, de l'école. • Respecter le règlement intérieur dans la classe, dans l'école.	• Analyser le règlement actuel de l'école ou de la classe. • Débattre des articles à amender. • Formaliser les décisions retenues.
• Connaître les contraintes de la vie collective. • Appliquer le principe de l'égalité des filles et des garçons. • Savoir repérer des discriminations et apprendre à les refuser ou à les combattre. • Savoir ce qui est permis et interdit dans la classe, dans l'école, dans les temps interscolaires. • Débattre face à un cas de non-respect du règlement concernant un camarade ou soi-même. • Le rôle des adultes de l'école ou participant à la vie de l'école. • Expliciter une situation de conflit en débat réglé. • Savoir participer à la résolution de ce conflit. • Participer à l'élaboration collective d'un projet. • Participer à un projet collectif à des postes différents.	• Envisager les conséquences de ses actes mettant en jeu la vie collective. • Prendre conscience de ses écarts de comportement. ▷ **FICHE DE PRÉPARATION N° 11** • Mesurer leur impact sur la vie collective de la classe de l'école. • Savoir exposer l'objet du conflit de manière objective sans colère et sans passion. • Accepter d'entendre le point de vue de l'autre. • Reconnaître ses torts quand c'est le cas.
• Repérer les risques liés à l'usage d'Internet.	• Étudier les droits et les devoirs indiqués dans la charte d'usage des tic à l'école.

• Expliciter la charte.
• Comprendre l'intérêt de la charte au regard de la sécurité des personnes et des biens.

• Organiser une consultation des élèves.
• Recenser les propositions des élèves.

CONNAISSANCES ET CAPACITÉS	OBJECTIFS INTERMÉDIAIRES
• Connaître les règles de sécurité et l'interdiction des jeux dangereux. • Effectuer quelques gestes de premiers secours.	• Connaître les gestes simples liés aux premiers secours (PLS, alerte, ventilation…). • Connaître les numéros de premiers secours. • Connaître les règles essentielles de sécurité relatives au piéton. • Repérer sur une image les imprudences commises par le piéton. • Les règles de sécurité essentielles concernant l'usager d'un vélo ou de rollers. • Connaître les règles de priorité de circulation. • Les numéros de téléphone de ses parents.
Les règles élémentaires d'organisation de la vie publique et de la démocratie	
L'élaboration de la loi : repérer les responsabilités du parlement et du gouvernement.	Connaître le cheminement de l'élaboration d'une loi.
Les traits constitutifs de la nation française	
• Connaître les règles d'acquisition de la nationalité française. • Saisir l'importance de la langue nationale.	• Étude des textes référents et des procédures. • Connaître quelques cas d'obtention de la nationalité française. • Savoir comment la langue française s'est élaborée historiquement. • Comprendre l'utilité de l'Académie française.
L'Union européenne et la francophonie	
Comprendre le sens du projet politique de la construction européenne en relation avec le programme d'histoire.	

• Rencontrer un élu de sa commune.
• L'interroger à partir d'un questionnaire préparé à l'avance.

Rédiger un inventaire de règles de sécurité concernant le piéton ou l'usager d'un vélo ou de rollers.

	La liberté	La justice	La France, une République et une démocratie	La santé
Histoire	L'abolition de l'esclavage aux É.-U. (1865).	La création de l'ONU.	La chronologie du droit de vote.	Les grandes catastrophes naturelles.
Géographie	Carte des pays qui ne respectent pas les droits de l'homme.	La Cour internationale de justice.	Les pays démocratiques.	Le travail d'une équipe médicale lors d'un sauvetage ou d'un secours.
Sciences	• Les scientifiques et la censure au Moyen Âge. • Les lois relatives à la santé.	Les traitements médicaux dans le monde (dénutrition, vaccination…).	Les instituts de recherche scientifique en France.	• Les vaccins, les vitamines, les médicaments. • L'hygiène et les maladies.
EPS	Apprécier une performance.	Handisport.	Constitution d'équipes, respect de règles, respect de l'arbitrage, etc.	Courses d'endurance et santé.
Français	J. Prévert, *L'Oiseau-Lyre*.	Organiser un procès.	Exposer un point de vue en conseil d'école.	L'ordonnance : un texte prescriptif.
Arts plastiques	Illustrer la devise de la République.	Analyser un emblème, une sculpture ou une peinture sur ce thème.	Les emblèmes de la République.	Étudier des affiches sur la santé.
Débats	Comment faire pour prendre une décision ?	Comment faire appliquer les règles de manière équitable ?	Le parlement des enfants.	Étudier une association.
Vie scolaire	Peut-on jouer à n'importe quel jeu dans la cour de récréation ?	Les grands prennent le ballon aux plus petits ou passent devant eux à la cantine : est-ce juste ?	Pourquoi la devise de la France est-elle inscrite au fronton de chaque école ?	Quel est le rôle du médecin scolaire et de l'infirmière ?
Vie sociale	Les différentes libertés : d'opinion, d'expression, de pensée, de culte, de se déplacer…	Les ONG (Médecins sans Frontières, la Croix rouge, les Restos du Cœur…).	Les grandes institutions de la République : le gouvernement, la justice, l'armée.	Les premiers secours.

DOC 60 L'instruction civique et les autres disciplines

• Quels types d'échanges développer dans la classe ?
Parmi les nombreux types d'échanges à développer, citons la discussion en vue d'une aide à la prise de décision, le débat d'opinion, le débat contradictoire et le débat constructif.
Ces apprentissages doivent également être conduits dans le cadre de la maîtrise de la langue orale (argumenter, convaincre, défendre…).

• Quels thèmes de réflexion peut-on introduire en classe ?
Rappelons tout d'abord que pour les enfants de cet âge, **réfléchir ensemble sécurise**. Aborder des thèmes de réflexion qui leur sont propres les aide à démystifier les peurs, à faire tomber les inhibitions, à détruire les idées reçues, à adopter un positionnement face à un événement.
Ainsi en est-il des quelques thèmes suivants : *Peut-on éviter de se mettre en colère ? Les adultes ont-ils toujours raison ? Est-il important d'être poli ? Peut-on avoir recours à la violence ? Qu'est-ce que rejeter l'autre ?*

• Comment évaluer les effets de ces pratiques pédagogiques ?
Les élèves doivent progressivement respecter les règles adoptées et chercher à les améliorer, se passer de la médiation de l'adulte (nécessairement forte au début) dans le règlement des conflits.

DOC 61 Pour une bonne communication en classe : questions/réponses

• Suffit-il d'instaurer des règles de vie dans la classe pour qu'elles soient respectées ?
Non. Une règle n'est spontanément respectée que lorsqu'elle est intégrée et volontairement acceptée. Ceci relativise l'efficacité de la liste des interdits (même justifiés) affichée dans la classe, surtout si elle ne sert que de recours pour signifier une sanction. **Une règle se discute, s'explique, se voit adoptée et se modifie** quand des changements intervenus dans l'environnement le justifient.

• Quels sont les grands principes à respecter ?
Il importe de réserver régulièrement, à un moment fixe de la semaine, **un lieu et un temps de parole**. Les élèves doivent pouvoir repérer et attendre avec impatience ce moment d'échange et d'expression institutionnalisé.
– **Au plan organisationnel** : prévoir concrètement les moyens d'**établir l'ordre du jour** pour permettre aux élèves de préparer leurs interventions. Éliminer toute improvisation permet de donner à cette pratique tout le sérieux qu'elle doit revêtir aux yeux des enfants.
– **Au plan éducationnel** : accepter toutes les interventions, sous réserve qu'elles respectent quelques règles fondamentales. Bannir tout jugement de valeur au profit d'un exposé objectif du problème évoqué, respecter la parole de l'autre par une écoute attentive, faire preuve d'empathie afin de comprendre l'autre, même (et surtout) en cas de désaccord.
– **Au plan stratégique** : les élèves doivent se sentir protégés de toute agression verbale et de tout risque de rétorsion. Chaque élève doit pouvoir disposer d'un droit de réponse lui permettant d'apporter toute précision souhaitée. Les solutions proposées doivent préserver l'intérêt de chacun et du groupe.
– **Au plan pédagogique** : diversifier les types d'échanges et en travailler la technique dans le cadre de l'apprentissage de la langue orale (discussion, exposé, débat, argumentaire…).

DOC 62 Règles de vie : questions/réponses

Les structures d'expression et de régulation

- Le conseil de classe
- Le conseil des délégués
- Le « Quoi de neuf ? »
- Le tableau d'affichage des critiques et des félicitations
- Le bilan journalier

Les modalités pédagogiques

- L'entraide, le tutorat
- L'apprentissage coopératif
- Les contrats
- Les ceintures de comportement
- Les rôles de chacun

DOC 63 Quelques modalités spécifiques de l'organisation coopérative ou participative

La place du débat dans la vie démocratique

En France

• **Les citoyens** expriment librement leurs opinions.
⇒ Les limites : interdiction d'appeler à la violence ou à la haine raciale.
⇒ Les lieux de débat : les entreprises, les lycées, les collèges, les réunions syndicales…

• **Les hommes politiques**, élus par les citoyens, débattent des lois à adopter pour gérer la vie publique et privée.
⇒ Les différents élus et leurs compétences.
⇒ Les lieux de débat : le Sénat, l'Assemblée nationale, les conseils régionaux, généraux, municipaux…

Dans le monde

Des instances favorisent les débats entre États afin d'éviter les conflits majeurs, voire la guerre : l'ONU, l'OTAN, la Communauté européenne, etc.
⇒ Les limites : l'ingérence dans les affaires d'un pays.
⇒ L'absence de démocratie des pays concernés.

Mettre en place les conditions du débat

- Relever la liste des émissions proposant des débats d'opinion.
- Analyser l'importance de la négociation dans un groupe en vue de la réalisation d'un travail collectif.
- Écouter l'enregistrement de situations de classe où les élèves s'écoutent peu et écoutent peu l'enseignant, et analyser les causes d'échec.
- Rédiger en groupe les règles de prise de parole.
- Faire une synthèse collective des productions des groupes pour parvenir à une charte acceptée de tous.
- Question posée au groupe : « Qui sera gardien de cette charte et comment jouera-t-il ce rôle dans la classe ? »
- S'initier à l'animation d'un débat.
- Prévoir des thèmes de débats en classe et en rédiger les enseignements qui en sont tirés.

DOC 64 Élaborer une enquête : « La place du débat en démocratie »

La fiche de préparation de l'enseignant

Fiche de préparation n° 11

■ Connaissance et capacité visées
Prendre conscience de ses écarts de comportement.

■ Objectif spécifique
Émettre des arguments en cohérence avec le sujet du débat.

■ Organisation de la classe
Collective, mais on peut concevoir la participation en groupes ou individuellement.

■ Durée
1 séance de 30 min.

■ Matériel nécessaire
Mise en scène d'une émission de télévision avec des élèves (ou groupes d'élèves) à qui on attribue un rôle : présentateur, rapporteurs d'infractions, téléspectateurs jurés, etc.

■ Déroulement
Phase de mise en condition
Présentation du cas ou, mieux, mise en accusation fictive d'un élève : un élève a été surpris en train d'insulter un autre élève, le traitant de « sale *X*... » ; il n'a pas nié les faits, mais a déclaré qu'il avait été bousculé sans raison.

Par petits groupes
• Préparation des argumentaires
La défense, l'accusation, les jurés et les avocats recherchent les arguments pour excuser ou aggraver le comportement de l'accusé.
Cette étape permet, au sein des groupes, de se positionner par rapport à la loi et à son propre affect.
• Déroulement de l'échange
– Donner tour à tour la parole à chaque partie.
Procéder à l'interrogatoire de l'accusé et de témoins en vue d'aboutir à une conclusion.
– Relever les arguments avancés par les différentes parties.
– Réfléchir sur le problème de l'infraction à la loi.
Veiller à une expression rigoureuse, notamment en séparant ce qui relève des faits et l'intention.

Verdict
• Organiser une discussion avec les jurés restés muets jusqu'alors, et qui ont noté les différents arguments.
• Inclure les témoins puis les avocats pour ce débat final (Pourquoi « sale » ? Pourquoi cette référence à une appartenance ethnique ?).
• Prononcer un verdict circonstancié (comparer avec la peine annoncée au début).

Formalisation
• Aborder d'une manière plus générale la question de la loi.
• Amener les élèves à se positionner personnellement en matière d'attitudes racistes ou d'exclusion, et à s'engager à respecter la loi en la matière.

■ Évaluation
Les débats ainsi conduits doivent aboutir à une réflexion métacognitive conduisant à une régulation de ses propres comportements.

■ Prolongement
Aborder d'autres cas de manifestations racistes prélevées dans la vie quotidienne de l'élève.

Éducation scientifique

« La pratique des mathématiques développe le goût de la recherche et du raisonnement, l'imagination et les capacités d'abstraction, la rigueur et la précision. [...] Les sciences expérimentales et les technologies ont pour objectif de comprendre et de décrire le monde réel, celui de la nature et celui construit par l'Homme, d'agir sur lui, et de maîtriser les changements induits par l'activité humaine. Leur étude contribue à faire saisir aux élèves la distinction entre faits et hypothèses vérifiables d'une part, opinions et croyances d'autre part. »

BO

Mathématiques
▷ PAGE 130

Sciences expérimentales et technologie
▷ PAGE 169

Mathématiques

BO

« La pratique des mathématiques développe le goût de la recherche et du raisonnement, l'imagination et les capacités d'abstraction, la rigueur et la précision. Du CE2 au CM2, dans les quatre domaines du programme, l'élève enrichit ses connaissances, acquiert de nouveaux outils, et continue d'apprendre à résoudre des problèmes. Il renforce ses compétences en calcul mental. Il acquiert de nouveaux automatismes. L'acquisition des mécanismes en mathématiques est toujours associée à une intelligence de leur signification. »

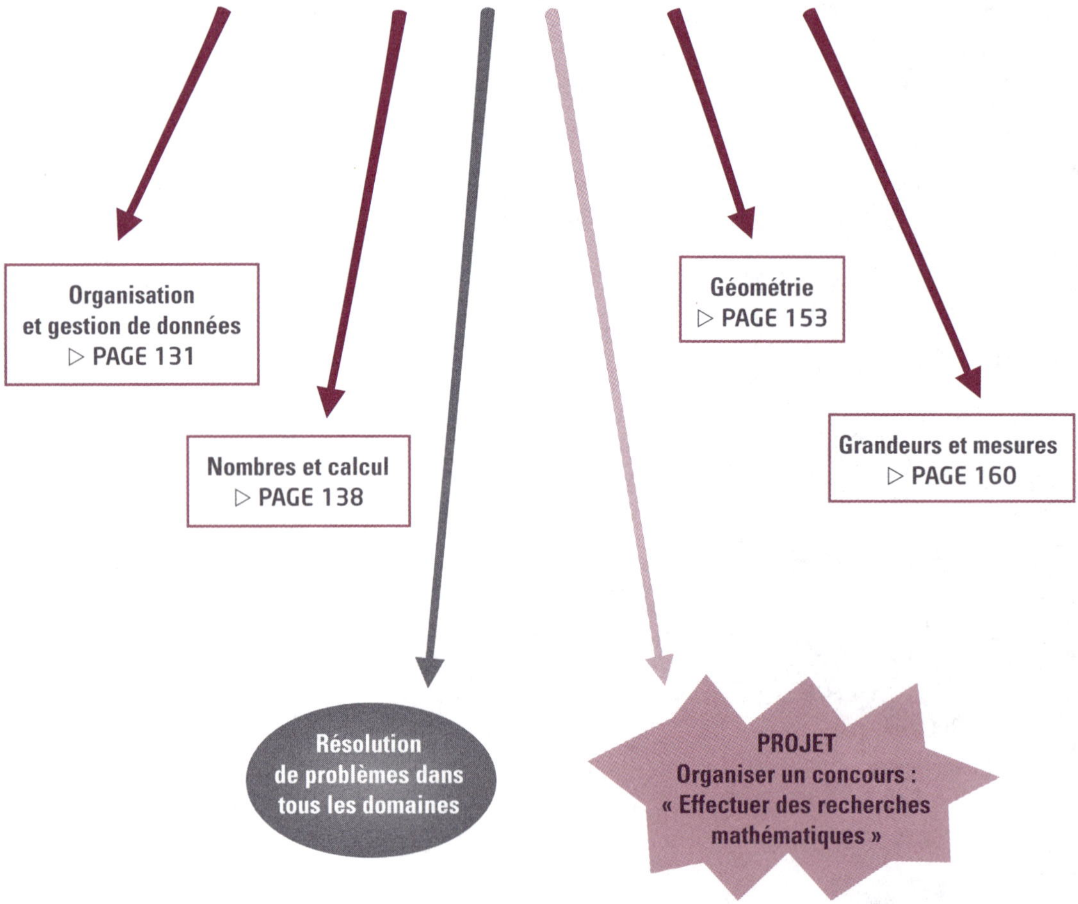

Organisation et gestion de données

« La résolution de problèmes joue un rôle essentiel dans l'activité mathématique. Elle est présente dans tous les domaines et s'exerce à tous les stades des apprentissages. »

Organiser les progressions

CONNAISSANCES ET CAPACITÉS	OBJECTIFS INTERMÉDIAIRES
Résoudre des problèmes – Organiser et gérer des données	
Résolution de problèmes • Résoudre des problèmes relevant des quatre opérations (+ ; – ; × ; :). • Résoudre des problèmes engageant une démarche à une ou plusieurs étapes. ▷ **FICHE DE PRÉPARATION N° 12** • Résoudre des problèmes de plus en plus complexes. ▷ **FICHE DE PRÉPARATION N° 13** • Résoudre des problèmes dont la résolution implique des conversions. • Résoudre des problèmes dont la résolution implique simultanément des unités différentes de mesure.	• Résoudre des problèmes en utilisant les connaissances sur les nombres naturels et décimaux sur les opérations étudiées. • Résoudre des problèmes en utilisant une procédure personnelle ou experte. ▷ **DOCS 65 ET 66** • Chercher et produire une solution originale dans un problème de recherche. • Mettre en œuvre un raisonnement, articuler les différentes étapes d'une solution. • Utiliser les nombres naturels et les opérations étudiées. • Utiliser les nombres décimaux et les opérations étudiées, les conversions d'unités. • Formuler et communiquer sa démarche et ses résultats par écrit et les exposer oralement. • Contrôler et discuter la pertinence ou la vraisemblance d'une solution. • Identifier des erreurs. • Argumenter à propos de la validité d'une solution. • Dans une solution, distinguer les erreurs qui sont relatives au choix d'une procédure de celles qui interviennent dans sa mise en œuvre.
Organisation et gestion de données • Résoudre des problèmes relevant de la proportionnalité et notamment des problèmes relatifs aux pourcentages, aux échelles, aux vitesses moyennes ou aux conversions d'unité, en utilisant des procédures variées (dont la « règle de trois »).	• Résoudre, dans des cas simples, des problèmes relevant de la proportionnalité (pourcentages, échelles, conversions…) en utilisant les propriétés de linéarité, ou par application d'un coefficient donné dans l'énoncé ou calculé. • Organiser des séries de données (listes, tableaux…). • Lire, interpréter et construire quelques représentations : diagrammes, graphiques.

Le mot *problème*, tel qu'il est employé en mathématiques à l'école primaire, recouvre des réalités fort diverses. Nous dirons donc qu'un élève se trouve devant un problème à résoudre lorsqu'il ne sait pas répondre d'emblée à une question d'ordre mathématique.

Les problèmes de mathématiques ont **trois fonctions** :

• **Contrôler les acquisitions des élèves,** leur capacité à réinvestir une notion ou une procédure. C'est le type de problèmes le plus souvent **classés à la rubrique « Problèmes »**. Ils sont assez classiques dans la mesure où des questions fermées et ordonnées structurent la résolution du problème, où les informations fournies sont nécessaires et suffisantes, où l'intention première est d'entraîner les enfants à décoder un énoncé et à chercher, parmi leurs connaissances, celles qui s'appliquent directement au problème.

• **Introduire des notions nouvelles ou améliorer une procédure :** l'élève est orienté vers une mobilisation des notions déjà en place, mais qui vont s'avérer insuffisantes pour résoudre ce problème. Apparaîtra alors la nécessité de compléter ces notions, voire de les remplacer.

• **Apprendre aux élèves à chercher,** à décider si les outils mis en place sont suffisants, à élaborer d'autres procédures. Un élève sera ainsi placé devant ce qu'il convient, en effet, d'appeler une **situation-problème**.

Un **même problème** peut avoir des fonctions différentes selon le niveau d'acquisition des élèves.

DOC 65 Qu'est-ce qu'un problème ?

• **Varier le type de problème**
– Problèmes permettant la prise en compte des différents sens d'une même opération.
– Problèmes rendant possible(s) une ou plusieurs procédure(s) de résolution.
– Problèmes aboutissant à une réponse unique, à plusieurs réponses, à aucune réponse.

• **Varier les éléments du problème**
– Présence de nombres entiers naturels, de fractions ou de nombres décimaux.
– Problème donné oralement ou par écrit.
– Zone numérique élargie (taille des nombres).
– Énoncés inhabituels (longueur, contexte non familier).
– Quantité d'éléments à traiter.
– Nombre d'opérations mises en jeu.
– Difficulté des calculs nécessaires.
– Données inutiles, données manquantes.
– Questions manquantes.
– Nombre de questions.

• **Varier les formes de présentation**
– Présence de nombres entiers naturels ou de nombres décimaux.
– Ordre des informations.
– Respect ou non de la chronologie.
– Avec ou sans questions.
– Ordre des questions.
– Texte, texte et graphique, tableau et graphique.

DOC 66 Trame de variance

Démarche envisageable

Analyser des problèmes de recherche simples
– Identifier les problèmes nécessitant la même recherche malgré un habillage différent.
– Inventer un problème logico-numérique à partir de données.
– Inventer un énoncé dont la solution correspond à un calcul donné.
– Comprendre la spécificité d'emploi du vocabulaire utilisé dans l'énoncé.
– Ne pas associer systématiquement un terme de vocabulaire à une opération (la présence du mot « partage » n'induit pas systématiquement une division).
– Repérer les indicateurs temporels qui permettent de situer les actions entre elles, même lorsqu'il y a bouleversement de la chronologie.

Savoir poser un problème
– Définir ce que l'on nous demande de chercher, de trouver.
– Représenter la situation à l'aide d'un schéma, d'un tableau, d'un graphique...
– Se poser des questions à propos des données présentées sous des formes diverses (leur nature, leur forme, leur nombre, leur rôle).

Choisir les données nécessaires à leur résolution
Repérer les informations qui peuvent être rapprochées, combinées.

Reconnaître les données utiles
– Repérer les données permettant de répondre à une ou à plusieurs question(s).
– Repérer les données manquantes qu'il faut chercher soi-même.
– Repérer où et comment trouver les données manquantes.

Trier les données utiles
– Collecter éventuellement d'autres données non fournies.
– Repérer les données implicites.

Organiser les données utiles
Les ordonner convenablement en fonction de l'ordre des questions auxquelles il faudra répondre.

Traiter les données utiles à la résolution du problème
Associer une question qui est posée, ou qu'il faut se poser, à l'information pertinente qui lui correspond.

Communiquer la ou les réponse(s) trouvée(s)
– Rédiger une ou des réponse(s) en utilisant un vocabulaire précis.
– Utiliser à bon escient des tableaux, des schémas, des graphiques pour communiquer des résultats.
– Justifier sa démarche, démontrer la justesse de sa ou de ses réponse(s).

Les fiches de préparation de l'enseignant

Fiche de préparation n° 12

■ Capacités visées

• Résoudre des problèmes relevant des quatre opérations (+ ; – ; × ; :).
• Résoudre des problèmes engageant une démarche à une ou plusieurs étapes.

■ Objectifs spécifiques

• Chercher et produire une solution originale dans un problème de recherche.
• Mettre en œuvre un raisonnement, articuler les différentes étapes d'une solution.

■ Organisation de la classe

Travail de recherche individuel, puis collectif.

■ Durée

40 min.

■ Matériel nécessaire

L'énoncé du problème, copié sur le tableau de la classe.

■ Déroulement

Consigne : « Après avoir lu l'énoncé du problème, recherchez les réponses aux questions posées, en expliquant les étapes de votre raisonnement. »

Énoncé :
Lors d'un voyage en Italie de six jours complets sur place, au mois de février, une famille composée des deux parents et de deux enfants a dû faire face aux dépenses suivantes :
– prix du billet aller-retour en train couchette pour un adulte : 115,50 €, prix du billet aller-retour pour un enfant : 67,30 € ;
– la pension complète à l'hôtel, par jour, pour une personne (enfant ou adulte) : 30 € ;
– l'argent de poche et les excursions pour la totalité du séjour : 276,40 €.
1) À combien revient ce voyage, pour toute la famille ?
2) Quelle somme doit-on payer, pour la même prestation, au mois de juillet, sachant que le coût du séjour est augmenté globalement de 5 % ?

• Phase collective
– Lecture de l'énoncé et explication des mots difficiles *(pension, excursion, prestation, aller-retour, coût, augmenté de 5 %...)*.
– Évoquer collectivement la situation, l'ensemble des frais engendrés par le voyage, les problèmes spécifiques posés par la pension de l'hôtel, l'augmentation pour le mois de juillet...

• Phase individuelle
Recherche, par écrit, des solutions pour le problème posé, en décomposant les étapes nécessaires : prix des billets de train pour les adules, puis pour les enfants, coût de l'hôtel pour toute la famille, la dépense totale, le coût de l'augmentation pour le mois de juillet, le prix du séjour en juillet...

• Correction collective
– Évoquer les stratégies possibles (ex. : réponse « étape par étape », en ligne avec les calculs posés horizontalement et verticalement ou utilisation d'un tableau).
– Insister sur la nécessité de planifier les calculs avant d'effectuer les opérations.
– Rappeler les spécificités liées à l'emploi de la multiplication dans les décimaux.

■ Difficultés anticipées, rôle du maître

• L'élève ne comprend pas ce qu'on attend de lui.

⇒ Vérifier la bonne compréhension de la consigne initiale, faire verbaliser l'élève pour qu'il décrive, avec ses propres mots, la situation étudiée et qu'il explique les stratégies de résolution possibles.

• L'élève a du mal à planifier les différentes étapes de la résolution.

⇒ Envisager des aides ponctuelles : évoquer avec l'enfant les différentes étapes nécessaires à la résolution du problème, formuler, pour chacune d'elles, une phrase qui servira de référence et imposera un calcul précis.

• L'élèves fait des erreurs dans ses calculs.

⇒ Lui demander de vérifier les calculs effectués en se référant aux règles étudiées (étude de la multiplication et de l'addition dans l'ensemble des nombres décimaux).

■ Évaluation

Proposer, à un autre moment de la semaine, un énoncé du même type en exploitant des données différentes et en travaillant sur une réduction du coût du voyage pour le mois de novembre (– 10 %).

■ Variantes

• Augmenter le nombre d'étapes nécessaire à la résolution du problème.
• Donner le coût de la pension pour toute la famille et demander le calcul pour une personne, afin utiliser la division dans l'ensemble des nombres décimaux (÷ 4).

■ Prolongement

En liaison avec l'utilisation de l'informatique et dans le cadre de la mise en œuvre du B2I, l'utilisation d'un petit tableur pourra permettre d'effectuer des simulations sur ce genre de problème en faisant varier les données : nombre de personnes, prix pratiqués, augmentation ou réduction, en fonction des saisons…

Exemple de production réalisée par un groupe d'élève dans la salle informatique :

	Dépenses	Nb de personnes	Total
Prix des billets pour les adultes	115,50 €	2	231,00 €
Prix des billets pour les enfants	67,30 €	2	134,60 €
Prix de la pension pour 4 personnes	30,00 €	× 24 (4 pers × 6 j)	720,00 €
Dépenses sur place (excusions…)	276,40 €	1	276,40 €
Total			1 362,00 €

Augmentation pour le mois de juillet (5 %) 68,10 €
Prix du voyage avec augmentation ***1 430,10*** €

Fiche de préparation n° 13

Capacité visée

Résoudre des problèmes de plus en plus complexes (en liaison avec la géométrie).

Objectifs spécifiques

- Utiliser les nombres décimaux et les opérations étudiées (la multiplication dans les décimaux).
- Calculer le périmètre et l'aire d'une figure, l'aide d'un quadrillage.
- Produire et justifier une réponse.

Organisation de la classe

Travail par groupes, collectif, puis individuel.

Durée

40 min.

Matériel nécessaire

Feuilles quadrillées, matériel nécessaire pour des constructions géométriques.

Déroulement

- **Par groupes**

Consigne :

1) Tracer sur le quadrillage trois figures de formes différentes qui possèdent la même aire que la figure donnée en exemple (A = 11*u*).

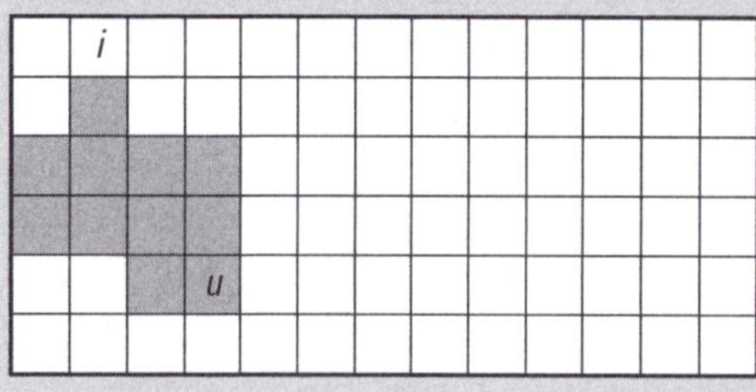

2) Calculer leur périmètre en fonction de *i*, puis en prenant *i* = 1,5 cm.

- **Recherche par groupes et correction collective**

Insister sur les stratégies de résolution et la justesse des calculs.

- **Remarques**
- Utiliser un quadrillage grand format pour effectuer la correction.
- Représenter dans un coin du tableau les formes qui ont été validées par la classe.
- Vérifier les calculs pour les figures proposées.
- Insister sur la justification des réponses.

Difficultés anticipées, rôle du maître

- Les élèves ne se repèrent pas correctement dans le quadrillage et ont du mal à calculer le périmètre en fonction de *i*.

⇒ Utiliser un repère signalant la position de départ utilisée pour comptabiliser le nombre d'unités.

- La notion de périmètre n'est pas maîtrisée.

⇒ Rappeler la définition ou demander de consulter des outils de référence (manuel, cahier de l'élève, affiche…).

- Les élèves ont du mal à trouver une stratégie leur permettant de proposer plusieurs figures.

⇒ Évoquer collectivement les moyens utilisés (ex. : glissement d'un carré selon l'axe horizontal ou vertical…).

Évaluation

- Tracer sur un quadrillage deux figures possédant un périmètre donné, puis calculer P avec *i* = 1,7 cm.
- Tracer sur un quadrillage deux figures possédant une aire donnée, puis calculer leur périmètre avec *i* = 1,9 cm.

Variante

Situation-problème à partir de plusieurs figures représentées sur un quadrillage : « Sur ce quadrillage, des figures qui ont la même aire ont-elles obligatoirement le même périmètre ? » (Non.)

Proposition de programmation annuelle

	PREMIER TRIMESTRE	DEUXIÈME TRIMESTRE	TROISIÈME TRIMESTRE
Dans tous les domaines	Résoudre des problèmes engageant une démarche à une ou plusieurs étapes.	Résoudre des problèmes à plusieurs étapes.	Résoudre des problèmes de plus en plus complexes.
Dans tous les domaines : argumenter à propos de la validité d'une solution	Formuler et communiquer sa démarche et ses résultats par écrit et les exposer oralement.	Contrôler et discuter la pertinence ou la vraisemblance d'une solution.	Identifier des erreurs dans une solution en distinguant celles qui sont relatives au choix d'une procédure et celles qui interviennent dans sa mise en œuvre.
Résoudre des problèmes en utilisant les connaissances sur les nombres naturels.	Problèmes relevant des quatre opérations (+ ; – ; × ; :).	Problèmes relevant des quatre opérations (+ ; – ; _ ; :) : étude de situations concrètes exploitant la monnaie européenne, les unités de mesure, la calculatrice.	
Résoudre des problèmes en utilisant les connaissances sur les nombres décimaux.	• Problèmes relevant des trois opérations (+ ; – ; ×). • Rappel sur les procédures automatisées : calculer le produit d'un décimal par un entier (3 chiffres par 2 chiffres).	• Problèmes relevant des quatre opérations (+ ; – ; × ; :). • En liaison avec le calcul : a) procédures automatisées : – calculer le produit d'un décimal par un entier (3 chiffres par 2 chiffres) ; – calculer le quotient d'un nombre entier (au plus 4 chiffres) par un nombre entier (au plus 2 chiffres) ; b) avec la calculatrice : – calculer un quotient entier ou décimal (exact ou approché) de deux entiers ou d'un décimal par un entier.	
Résoudre des problèmes en utilisant les connaissances sur les grandeurs et les mesures		Résoudre des problèmes dont la résolution implique des conversions.	
			Résoudre des problèmes dont la résolution implique simultanément des unités différentes de mesure.
Résoudre des problèmes en utilisant les connaissances sur la géométrie	Dans le plan : constructions de figures.	Dans le plan : problèmes concernant les figures géométriques étudiées.	Dans l'espace : problèmes concernant les solides étudiés.
Organisation et gestion de données	• Interpréter un tableau ou un graphique • Lire les coordonnées d'un point. • Utiliser un tableau ou « la règle de trois » dans une situation simple de proportionnalité • Construire un tableau ou un graphique.	• Placer un point dont on connaît les coordonnées. • Résoudre des problèmes relevant de la proportionnalité et notamment des problèmes relatifs aux pourcentages, aux échelles, en utilisant des procédures variées.	• Résoudre des problèmes relevant de la proportionnalité et notamment des problèmes relatifs aux pourcentages, aux échelles, aux vitesses moyennes ou aux conversions d'unité, en utilisant des procédures variées.

Nombres et calcul

Organiser les progressions

CONNAISSANCES ET CAPACITÉS	OBJECTIFS INTERMÉDIAIRES
Désignations orales et écrites des nombres entiers naturels	
• Connaître, savoir écrire et nommer les nombres entiers. • Désignations orale et chiffrée des nombres naturels. • Connaître la valeur de chacun des chiffres composant l'écriture d'un nombre entier en fonction de sa position. • Associer la désignation orale et la désignation écrite (en chiffres) des nombres jusqu'à la classe 10 000. ▷ **DOC 67**	• Nommer des nombres entiers. • Nommer un nombre écrit sous forme chiffrée et littérale. • Associer écriture littérale et chiffrée quelle qu'en soit sa taille. • Écrire un nombre ordinal sous forme littérale et sous forme chiffrée. • Écrire sous forme chiffrée et littérale un nombre entier. • Maîtriser les règles conventionnelles d'écriture d'un nombre (désignation des différentes classes). • Écrire des nombres entiers. • Connaître le sens des termes « centième », « dixième », « unité », « dizaine », « mille », « dix mille », « cent mille », « million », « milliard ». • Connaître l'ordre des classes dans l'écriture d'un nombre. • Maîtriser l'emploi du 0 (chiffre jamais prononcé ni écrit littéralement).
• Produire des suites orales et écrites de 1 en 1, 10 en 10, 100 en 100, à partir de n'importe quel nombre.	• Maîtriser l'emploi du 1 dans l'écriture des nombres sous forme chiffrée *(cent, mille, dix mille, dix mille, cent mille).* • Distinguer les règles de la numération orale et écrite. • Connaître la signification de chacun des chiffres composant un nombre entier. • Comparer les règles de fonctionnement de différents systèmes de numération. • Associer au nom du nombre une décomposition additive, multiplicative, mixte. • Reconnaître dans un nombre donné le groupement auquel appartient un chiffre en fonction de sa position.
• Donner diverses décompositions d'un nombre en utilisant 10, 100, 1 000…, et retrouver l'écriture d'un nombre à partir d'une telle décomposition.	• Décomposer un nombre entier suivant les puissances de dix. • Écrire un nombre entier sous forme d'une écriture additive, multiplicative de nombres multiples de dix. • Transformer un nombre entier en une écriture mixte (additive et multiplicative). • Comprendre la notion d'intervalle entre deux entiers consécutifs. • Comprendre la nature des nombres décimaux.

Il convient d'étudier les nombres décimaux jusqu'à trois chiffres après la virgule (millièmes), d'abord à partir de situations concrètes (ex. : la monnaie européenne, les longueurs…), puis dans diverses situations mettant en évidence la notion d'ordre.

À la fin de la troisième année du cycle 3, la connaissance des nombres naturels jusqu'à 1 000 000 doit être bien maîtrisée et l'étude des très grands nombres doit être abordée (> 1 000 000).

• Numération : étude des nombres entiers

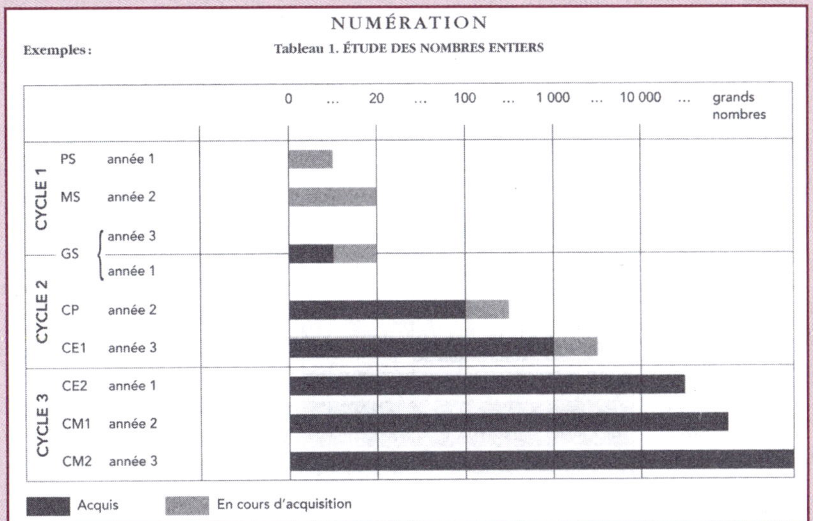

• Écriture des nombres : dans les nombres entiers

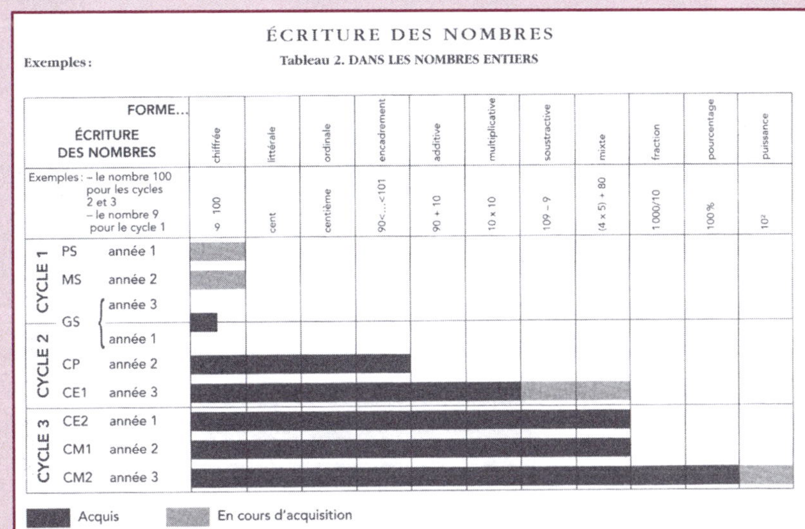

Extraits de C. Mettoudi et A. Yaïche, *Travailler par cycles en mathématiques*, Hachette Éducation, coll. « L'École au quotidien », nouvelle édition 2003.

DOC 67 Exemple de progression envisagée pour les trois années du cycle 3

CONNAISSANCES ET CAPACITÉS	OBJECTIFS INTERMÉDIAIRES
Ordre sur les nombres entiers naturels	
• Comparer, ranger, encadrer ces nombres. • Connaître le sens des signes < et >.	• Comparer deux entiers naturels quelconques en utilisant correctement les signes de comparaison. • Situer chaque nombre dans la suite numérique. • Exprimer de manière réciproque la comparaison entre deux nombres.
• Comparer des nombres, les ranger en ordre croissant ou décroissant, les encadrer entre deux dizaines consécutives, deux centaines consécutives, deux milliers consécutifs.	• Repérer les chiffres pertinents dans la lecture des nombres pour les comparer. • Comparer deux nombres en utilisant indifféremment les signes > ou < . • Repérer et rectifier des erreurs dans des comparaisons de nombres. • Comparer des nombres énoncés ou écrits sous formes diverses (écriture additive, soustractive, multiplicative, mixte).
• Utiliser les signes < et > pour exprimer le résultat de la comparaison de deux nombres ou d'un encadrement.	• Réaliser des encadrements dans les nombres entiers. • Repérer les chiffres pertinents dans la lecture des nombres pour les encadrer. • Encadrer deux nombres en utilisant indifféremment les signes > ou < . • Repérer et rectifier des erreurs dans des encadrements de nombres. • Encadrer des nombres énoncés ou écrits sous formes diverses (écriture additive, soustractive, multiplicative, mixte).
• Situer précisément ou approximativement des nombres sur une droite graduée de 10 en 10, de 100 en 100...	• Ranger des nombres entiers. • Intercaler des entiers entre deux nombres donnés. • Intercaler des nombres entiers entre deux nombres entiers donnés. • Intercaler des nombres entiers entre deux nombres décimaux donnés.

Structuration arithmétique des nombres entiers naturels

• Reconnaître les multiples des nombres d'usage courant : 5, 10, 15, 20, 25, 50.
• Connaître et savoir utiliser les expressions : double, moitié ou demi, triple, tiers, quadruple, quart ; trois quarts d'un nombre entier.
• Connaître et savoir utiliser les expressions : quadruple, deux tiers, trois demis d'un nombre entier.
• Connaître les relations additives et multiplicatives entre 5, 10, 25, 50, 75, 100 ; entre 50, 100, 200, 250, 500, 750, 1 000.
• Connaître les relations additives et multiplicatives entre 5, 15, 30, 45, 60, 90.
• Reconnaître les multiples de 2, de 5 et de 10.

Fractions

- Rappel : utiliser des fractions dans des cas de partage (CM1).
- Encadrer une fraction simple par deux entiers consécutifs.
- Écrire une fraction sous la forme de somme d'un entier et d'une fraction inférieur à 1.
- Ajouter deux fractions décimales ou deux fractions simples de même dénominateur.

Capacités :

- Nommer les fractions en utilisant le vocabulaire demi, tiers, quart, dixième, centième…
- Utiliser, dans des cas simples, des fractions ou des sommes d'entiers et de fractions pour coder des mesures de longueurs ou d'aires, une unité étant choisie, ou pour construire un segment (ou une surface) de longueur (ou aire) donnée.
- Encadrer une fraction simple par deux entiers consécutifs.

Désignations orales et écrites des nombres décimaux

- Connaître la valeur de chacun des chiffres de la partie décimale en fonction de sa position (jusqu'au 1/10 000e).
- Produire des décompositions liées à une écriture à virgule, en utilisant 10 ; 100 ; 1 000… et 0,1 ; 0,01 ; 0,001…

Capacités :

- Utiliser les nombres décimaux pour exprimer la mesure de la longueur d'un segment, celle de l'aire d'une surface (une unité étant donnée), ou pour repérer un point sur une droite graduée régulièrement.
- Associer les désignations orales et l'écriture chiffrée d'un nombre décimal dont la partie décimale ne va pas au-delà du millième ;
- Produire des suites écrites ou orales de 0,1 en 0,1, de 0,01 en 0,01, de 0,001 en 0,001.
- Écrire et interpréter sous forme décimale une mesure donnée avec plusieurs unités et réciproquement dans des cas simples.
- Savoir passer, dans des cas simples, pour un nombre décimal, d'une écriture à virgule à une écriture fractionnaire (fractions décimales) et réciproquement.

Ordre sur les nombres décimaux

- Savoir les repérer et les placer sur une droite graduée en conséquence.
- Comparer, ranger des nombres décimaux. ▷ **FICHE DE PRÉPARATION N° 14**
- Donner une valeur approchée à l'unité près, au dixième près ou au centième près.

Capacités :

- Comparer deux nombres décimaux donnés par leurs écritures à virgule, lorsque leurs parties décimales sont de même longueur ou différentes.
- Encadrer un nombre décimal par deux entiers consécutifs ; par deux nombres décimaux.
- Intercaler des nombres décimaux entre deux nombres entiers consécutifs ; entre deux nombres décimaux.
- Utiliser les signes < et > pour exprimer le résultat de la comparaison de deux nombres ou d'un encadrement.

Relations entre certains nombres décimaux (en liaison avec la résolution de problèmes)

- Connaître et savoir utiliser dans des situations concrètes (contenance, masse, longueur, monnaie, durée) les écritures fractionnaires et décimales de certains nombres : 0,1 et $\frac{1}{10}$; 0,01 et $\frac{1}{100}$; 0,5 et $\frac{1}{2}$; 0,25 et $\frac{1}{4}$; 0,75 et $\frac{3}{4}$.
- Connaître et savoir utiliser dans des situations concrètes ou non les relations entre $\frac{1}{4}$ (ou 0,25) et $\frac{1}{2}$ (ou 0,5), entre $\frac{1}{100}$ et $\frac{1}{10}$; entre $\frac{1}{1\,000}$ et $\frac{1}{100}$.

CONNAISSANCES ET CAPACITÉS	OBJECTIFS INTERMÉDIAIRES
Calculer mentalement	
Additionner et soustraire • Estimer mentalement un ordre de grandeur du résultat (rappel du CM1). • Consolider les connaissances et les capacités en calcul mental sur les nombres entiers et décimaux.	• Connaître parfaitement les tables d'addition (de 1 à 9) et de multiplication (de 2 à 9). • Connaître le complément à la dizaine supérieure pour tout nombre inférieur à 100. • Additionner ou soustraire mentalement des dizaines entières (< 100) ou des centaines entières (< 1 000). • Organiser et effectuer mentalement ou avec l'aide de l'écrit, sur des nombres entiers, un calcul additif, soustractif, multiplicatif, en s'appuyant sur des résultats mémorisés et en utilisant de façon implicite les propriétés des nombres et des opérations. • Trouver mentalement le résultat numérique d'un problème à données simples. • Développer des moyens de contrôle des calculs instrumentés : chiffre des unités, nombre de chiffres. • Organiser et effectuer des calculs du type 1,5 + 0,5 : 2,8 + 0,2 en s'appuyant sur les résultats mémorisés et en utilisant de façon implicite les propriétés des nombres et des opérations. • Évaluer un ordre de grandeur d'un résultat, en utilisant un calcul approché. • Trouver mentalement le résultat numérique d'un problème à données simples. • Maîtriser la technique opératoire usuelle de l'addition dans les entiers. • Maîtriser l'utilisation de la retenue. • Maîtriser la technique opératoire usuelle de la soustraction dans les entiers. ▷ **FICHE DE PRÉPARATION N° 15** • Maîtriser les sens de l'opération « enlever », « compléter », « écart ». • Maîtriser le statut particulier du 0. • Appliquer des procédures diversifiées de calcul. • Représenter une décomposition de soustractions par un arbre. • Décompter de 10 en 10, de 50 en 50, de 100 en 100. • Trouver différentes écritures soustractives d'un même nombre. • Comparer des nombres écrits sous la forme d'écritures soustractives. • Appliquer la technique opératoire aussi bien aux soustractions en ligne que posées verticalement. • Employer des procédures de calcul, afin de compléter des opérations à trous. • Employer des techniques de vérification. • Repérer des erreurs et les rectifier. ▷ **DOC 68**

• Erreurs dans les calculs élémentaires de la somme ou d'une différence

– Elles se traduisent, le plus souvent, dans un calcul partiel, notamment par l'oubli de la retenue :

743 + 219 = 752 45 981 – 31 097 = 14 994

– Elles correspondent à une difficulté à planifier la tâche ou à mémoriser des calculs partiels.
Il convient alors de revoir les algorithmes des différentes techniques opératoires et de rappeler leurs justifications respectives.

• Erreurs liées à une mauvaise maîtrise de la numération (signification de la position des chiffres dans l'écriture du nombre)

Plusieurs catégories d'erreurs se rangent sous cette rubrique. Par exemple :

100 870 + 608 010 708 880	Mauvais report de l'un des deux nombres dans l'opération posée en hauteur. Ex. : 1 000 870 + 608 010 =
594 108 + 82 13 676 238	Problème de placement des nombres dans l'opération (essentiellement quand les nombres ne possèdent pas le même nombre de chiffres).
54 8 + 42,1 96,9	Mauvais placement des nombres dans l'opération posée en hauteur (nombres décimaux).
11 1 541 + 2 052 + 2 948 6 431	Signification de la retenue. L'élève sait qu'il doit écrire la retenue quand le total est supérieur à 9, mais ensuite il n'en tient pas compte dans le calcul.

• Erreurs liées à la gestion spatiale et temporelle de la retenue

– La non-prise en compte de certaines retenues dans les opérations effectuées.
– Une mauvaise mémorisation des algorithmes utilisés pour effectuer une addition, une soustraction, une multiplication ou une division dans les entiers.
– Une mauvaise mémorisation des algorithmes utilisés pour effectuer une addition, une soustraction ou une multiplication dans les décimaux.
– L'oubli du placement de la virgule dans le report du résultat (formulation d'une « phrase-réponse » dans un problème, par exemple : 34 550 € au lieu de 345,50 €).

• Parasitage par une autre opération

65 + 32 = 33	Ne serait-on pas, en classe ou à la maison, en train d'étudier la soustraction ? L'enfant est-il inattentif ?
18 × 10 = 28	Se réfugie-t-il dans ce qu'il sait faire ?
54 – 9 = 63	

DOC 68 Pour analyser les erreurs

CONNAISSANCES ET CAPACITÉS	OBJECTIFS INTERMÉDIAIRES
Multiplier • Multiplier un nombre entier ou décimal par 10, 100, 1000. • Organiser et effectuer mentalement ou avec l'aide de l'écrit, sur des nombres entiers, un calcul multiplicatif. • Organiser et effectuer des calculs du type 1,5 × 2 ; 0,5 × 3 en s'appuyant sur les résultats mémorisés et en utilisant de façon implicite les propriétés des nombres et des opérations. • Évaluer un ordre de grandeur d'un résultat, en utilisant un calcul approché. • Trouver mentalement le résultat numérique d'un problème à données simples. • Développer des moyens de contrôle des calculs instrumentés : chiffre des unités, nombre de chiffres. **Diviser** • Diviser un nombre entier ou décimal par 10, 100, 1 000. ▷ **DOC 69**	• Multiplier un nombre par 10, 100, 1 000, 20, 200, 2 000, 30, 300…, 40, 400… • Maîtriser la technique opératoire usuelle de la multiplication dans les entiers. • Maîtriser la signification de l'opération. • Comprendre le rôle de chaque nombre. • Construire et utiliser une table de Pythagore. • Mémoriser les tables de multiplication. ▷ **DOC 70** • Multiplier rapidement par 2, par 5 (par 10 puis la moitié), par 3, par 4. • Trouver différentes écritures multiplicatives d'un même nombre. • Comparer des nombres écrits sous la forme d'écritures multiplicatives. • Évaluer l'ordre de grandeur d'un produit. • Respecter l'algorithme de la technique opératoire employée (sens de lecture, décomposition des calculs…). • Maîtriser le statut particulier du 0 et du 1. • Maîtriser l'utilisation de la retenue. • Maîtriser différentes techniques de multiplication. • Distinguer les produits partiels du produit global. • Employer des techniques de vérification. • Respecter, dans une écriture mixte, l'ordre des calculs. • Distinguer, dans une écriture mixte, les symboles + et ×. • Employer des procédures de calculs pour compléter une opération à trous. • Repérer des erreurs et les rectifier.

Un referendum national sur la rouille a été organisé la semaine dernière. Il y a eu 97 % de voix contre, 2 % de voix pour et 237 528 bulletins blancs. On demande le nombre de votants. Comment faire ?
Calculons d'abord le pourcentage représenté par les bulletins blancs. Divisons ensuite le nombre de bulletins blancs par ce pourcentage.

Tiré de J.-L. Fournier, *L'arithmétique appliquée et impertinente*, Payot, 1993.

DOC 69 Petit problème de mathématiques impertinentes

CONNAISSANCES ET CAPACITÉS	OBJECTIFS INTERMÉDIAIRES
Calcul posé	
• Addition, soustraction, multiplication de deux nombres entiers ou décimaux. • Division euclidienne et division décimale de deux entiers (rappel du CM1). • Division d'un nombre décimal par un nombre entier.	• Connaître une technique opératoire pour l'addition, la soustraction, la multiplication, la division euclidienne. • Utiliser à bon escient le calcul réfléchi (écrit ou mental). • Décider la manière la plus rapide ou la plus efficace (mentale ou écrite) d'obtenir un résultat. • Se représenter mentalement le(s) calcul(s) à effectuer sans poser l'opération. • Se référer rapidement au répertoire de calculs mémorisés. • Prévoir l'ordre de grandeur du résultat du calcul. • Choisir, parmi les procédures de calcul mémorisées, celle qui paraît adaptée. • Garder en mémoire les résultats des calculs intermédiaires. • Évaluer l'ordre de grandeur du résultat d'un calcul. • Décider la manière la plus rapide ou la plus efficace (mentale ou écrite) d'obtenir un résultat.
Calcul instrumenté	
Utiliser sa calculatrice à bon escient. ▷ **FICHE DE PRÉPARATION N° 16** *(Liaison : résoudre des problèmes de plus en plus complexes.)*	• Connaître et utiliser certaines fonctionnalités de sa calculatrice pour gérer une suite de calcul : touches « opération », « mémoire », « parenthèses »… • Connaître les fonctions des touches de calculatrices différentes. • Anticiper sur les calculs à réaliser pour obtenir un résultat. • Programmer l'ordre des calculs. • Visualiser les résultats intermédiaires. • Effectuer des calculs successifs. ▷ **DOC 71** • Vérifier le résultat d'un calcul. • Effectuer des corrections de différentes manières. • Explorer, avec une calculatrice donnée, différentes procédures pour obtenir un résultat. • Utiliser la procédure la plus économique pour obtenir un résultat. • Trouver une suite numérique respectant un algorithme donné.

Mémoriser les tables de multiplication nécessite la mise en œuvre de différents moyens d'apprentissage qui doivent être travaillés quotidiennement en classe : les lire plusieurs fois, les recopier, les apprendre comme des chansons, utiliser ses mains, trouver des moyens mnémotechniques…

POUR APPRENDRE DES TABLES DE MULTIPLICATION

1 Avant de commencer mon travail

Je choisis la façon dont je vais m'y prendre :

- Je la lis plusieurs fois.
- Je la copie.
- Je l'apprends comme une chanson.
- Je m'enregistre au magnétophone.
- Je retrouve chaque fois le sens de l'opération ($9 \times 4 = 9 + 9 + 9 + 9 = 18 + 18 = 36$).
- J'utilise mes mains.
- J'observe et je photographie avec mes yeux.
- J'imagine les différentes étapes de mon travail.

2 Tout au long de mon travail

Je repère mes difficultés :

- J'écris la table de multiplication sur mon ardoise et je vérifie les réponses.
- Je tire au sort des papiers où sont inscrits les multiples, je trouve le résultat et je vérifie.
- Je remets en jeu les multiples qui me posent problème.
- Je recommence autant de fois qu'il sera nécessaire pour que l'erreur disparaisse.

3 À la fin de mon travail

Je révise et je contrôle mes connaissances :

- Je relis ma table.
- Je repère mes erreurs et j'essaie de trouver un « truc » qui va m'aider.
- J'écris la table dans l'ordre et je vérifie.
- Je me fais interroger par une autre personne qui vérifie mes réponses. Durant cette interrogation, je m'imagine à l'école en train de le faire.

C. Mettoudi, A. Yaïche *et al.*, *Objectif méthode*, Hachette Éducation, coll. « L'école au quotidien », 1997, p. 90.

DOC 70 Apprendre les tables de multiplication

Le diable veut ranger sa collection de crânes. Il en a 47. Il fait 8 colonnes de 5 crânes. Lui en reste-t-il ?

Hélène et Rebecca

Monsieur Poirdebeurré va à Pétrolananas pour le travail. Il veut ramener des souvenirs à sa famille. Il a dans son portefeuille 47 Mangilis. Il achète 5 petits ananas dansants qui coûtent 8 Mangilis chacun. Combien lui en reste-t-il pour repartir à Poircity ?

Elsa et Jean

Marie-Ophélie collectionne les photos de vedettes. Elle en apporte 47 à l'école. Robert lui en déchire 7 et elle en donne 8 à Gaston. Combien lui en reste-t-il ?

Delphine et Maïté

Dans un immeuble de 8 étages, il n'y a que des studios d'étudiants. Chaque étage contient 5 studios. Au rez-de-chaussée, il y en a exceptionnellement 7. Combien de studios contient cet immeuble ?

Miléna et Roxane

Dans un centre équestre, il y a 47 chevaux. On doit les répartir dans 8 groupes égaux pour une compétition, mais il restera des chevaux tout seuls. Combien il y aura de chevaux tout seuls ?

Manon et Angelina

DOC 71 Quelques énoncés de problèmes rédigés par des enfants

Fiche de préparation n° 14

■ Capacité visée
Comparer et ranger des nombres décimaux.

■ Objectif spécifique
Repérer et rectifier des erreurs dans des encadrements de nombres.

■ Organisation de la classe
Travail individuel et en groupe classe.

■ Durée
30 min.

■ Matériel nécessaire
Cahiers individuels et tableau de la classe.

■ Déroulement
Consigne : « Observez les encadrements de nombres suivants et repérez les erreurs. »

• Phase collective
– Effectuer un ou deux exemples collectivement pour faciliter la bonne compréhension des consignes (ex. : 102,650 < 105,24 ; 103,72 < 108,06).
– Remarque : le sens des mots *ranger* et *croissant*, ainsi que la signification mathématiques des signes > et < doivent avoir fait l'objet d'une étude spécifique (liaison avec la maîtrise de la langue et la compréhension des consignes).

• Phase individuelle
Proposer des encadrements du même type et demander aux élèves de les observer, puis de rectifier les erreurs en récrivant correctement les séries proposées (ex : retenir quatre séries fausses sur huit).

• Phase collective
Lors de la correction, faire formaliser les stratégies utilisées et repérer les difficultés rencontrées.
– Prendre en compte le nombre de chiffres présents à la droite et à la gauche de la virgule.
– S'assurer de la bonne recopie des nombres.
– Tenir compte du statut spécifique du 0…

■ Difficultés anticipées, rôle du maître
Vérifier que tous les élèves :
• connaissent le sens des mots *ranger*, *croissant* et *décroissant* ;
• maîtrisent l'utilisation des signes < et > ;
• recopient correctement les nombres donnés dans l'énoncé ;
• utilisent des procédures de vérification ;
• emploient les stratégies évoquées lors de la phase collective.

■ Évaluation
• Donner, par écrit, à un autre moment de la semaine, le même type d'exercice en augmentant le nombre d'éléments à prendre en compte (ex. : 6 nombres décimaux présents dans les encadrements).
• Demander aux élèves de copier préalablement l'énoncé sur leur cahier, puis de recopier les encadrements en rectifiant les erreurs constatées.

■ Variantes
• Augmenter progressivement la complexité de l'encadrement (augmenter la valeur cardinale des nombres, envisager la présence de nombreux zéros, travailler sur des nombres très proches, insérer des nombres entiers dans la liste…).
• Varier les modalités d'organisation et les situations, pour éviter une certaine lassitude (ex. : permettre aux élèves d'insérer, dans une série, un nombre de leur choix).

Fiche de préparation n° 15

Capacités visées

• Consolider les connaissances et capacités en calcul mental sur les nombres entiers et décimaux.
• Additionner et soustraire.

Objectif spécifique

Trouver différentes écritures soustractives d'un même nombre.

Organisation de la classe

Recherche individuelle suivie d'une correction collective.

Durée

45 min.

Matériel nécessaire

Matériel scolaire courant.

Déroulement

• Phase individuelle

Présenter au tableau quatre opérations déjà calculées et posées en colonnes.

237	625	803	935
– 129	– 246	– 267	– 267
118	378	536	658
(108)	**(379)**		**(668)**

Consigne : « Vérifiez des opérations déjà effectuées contenant des erreurs et les repérer. » Le travail est réalisé soigneusement sur le cahier d'exercices.

Pendant la recherche, s'assurer de la bonne compréhension de la consigne et intervenir pour aider certains enfants en difficulté : planification de la tâche, calculs à effectuer, emploi des retenues, formulation des justifications…
En cas d'erreur, l'opération est refaite entièrement à côté de l'énoncé.

• Correction collective

Des élèves « secrétaires » (1 par opération) viennent à tour de rôle au tableau pour présenter des éléments de réponse.

Difficultés anticipées, rôle du maître

• Les élèves ne maîtrisent pas la technique opératoire de la soustraction (respect de l'algorithme, planification des calculs, rigueur dans la présentation).
⇒ Reprendre la technique avec eux.

• Les élèves gèrent mal la retenue.
⇒ Refaire l'opération au tableau et formuler la procédure à haute voix.

Évaluation

• Donner une nouvelle série d'opérations déjà calculées dont certaines contiennent des erreurs.
• Envisager deux groupes distincts en fonction de la vitesse de calcul (le nombre d'opérations à vérifier pouvant constituer une variable.

Variantes

Ce type de séquence peut être reproduit avec les autres opérations (+ et ×). Se référer à cette séquence pour obtenir de bonnes habitudes de vérification des calculs, notamment pour la résolution de problèmes numériques.

Fiche de préparation n° 16

■ Capacité visée

Utiliser sa calculatrice à bon escient.

■ Objectifs spécifiques

- Employer des techniques de vérification.
- Repérer des erreurs et les rectifier.

■ Organisation de la classe

Travail par 2 ou en groupes restreints (5 ou 6), puis phase collective et, enfin, travail individuel.

■ Durée

45 min.

■ Matériel nécessaire

Calculatrices « type standard ».
Compte tenu du niveau de classe, les touches « % », « . » et « √ » ne seront pas utilisées.

■ Déroulement

Consigne : « Nous allons étudier des situations qui nécessitent la recherche de plusieurs calculs. Nous allons utiliser la calculatrice pour obtenir plus rapidement les résultats et éviter les erreurs. »

- **Travail par 2 ou en groupe restreint (5 à 6)**

Proposer la petite situation-problème suivante : « Nous allons effectuer les comptes de la coopérative scolaire. Lors de la rentrée, nous avons recueilli 200 €. Au cours du premier trimestre, nous avons dépensé les sommes suivantes : des livres documentaires pour la bibliothèque (55 €), un dictionnaire (16 €) et une série de gros pinceaux (28 €). Quelle somme reste-t-il après ces achats ? »

- **Phase collective**

Vérification des calculs et présentation des stratégies utilisées.
Analyse de chaque méthode et des problèmes posés par les différentes manipulations (appui sur une mauvaise touche, planification des calculs, mémorisation des phases à effectuer…).

- **Travail individuel**

Proposer des petits énoncés qui nécessitent l'emploi de la calculatrice.

■ Difficultés anticipées, rôle du maître

- Les élèves gèrent mal leurs calculs. ⇒ Insister sur la nécessité du report des calculs.
- Les élèves appuient sur les mauvaises touches de la calculatrice. ⇒ Mémoriser la fonction de chaque touche.

■ Évaluation

Travail individuel différé.
Proposer une série de trois situations-problèmes, en imposant les méthodes de calculs : la première sans l'emploi des touches « mémoire », la deuxième avec l'emploi des touches « mémoire », la troisième en laissant le choix à l'élève.

■ Prolongement

Diversifier la longueur et la complexité des calculs.

Proposition de programmation annuelle

	PREMIER TRIMESTRE	DEUXIÈME TRIMESTRE	TROISIÈME TRIMESTRE
Ordre sur les entiers naturels	**Sur des très grands nombres :** • Connaître, savoir écrire et nommer les nombres entiers. • Situer précisément ou approximativement des nombres sur une droite graduée de 10 en 10, de 100 en 100… • Comparer, ranger, encadrer ces nombres. • Comparer des nombres, les ranger en ordre croissant ou décroissant, les encadrer. • Utiliser les signes < et > pour exprimer le résultat de la comparaison de deux nombres ou d'un encadrement. • La notion de multiple : reconnaître les multiples des nombres d'usage courant : 5, 10, 15, 20, 25, 50.		
Désignations orales et écrites des nombres décimaux	• Connaître la valeur de chacun des chiffres de la partie décimale en fonction de sa position (jusqu'au 1/10 000e). • Associer les désignations orales et l'écriture chiffrée d'un nombre décimal.	• Utiliser les nombres décimaux pour exprimer la mesure de la longueur d'un segment, celle de l'aire d'une surface, ou repérer un point sur une droite graduée de 1 en 1. • Passer un nombre décimal d'une écriture fractionnaire à une écriture à virgule, et réciproquement.	Produire des décompositions liées à une écriture à virgule, en utilisant 10 ; 100 ; 1 000 et 0,1 ; 0,01 ; 0,001…
Ordre sur les décimaux	Les repérer, les placer sur une droite graduée en conséquence.	• Comparer des nombres, les ranger en ordre croissant ou décroissant, les encadrer, utiliser les signes < et >. • Associer la désignation orale et la désignation écrite (en chiffres) des nombres. • Intercaler des nombres décimaux entre deux nombres donnés.	• Donner une valeur approchée à l'unité près, au dixième près ou au centième près. • Encadrer un nombre décimal par deux entiers consécutifs ou par deux décimaux.

	PREMIER TRIMESTRE	DEUXIÈME TRIMESTRE	TROISIÈME TRIMESTRE
Structuration arithmétique	• Connaître et utiliser des expressions telles que : double, moitié ou demi, triple, tiers, quadruple, quart ; trois quarts, deux tiers, trois demis d'un nombre entier. • Reconnaître les multiples de 2, de 5, de 10, de 100…	Connaître et utiliser certaines relations entre des nombres d'usage courant : entre 5, 10, 25, 50, 75, 100 ; entre 50, 100, 200, 250, 500, 750, 1 000 ; entre 5, 15, 30, 45, 60, 90.	Écrire et interpréter sous forme décimale une mesure donnée avec plusieurs unités, et réciproquement.
Connaissance des fractions simples et des nombres décimaux		*Rappel du CM1* : utiliser des fractions dans des cas de partage. • Nommer des fractions simples : demi, tiers, quart, dixième, centième… • Utiliser des fractions simples dans des résolutions de problèmes.	• Encadrer une fraction simple par deux entiers consécutifs. • Écrire une fraction sous la forme de somme d'un entier et d'une fraction inférieur à 1. • Ajouter deux fractions décimales ou deux fractions simples de même dénominateur. • Utiliser des fractions dans des résolutions de problèmes.
Relations entre certains nombres décimaux			Connaître et utiliser des écritures fractionnaires : 1/2, 1/4, 1/100…
Calculer mentalement : consolider les connaissances et les capacités en calcul mental sur les nombres entiers et décimaux	• Connaître les tables d'addition (de 1 à 9). • Additionner ou soustraire mentalement des dizaines entières (< 100), des centaines entières ou des milliers (< 1 000). • Organiser et effectuer mentalement ou avec l'aide de l'écrit, sur des nombres entiers, un calcul additif, soustractif ou multiplicatif, en s'appuyant sur des résultats mémorisés et en utilisant de façon implicite les propriétés des nombres et des opérations. • Connaître le complément à la dizaine supérieure pour tout nombre inférieur à 100. • Multiplier un nombre entier par 10, par 100, par 1 000. • Organiser et effectuer des calculs du type 1,5 + 0,5 ; 2,8 + 0,2 ; 1,5 × 2 ; 0,5 × 3… • Évaluer l'ordre de grandeur d'un résultat en utilisant un calcul approché et évaluer le nombre de chiffres. • Développer des moyens de contrôle des calculs instrumentés : chiffre des unités, nombre de chiffres, calcul approché. • Trouver mentalement le résultat numérique d'un problème à données simples.		

	PREMIER TRIMESTRE	DEUXIÈME TRIMESTRE	TROISIÈME TRIMESTRE
Effectuer un calcul	• Addition, soustraction, multiplication de deux nombres entiers. • Calculer des sommes et des différences de nombres entiers par un calcul écrit en ligne ou posé en colonnes. • Calculer le produit de deux entiers par un calcul posé. • Division euclidienne de deux entiers.	• Addition, soustraction, multiplication de deux nombres entiers ou décimaux. • Calculer des sommes et des différences de nombres décimaux par un calcul écrit en ligne ou posé en colonnes. • Calculer le produit d'un décimal par un entier (3 chiffres par 2 chiffres) par un calcul posé. • Calculer le quotient et le reste de la division euclidienne d'un nombre entier (de 4 chiffres au plus) par un nombre entier (de 2 chiffres au plus) par un calcul posé. • Division euclidienne de deux entiers. • Division décimale de deux entiers. • Division d'un nombre décimal par un nombre entier.	
Calcul instrumenté	• Connaître et utiliser certaines fonctionnalités de sa calculatrice pour gérer une suite de calculs : touches « opérations », touches « parenthèses » ; • Connaître et utiliser les fonctionnalités : touches « mémoires » et « facteur constant » de sa calculatrice. • Utiliser à bon escient une calculatrice en particulier pour vérifier un calcul mené à la main ou pour effectuer des calculs lourds ou longs nécessités par des résolutions de problème.		

Géométrie

Organiser les progressions

CONNAISSANCES ET CAPACITÉS	OBJECTIFS INTERMÉDIAIRES
Repérage, utilisation de plans, de cartes (en liaison avec la géographie)	
• Repérer une case ou un point sur un quadrillage. • Connaître les points cardinaux et leur incidence sur une carte ou un plan, en liaison avec la géographie. • Dans des cas concrets (plan de classe, d'école, du quartier, de ville, carte routière, carte de France, d'Europe) : – savoir se situer par rapport à des repères fixes (porte, mairie, Paris, pays limitrophes) ; – savoir représenter un déplacement simple sur une carte ou un plan ; – savoir évaluer une distance entre deux objets ou deux lieux en utilisant les indications de longueur données par le plan ou la carte, par lecture directe sans devoir recourir à l'échelle.	• Lire un quadrillage. • Identifier une case ou un point. • Donner les coordonnées d'une case ou d'un point.
Relations et propriétés Alignement, perpendicularité, parallélisme, égalité de longueurs, symétrie axiale.	
• Connaître et savoir utiliser à bon escient le vocabulaire suivant : points alignés, droite, droites perpendiculaires, droites parallèles, segment, milieu, angle, figure symétrique d'une figure donnée par rapport à une droite, axe de symétrie. • Utiliser les instruments pour vérifier le parallélisme de deux droites (règle et équerre) et pour tracer des droites parallèles. • Vérifier, à l'aide des instruments, l'alignement de points (règle), l'égalité des longueurs de segments (compas ou instrument de mesure). • Effectuer les tracés correspondants.	• Appliquer quelques techniques usuelles de tracés (ex. : des parallèles et des perpendiculaires à l'aide de l'équerre et la règle…). • Effectuer un tracé en utilisant différemment un même instrument ou à l'aide d'instruments différents (ex. : tracer des parallèles par tracés de perpendiculaires successifs, en utilisant des bandes, les graduations d'une règle plate…). • Utiliser des outils usuels (papier calque, papier quadrillé, règle, équerre, compas, gabarit d'angle) pour construire ou reproduire quelques figures planes ou solides. • Maîtriser l'utilisation technique de chaque outil. • Utiliser plusieurs outils pour reproduire une même figure ou un même solide. • Sélectionner l'instrument le mieux adapté à la construction à réaliser. • Analyser les différents résultats obtenus. • Reconnaître les axes de symétrie d'une figure plane.

• Trouver le milieu d'un segment ; percevoir qu'une figure possède un ou plusieurs axes de symétrie et le vérifier en utilisant différentes techniques (pliage, papier, calque, miroir). • Compléter une figure par symétrie axiale en utilisant des techniques telles que pliage, papier calque, miroir. • Tracer, sur papier quadrillé, la figure symétrique d'une figure donnée par rapport à une droite donnée.	• Compléter une figure par symétrie axiale. • Découvrir, par différents procédés (pliage, calque, gabarit...), la superposition des deux parties analogues d'une même figure. • Connaître le vocabulaire géométrique (parallèle, perpendiculaire, triangle, côté, carré, parallélogramme, losange, rectangle, diagonale, médiane...).

Réaliser progressivement un répertoire qui facilite la mémorisation et la compréhension des notions et du vocabulaire géométriques utilisés.

CONNAISSANCES ET CAPACITÉS	OBJECTIFS INTERMÉDIAIRES
Dans le plan Triangle (et cas particuliers), carré, rectangle, losange, cercle.	
• Reconnaître de manière perceptive une figure plane (en particulier dans une configuration plus complexe), en donner le nom, vérifier son existence en ayant recours aux propriétés et aux instruments. • Vérifier la nature d'une figure en ayant recours aux instruments. • Décomposer une figure en figures plus simples. **Problèmes de reproduction** • Tracer une figure (sur papier uni, quadrillé ou pointé), à partir d'un programme de construction ou d'un dessin à main levée (avec des indications relatives aux propriétés et aux dimensions). ▷ **FICHE DE PRÉPARATION N° 17** • Décrire une figure en vue de l'identifier dans un lot de figures ou de la faire reproduire sans équivoque. • Construire une hauteur d'un triangle. • Reproduire un triangle à l'aide d'instruments. • Tracer un cercle dont on connaît le centre et le rayon. • Connaître et utiliser à bon escient le vocabulaire suivant : triangle, triangle rectangle, triangle isocèle, triangle équilatéral, carré, rectangle, losange, cercle ; sommet, côté ; centre, rayon et diamètre pour le cercle.	• Reproduire quelques figures planes (carré, rectangle, cercle, losange, triangle, parallélogramme). • Reconnaître la forme globale de la figure. • Reconnaître les propriétés de la figure : le nombre de côtés, leurs dimensions, leur disposition les uns par rapport aux autres (parallèle, perpendiculaire), les angles ainsi formés, les propriétés des diagonales, diamètre, rayon quelle que soit l'orientation de la figure (ex. : le carré), avant et en cours de réalisation. • Diversifier les méthodes de reproduction : empreinte, calque, quadrillage, pliage, gabarits, mesure des côtés. • Utiliser les outils appropriés pour reproduire exactement cette figure. • Identifier quelques figures simples dans une figure complexe. • Connaître des figures géométriques simples. • Connaître le nom de ces figures. • Décrire quelques figures planes (carré, rectangle, cercle, losange, triangle, parallélogramme). • Indiquer les caractéristiques de ces figures en utilisant une terminologie adaptée. • Utiliser à bon escient le vocabulaire précis donné par les programmes et une syntaxe logiquement articulée : ligne, droite, demi-droite, segment de droite, côté, diagonale, angle, perpendiculaire, parallèle, centre, rayon, diamètre, rectangle, losange, carré, cercle, triangle, quadrilatère, parallélogramme, arête, sommet, face, cube, sphère, boule, disque. • Connaître le sens spécifique de ces mots.

CONNAISSANCES ET CAPACITÉS	OBJECTIFS INTERMÉDIAIRES
Agrandissement, réduction	
• Savoir quand une figure est un agrandissement ou une réduction d'une autre figure. **Problème de reproduction** • Réaliser, dans des cas simples, des agrandissements ou des réductions de figures planes. ▷ **FICHE DE PRÉPARATION N° 18** • Contrôler si une figure est un agrandissement ou une réduction d'une autre figure.	Vérifier l'exactitude de la construction en cours d'exécution.

Construire des quadrillages et les utiliser pour reproduire des figures.

Dans l'espace Solides droits : cube, pavé, cylindre, prisme.	
• Reconnaître, décrire et nommer les solides droits : cube, pavé, cylindre, prisme. • Connaître et savoir utiliser à bon escient le vocabulaire suivant : cube, parallélépipède rectangle ; sommet, arête, face. • Percevoir un solide, en donner le nom, vérifier certaines propriétés relatives aux faces ou arêtes d'un solide à l'aide des instruments. • Décrire un solide en vue de l'identifier dans un lot de solides divers ou de le faire reproduire sans équivoque. • Construire un cube ou un parallélépipède rectangle. • Reconnaître ou compléter un patron de solide droit.	• Reproduire quelques solides usuels. • Reconnaître ces solides par manipulation, mise à plat (patron). • Analyser les éléments constitutifs du solide : les faces, les arêtes, les sommets, la relation entre ces différents éléments. • Connaître les propriétés de chaque solide. • Diversifier les procédés de reproduction : empreinte des différentes faces, calque, quadrillage, réalisation d'un patron, mesure des côtés. • Décrire quelques solides usuels. • Connaître les propriétés de quelques solides simples : forme des faces, nombre de faces, nombre d'arêtes.

Construire des solides pour rendre les notions plus concrètes et faciliter la mémorisation d'images mentales.

Jeu du portrait (deviner un solide à partir d'une description).

Fiche de préparation n° 17

■ Capacité visée

Tracer une figure à partir d'un programme de construction ou d'un dessin à main levée (avec des indications relatives aux propriétés et aux dimensions).

■ Objectif spécifique

Utiliser les outils appropriés pour reproduire exactement cette figure (compas, règle plate, équerre…).

■ Organisation de la classe

Travail individuel et collectif.

■ Durée

45 min.

Matériel nécessaire

- Cahier d'exercices.
- Compas, règle plate graduée, équerre…

■ Déroulement

Consigne : « Nous allons essayer de reproduire, sans l'aide d'un quadrillage, cette figure géométrique. Vous devez utiliser votre matériel : équerre, compas, règle plate, crayon gomme. »

• Travail individuel ou par 2

Recherche d'une solution (stratégie par essais-erreurs) avec le matériel disponible.
Lors des interventions, aborder la nécessité de réaliser des manipulations précises avec les instruments et faire procéder à des vérifications intermédiaires (respect des dimensions, recherche des points stratégiques…).

• Phase collective

Confrontation des points de vue et synthèse.
Faire formuler les algorithmes utilisés :
a) rechercher les points stratégiques ;
b) prendre des mesures et les reporter en traçant les segments ;
c) procéder au tracé de la figure, en vérifiant les dimensions avec le double-décimètre ou le compas.
Comparer les stratégies utilisées.

• Phase individuelle

Sur le cahier d'exercices, en utilisant les mêmes instruments, demander la reproduction de deux figures différentes (chacune possédant au moins un angle droit).

■ Difficultés anticipées, rôle du maître

- Des prises de mesures imprécises avec le compas ou la règle graduée.
- Une mauvaise manipulation du compas, de l'équerre…
- Le non recours à des vérifications intermédiaires.
- Le non-respect de l'algorithme nécessaire au tracé.
- L'absence de procédures de vérification lorsque la figure est terminée.
- Un manque de précision dans les tracés.

■ Évaluation

Prévoir un contrôle des connaissances différé (exercice du même type), afin de positionner chaque élève sur l'apprentissage considéré.

■ Variante

Demander de reproduire des figures qui contiennent un arc de cercle.

Fiche de préparation n° 18

■ Capacités visées

• Tracer une figure à partir d'un programme de construction ou d'un dessin à main levée.
• Réaliser des agrandissements ou des réductions de figures planes.

■ Objectif spécifique

Vérifier l'exactitude de la construction en cours d'exécution.

■ Organisation de la classe

Recherche individuelle, synthèse collective, puis travail individuel.

■ Durée

45 min.

■ Matériel nécessaire

Une feuille individuelle quadrillée sur laquelle figurent déjà deux figures à agrandir (consigne : doubler les dimensions).

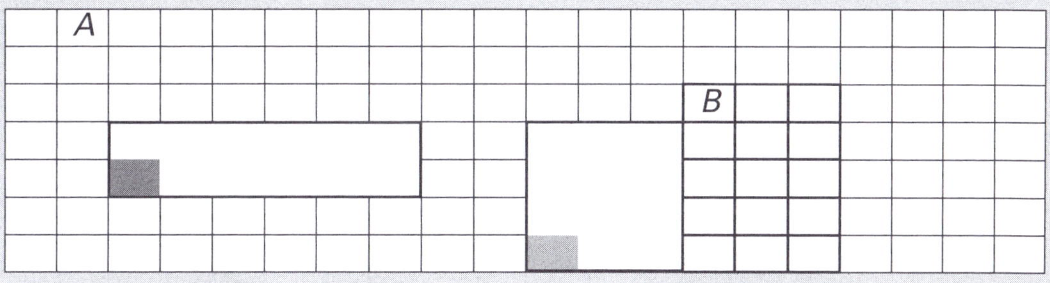

■ Déroulement

Consigne : « Nous allons reproduire les deux figures du quadrillage, en doublant toute leurs dimensions ». Le début de la nouvelle figure est représenté par un carreau gris (A pour la première et B pour la seconde).

• **Travail individuel**
S'assurer de l'exactitude des prises de repères sur le quadrillage.

• **Phase collective**
– Confrontation des résultats et justification des réponses trouvées, discussion. Insister sur les procédures de vérification.
– Réaliser les tracés sur le tableau de la classe en les commentant.

• **Travail individuel**
Sur le cahier d'exercices, les élèves reproduisent deux figures, d'abord à l'aide d'un quadrillage, puis deux autres sur une feuille A4 non quadrillée.

■ Difficultés anticipées, rôle du maître

Un mauvais report dans les dimensions (erreurs de calcul, manque de précision, mauvais marquage des points reproduits).

■ Évaluation

Lors d'une séance spécifique, agrandir deux figures, à l'aide d'un quadrillage, en triplant leurs dimensions (ex. : triangle équilatéral, carré, losange).

■ Variantes

• Présence ou absence de quadrillage.
• Nombre de sommets à considérer.

Proposition de programmation annuelle

	PREMIER TRIMESTRE	DEUXIÈME TRIMESTRE	TROISIÈME TRIMESTRE
Repérage, utilisation de plans, de cartes (en liaison avec la géographie)	Repérer une case ou un point sur un quadrillage.	**Dans des cas concrets (plan de classe, d'école, du quartier, de ville, carte routière, carte de France) :** • Savoir se situer par rapport à des repère fixes (porte, mairie, Paris, pays limitrophes). • Savoir représenter un déplacement simple sur une carte ou un plan.	• Savoir évaluer une distance entre deux objets ou deux lieux en utilisant les indications de longueur données par le plan ou la carte, par la lecture directe sans devoir recourir à l'échelle. • Connaître les points cardinaux et leur incidence sur une carte ou un plan.
Relations et propriétés	Connaître et savoir utiliser à bon escient le vocabulaire suivant : points alignés, droites, droites perpendiculaires, segment, milieu, angle, figure symétrique d'une figure donnée par rapport à une droite, axe de symétrie.	• Utiliser les instruments pour vérifier le parallélisme de deux droites (règle et équerre) et pour tracer des droites parallèles. • Vérifier, à l'aide des instruments, l'alignement de points (règle), l'égalité des longueurs de segments (compas ou instrument de mesure). • Vérifier la nature d'une figure en ayant recours aux instruments. • Effectuer les tracés correspondants. • Trouver le milieu d'un segment ; percevoir qu'une figure possède un ou plusieurs axes de symétrie et le vérifier en utilisant différentes techniques (pliage, papier calque, miroir).	• Compléter une figure par symétrie axiale en utilisant des techniques telles que pliage, papier calque, miroir. • Tracer, sur papier quadrillé, la figure symétrique d'une figure donnée par rapport à une droite donnée.

	PREMIER TRIMESTRE	DEUXIÈME TRIMESTRE	TROISIÈME TRIMESTRE
Dans le plan (figures planes)	Connaître et utiliser à bon escient le vocabulaire suivant : triangle, triangle rectangle, triangle isocèle, triangle équilatéral, carré, rectangle, losange, cercle ; sommet, côté ; centre, rayon et diamètre pour le cercle.	**Problèmes de reproduction :** • Tracer une figure (sur papier uni, quadrillé ou pointé), à partir d'un programme de construction ou d'un dessin à main levée (avec des indications relatives aux propriétés et aux dimensions). • Décomposer une figure en figures plus simples.	• Reconnaître de manière perceptive une figure plane (en particulier dans une configuration plus complexe), en donner le nom, vérifier son existence en ayant recours aux propriétés et aux instruments. • Construire la hauteur d'un triangle. • Reproduire un triangle à l'aide d'instruments. • Tracer un cercle dont on connaît le centre et le rayon.
Dans l'espace (solides droits)	• Connaître et savoir utiliser à bon escient le vocabulaire suivant : sommet, arêtes, face. • Reconnaître, décrire et nommer les solides droits : cube, pavé, cylindre, prisme.	Percevoir un solide, en donner le nom, vérifier certaines propriétés relatives aux faces ou arêtes d'un solide à l'aide des instruments.	• Décrire un solide en vue de l'identifier dans un lot de solides divers ou de le faire reproduire sans équivoque. • Reconnaître ou compléter un patron de solide droit. • Construire un cube ou un pavé.
Agrandissement, réduction	Savoir quand une figure est un agrandissement ou une réduction d'une autre figure.		• Réaliser, dans des cas simples, des agrandissements ou des réductions de figures planes. • Contrôler si une figure est un agrandissement ou une réduction d'une autre figure.

Grandeurs et mesures

Organiser les progressions

CONNAISSANCES ET CAPACITÉS	OBJECTIFS INTERMÉDIAIRES
Longueurs, masses, volumes (contenances), repérage du temps, durées *Résoudre des problèmes dont la résolution implique des conversions (2e et 3e trimestre) et des unités de mesures différentes (3e trimestre).*	
• Connaître les unités légales de mesure des durées, ainsi que les unités du système métrique pour les longueurs, les masses et les contenances et leurs relations (rappel du CM1). ▷ **DOC 72** • Utiliser les instruments pour mesurer des objets physiques ou géométriques. • Lire l'heure sur une montre à aiguilles ou une horloge. • Effectuer des calculs simples sur les mesures. • Utiliser le calcul pour obtenir la mesure d'une grandeur, en particulier : calculer le périmètre d'un polygone, calculer une durée à partir de la donnée de l'instant initial et de l'instant final.	• Maîtriser l'utilisation d'instruments autres que la règle graduée (le mètre, le mètre pliant, le mètre ruban…) et les utiliser pour mesurer un même objet. • Utiliser ces différents instruments pour tracer précisément un segment ou une figure. • Lire les graduations en mètres, en décimètres, en centimètres et en millimètres pour lire ou reporter le résultat de la mesure. • Effectuer des calculs sur des nombres entiers ou décimaux exprimés dans la même unité de mesure puis dans des unités de mesure différentes. • Effectuer des calculs sur des nombres entiers ou décimaux exprimés sous forme d'écritures additives et dans des unités de mesure différentes.

• Prendre l'habitude d'évaluer des distances entre deux objets, entre deux personnes…
• Confronter les perceptions avec des prises de mesures précises.
• Travailler principalement sur les mesures suivantes : km, m, cm, mm. Ex. : calculer la distance parcourue lors d'une course relais.

• Varier la proximité des unités usuelles.
• Augmenter le nombre des termes de l'opération.
• Accroître l'ordre de grandeur des nombres.

CONNAISSANCES ET CAPACITÉS	OBJECTIFS INTERMÉDIAIRES
• Utiliser le calcul pour obtenir la mesure d'une grandeur, en particulier : calculer le périmètre d'un polygone. ▷ **DOC 73** **ET FICHE DE PRÉPARATION N° 19**	• Connaître la notion de périmètre. • Calculer le périmètre d'un carré. • Calculer le périmètre d'un polygone. • Utiliser l'unité appropriée dans certaines situations familières.
• Estimer une mesure (ordre de grandeur).	
• Construire ou réaliser un objet dont des mesures sont données.	
• Exprimer le résultat d'un mesurage par un nombre ou un encadrement, l'unité (ou les unités) étant imposée(s) ou choisie(s) de façon appropriée.	
• Formule de la longueur d'un cercle.	

• Varier le type d'objets, leur nombre, leur forme, leur aspect, leur disposition dans l'espace.
• Passer de la manipulation d'objets à leur représentation graphique, des objets figuratifs aux segments, des rangements sans mesure aux rangements avec mesure, du langage oral courant ou langage mathématique oralisé, puis écrit.
• Passer des noms des segments aux nombres exprimant leur mesure.

Favoriser les manipulations dans des situations concrètes (prendre des mesures au cours du saut en longueur, représenter le plan de la classe ou de la cour…).

Des exercices nécessitant des prises de mesures précises ou l'emploi des unités conventionnelles doivent être envisagés, tout au long de l'année scolaire.
Quelques exemples :

Prendre les dimensions du préau avec un instrument de mesure pour réaliser un croquis sur une feuille grand format, à une échelle donnée (ex. : 1/100e).

Construire un parallélogramme ou un losange en connaissant la longueur des côtés.
Mesurer l'une des diagonales de la figue obtenue et indiquer sa longueur (travailler avec une précision au millimètre près).

Mesurer un segment avec une règle graduée, sans prendre le zéro comme repère, mais un nombre donné (ex. : la simulation d'une règle en mauvais état, partiellement cassée, possédant des graduations en mm).

Déterminer préalablement des repères au sol, dans la cour, pour pouvoir jouer à un jeu collectif.
Réaliser les tracés en respectant le plan effectué (précision au 0,5 cm près).

Mesurer, avec une précision au millimètre près, des segments sur un schéma pour reproduire un patron et construire un polyèdre.

Activité « sauts en longueur » sur un stade : mesurer les longueurs franchies par les élèves à l'aide d'un instrument de mesure adapté (ex. : le mètre pliant ou le mètre ruban avec précision au 0,5 cm près).

Après avoir effectué des mesures, utiliser un tableau de conversions pour procéder à des changements d'unités.

Effectuer des calculs sur des distances parcourues à l'issue d'une expérimentation. (ex. : évaluer le périmètre de la cour en prenant en considération la distance d'un pas = 67 cm ; évaluer la distance entre l'école et la médiathèque, avec pour « mesure étalon » un pas).

Reproduire des figures géométriques variées, en prenant des mesures précises et en reportant les longueurs trouvées (précision au mm près).

Rechercher les réponses à des problèmes évoquant des distances parcourues (ex. : le trajet d'un train en km ou des tours de terrain effectués en courant…) dans les nombres décimaux.

Rechercher les différents patrons envisageables pour la construction d'un pavé ou d'un cube.
Réaliser des constructions en reportant des mesures.

Mise en place du B2I et utilisation des nouvelles technologies : utiliser un logiciel de géométrie dynamique ou des logiciels d'entraînement pour construire des figures, en respectant des dimensions.

Tracer et utiliser des quadrillages sur une feuille A4 avec des dimensions imposées pour construire, réduire ou agrandir des figures géométriques, puis calculer leur aire ou leur périmètre.

DOC 72 **Pour s'exercer à prendre des mesures précises**

CONNAISSANCES ET CAPACITÉS	OBJECTIFS INTERMÉDIAIRES
Masses	
• Utiliser les instruments usuels de pesée. • Connaître les unités usuelles dans le domaine des mesures de masse et les liens qui les unissent (g, kg).	• Maîtriser l'utilisation d'instruments autres que la balance à plateaux : balance à lecture directe, balance de cuisine, pèse-personne… • Peser un même objet à l'aide de ces différents instruments. • Modifier, par ajout ou par retrait, le poids d'un objet pour obtenir une masse donnée et lire le résultat de la pesée.
• Effectuer des calculs simples dans le domaine des mesures de masse.	• Dans les nombres entiers ou décimaux : – effectuer des calculs exprimés dans la même unité de mesure ; – effectuer des calculs exprimés sous forme d'écritures additives ; – évaluer un ordre de grandeur et vérifier sa proposition.
• Utiliser l'unité appropriée dans certaines situations familières.	• Fournir une estimation pertinente de mesures dans des situations usuelles. • Indiquer avec quelle unité seront exprimées différentes mesures de masse (boîte de conserve, personne, récolte de fruits).

Notions à étudier en liaison avec la construction de figures géométriques.

• Réaliser de nombreuses pesées avec plusieurs types de balances.
• Manipuler des boîtes sur lesquelles les masses sont marquées.
• Construire des tableaux pour communiquer des résultats.

CONNAISSANCES ET CAPACITÉS	OBJECTIFS INTERMÉDIAIRES
Volumes (contenances)	
• Connaître les unités légales du système métrique pour les contenances (L, cL). • Connaître les unités usuelles de capacité. ▷ **FICHE DE PRÉPARATION N° 20** • Formule du volume du pavé droit (initiation à l'utilisation d'unités métriques de volume). • Effectuer des calculs simples dans le domaine des mesures de masse. • Utiliser l'unité appropriée dans certaines situations familières.	• Comparer le contenu d'un récipient à une « capacité référence », puis à des « capacités référence » différentes. • Utiliser quelques instruments usuels de mesure dans le domaine des capacités. • Ranger des récipients de contenances différentes. • Remplir un récipient à l'aide d'un verre gradué en respectant les indications données. • Comparer des mesures de capacité exprimées dans une même unité. • Effectuer des calculs sur des nombres entiers exprimés dans la même unité de mesure. • Donner un ordre de grandeur.
Repérage du temps, durées	
• Lire l'heure sur une montre à aiguille ou sur une horloge. • Connaître les unités de mesure des durées (année, mois, semaine, jour, heure, minute, seconde) et leurs relations. • Calculer une durée à partir de la donnée de l'instant initial et de l'instant final.	• Utiliser les instruments de mesure usuels (sablier, chronomètre, montre à aiguilles…). • Calculer une durée entre deux temps exprimés dans la (les) même(s) unité(s).
Angles	
• Reproduire un angle donné en utilisant un gabarit. • Comparer des angles par superposition ou en utilisant un gabarit. • Tracer un angle droit ; tracer un angle égal à la moitié, au quart ou au tiers d'un angle droit.	• Procéder à de nombreuses manipulations à partir de gabarits réalisés en classe ou de l'équerre. • Demander aux élèves d'évaluer la valeur d'un angle par rapport à l'angle droit (supérieur, égal, inférieur).
Aires	
• Classer et ranger des surfaces (figures) selon leur aire (par superposition, découpage et recollement ou pavage par une surface de référence). • Construire une surface qui a la même aire qu'une surface donnée (et qui ne lui est pas superposable). • Différencier aire et périmètre d'une surface. ▷ **DOC 73** • Mesurer l'aire d'une surface grâce à un pavage effectif à l'aide d'une surface de référence. • Calculer l'aire d'un carré, d'un rectangle, d'un triangle en utilisant la formule appropriée. • Connaître et utiliser les unités d'aires usuelles (cm^2, m^2 et km^2).	• Définir le sens des mots *aire* et *surface*. • Distinguer les notions d'aire et de surface d'une figure. • Comparer des aires. • Ranger des surfaces selon leur aire. • Estimer à l'aide de « mesures référence » différentes l'aire d'une surface.

- Proposer des situations-problèmes qui amènent les élèves à transférer des liquides dans des récipients non gradués ou gradués.
En liaison avec ces manipulations, construire des tableaux de données qui permettent de communiquer les résultats.
- Varier le type de récipients ou d'objets, leur nombre, leur forme, leur aspect, leur disposition dans l'espace.
- Passer des rangements sans mesure aux rangements avec mesure, du langage courant au langage mathématique.
- Augmenter le nombre des termes des opérations.
- Accroître l'ordre de grandeur des nombres.

Trame de variance

- Varier les types de figures, leur nombre, leur forme, leur aspect, leur position dans l'espace.
- Passer de l'observation de figures à leur représentation graphique, du langage courant au langage mathématique.
- Accroître le nombre et l'importance des calculs, accroître l'ordre de grandeur des nombres.

Après les avoir étudiées spécifiquement, les notions d'aire et de périmètre peuvent être travaillées conjointement.

Consigne : « En utilisant un tableau, classe les figures suivantes (polyminos) selon leur aire et selon leur périmètre. »

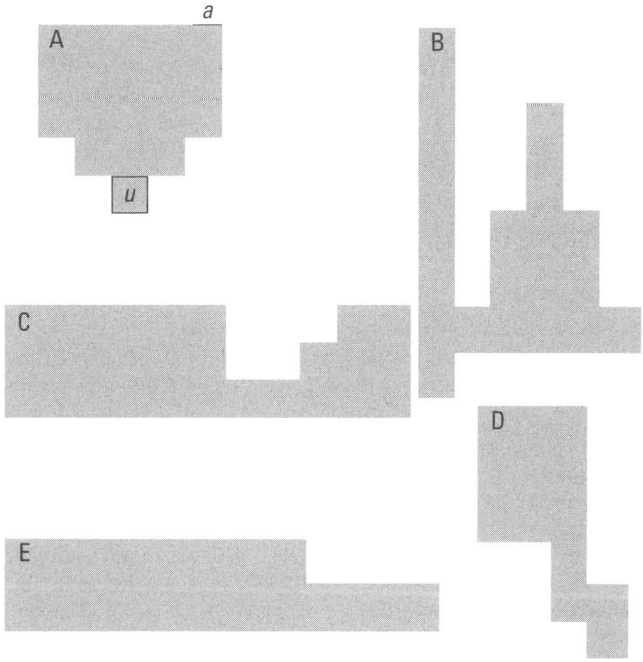

Prendre comme référence la mesure d'un côté d'un carreau = *a*, et l'aire d'un petit carreau du quadrillage = *u*.
Exemple pour la figure A : A = 19*u* et P = 20*a*.

Prolongements :

1) Demander aux élèves de tracer eux-mêmes, sur un quadrillage, six figures (polyminos), d'indiquer pour chacune d'elles la valeur du périmètre et celle de l'aire, puis d'effectuer deux classements différents, en prenant en considération, successivement, l'un des deux critères.

2) Situation-problème : « Une figure peut-elle avoir une aire inférieure à une autre figure, tout en possédant un périmètre plus important ? » (Oui. Par exemple, pour la figure A, A = 19*u* et P = 20*a* ; et pour la figure D, A = 16*u* et P = 22*a*).

DOC 73 Aire et périmètre : exemple d'exercice

Fiche de préparation n° 19

■ Capacité visée
Utiliser le calcul pour obtenir la mesure d'une grandeur, en particulier : calculer le périmètre d'un polygone.

■ Objectif spécifique
Calculer une dimension d'un rectangle connaissant son périmètre et l'autre dimension.

■ Organisation de la classe
Travail en groupes, puis exercice individuel.

■ Durée
45 min.

■ Matériel nécessaire
• 1 grande feuille A4 par groupe, sur laquelle sont représentées des polyminos.
• Cahiers des élèves et tableau pour les temps de synthèse.

■ Déroulement
Consigne : « Voici des figures géométriques formées à partir de l'assemblage de plusieurs carrés. On les appelle des "polyminos". Recherchez la longueur du périmètre de chacune d'elles et rangez ces figures dans l'ordre croissant (prenez la longueur d'un côté du carré comme "unité" de mesure). »

• Rappel collectif
À l'aide de plusieurs figures géométriques représentées sur le tableau de la classe (carrés, rectangles, triangles…), mettre en évidence la notion de périmètre (ligne qui détermine le contour d'une figure plane).

• Recherche par groupes
– Calculer ou mesurer le périmètre d'une figure à partir d'une unité donnée en référence.
– Classer et ranger des figures, dans un ordre croissant, en prenant en compte la mesure du périmètre (nommer les signes en utilisant des lettres A, B, C, D…).

• Correction collective
Confronter les résultats pour faire émerger les stratégies de résolution, les modes d'organisation retenus et les difficultés rencontrées.

• Travail individuel
Proposer un travail du même type en recherche individuelle avec d'autres polyminos.
Demander un classement et un rangement dans l'ordre décroissant.

■ Difficultés anticipées, rôle du maître
• Les élèves n'acquièrent pas la notion de périmètre.
⇒ Effectuer le tour complet de la figure avec le doigt.

• Les élèves reportent mal les résultats.
⇒ Refaire les calculs en les décomposant oralement.

• Les élèves confondent « périmètre » et « aire ».
⇒ Leur faire visualiser les deux concepts.

■ Évaluation
L'exercice proposé en recherche individuelle peut servir à évaluer les élèves sur l'apprentissage considéré.

■ Variantes, prolongements
• Proposer des exercices où le calcul du périmètre nécessite de prendre des mesures avec une règle graduée (triangles, carrés, rectangles, trapèzes…).
• Augmenter le nombre d'objets à considérer et proposer des polyminos plus complexes.

Fiche de préparation n° 20

Connaissance visée

- Connaître les unités légales du système métrique pour les contenances (L, cL).
- Résoudre des problèmes dont la résolution implique des conversions (prolongement).

Objectif spécifique

Ranger des mesures exprimées dans des unités différentes (L, dL, cL).

Organisation de la classe

Recherche par groupes, phase collective, travail individuel.

Durée

45 min.

Matériel nécessaire

Nombreux emballages de produits alimentaires (bouteilles, boîtes…) apportés par les élèves, sur lesquels figurent des informations relatives à la contenance des objets.

Déroulement

Consigne : « Observez les étiquettes figurant sur les produits que vous avez apportés. Notez ensuite sur votre cahier leurs contenances. Réalisez un classement des produits dans un ordre croissant, en fonction des informations recueillies. »

- **Recherche par groupes**

Au cours de l'activité, s'assurer que les élèves adoptent une organisation cohérente et efficace (ex. : nommer les produits par une lettre spécifique, construire un tableau pour noter les informations pertinentes, proposer une réponse complète sans oublier un élément…).

- **Synthèse collective**

Au cours de l'échange, chaque groupe vient expliquer le résultat de ses recherches.

– Le moment est particulièrement propice pour évoquer et mieux comprendre l'emploi des unités de contenance (L, dL, cL) et les liens qui les unissent.
– L'observation de nombreux emballages permettra de créer des images mentales nécessaires à une meilleure perception des contenances évoquées.
La construction et l'emploi d'un tableau considérant les unités suivantes : L, dL, cL, mL, pourra compléter la réflexion et permettre le passage d'une même donnée dans différentes unités.

Difficulté anticipée, rôle du maître

Les élèves mémorisent mal les unités conventionnelles.

⇒ Rappeler la façon d'utiliser un tableau de conversion.

Évaluation

Travail individuel : à partir de l'observation d'une feuille polycopiée sur laquelle figurent plusieurs représentations d'emballages de produits alimentaires, les élèves doivent prendre en considération les informations pertinentes afin de réaliser un classement des objets, de la plus petite à la plus grande contenance (les données sont exprimées dans différentes unités : L, dL, cL, mL).

Prolongement

Introduire et classer plusieurs emballages de petites contenances, mais exprimées en différentes unités.

Proposition de programmation annuelle

	PREMIER TRIMESTRE	DEUXIÈME TRIMESTRE	TROISIÈME TRIMESTRE
Longueurs	• Utiliser des instruments pour mesurer des objets physiques ou géométriques. • Estimer une mesure (ordre de grandeur). • Construire ou réaliser un objet. • Connaître les unités du système métrique pour les longueurs et leurs relations.	Utiliser les équivalences entre quelques unités usuelles et effectuer des calculs simples sur les mesures.	• Utiliser le calcul pour obtenir la mesure d'une grandeur, en particulier calculer le périmètre d'un polygone. • Formule de la longueur d'un cercle.
Masses	Connaître quelques unités légales du système métrique (g, kg).	Connaître les unités du système métrique pour les masses et leurs relations.	
Volumes (contenance)	Connaître quelques unités légales du système métrique (L, cL).	Utiliser les équivalences entre quelques unités usuelles, et effectuer des calculs simples sur les mesures.	• Connaître les unités du système métrique pour les contenances et leurs relations. • Formule du volume du pavé droit (initiation à l'utilisation d'unités métriques de volume).
Repérage du temps, durées	Lire l'heure sur une montre à aiguille ou sur une horloge.	Connaître les unités usuelles (année, mois, semaine, jour, heure, minute, seconde) et leurs relations.	Calculer une durée à partir de la donnée de l'instant initial et de l'instant final.
Angles	Comparer des angles par superposition ou en utilisant un gabarit.	Reproduire un angle donné en utilisant un gabarit.	Tracer un ange droit, ainsi qu'un angle égal à la moitié, le quart ou le tiers d'un angle droit.
Aires	Classer et ranger des surfaces (figures) selon leur aire (par superposition, découpage et recollement ou pavage par une surface de référence).	• Construire une surface qui a la même aire qu'une surface donnée (et qui ne lui est pas superposable). • Différencier aire et périmètre d'une surface. • Mesurer l'aire d'une surface. • Connaître et utiliser les unités d'aires usuelles (cm^2, m^2 et km^2).	• Calculer l'aire d'un rectangle dont les côtés au moins sont de dimensions entières. • Calculer l'aire d'un carré, d'un rectangle, d'un triangle en utilisant la formule appropriée.

Sciences expérimentales et technologie

BO

« Les sciences expérimentales et les technologies ont pour objectif de comprendre et de décrire le monde réel, celui de la nature et celui construit par l'Homme, d'agir sur lui, et de maîtriser les changements induits par l'activité humaine. Leur étude contribue à faire saisir aux élèves la distinction entre faits et hypothèses vérifiables d'une part, opinions et croyances d'autre part.
Observation, questionnement, expérimentation et argumentation pratiqués, par exemple, selon l'esprit de la Main à la pâte *sont essentiels pour atteindre ces buts ; c'est pourquoi les connaissances et les compétences sont acquises dans le cadre d'une démarche d'investigation qui développe la curiosité, la créativité, l'esprit critique et l'intérêt pour le progrès scientifique et technique. »*

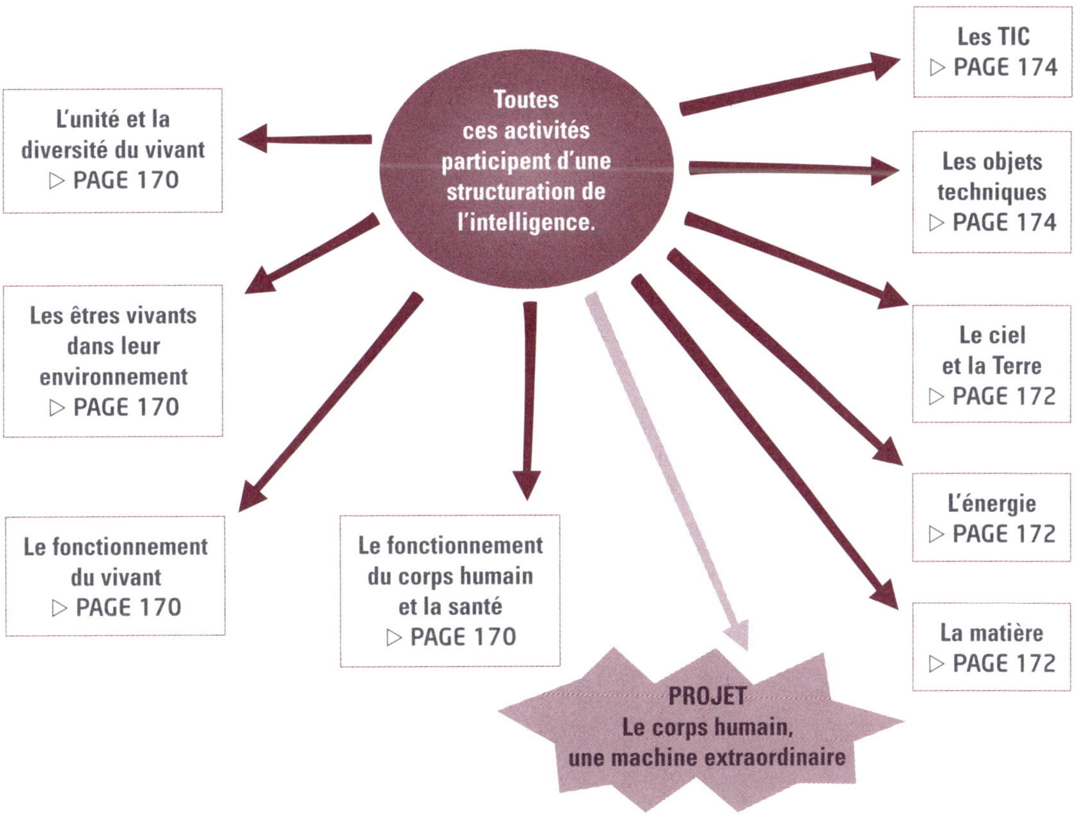

Organiser les progressions

CONNAISSANCES ET CAPACITÉS	OBJECTIFS INTERMÉDIAIRES
L'unité et la diversité du vivant	
• Approche de la classification du vivant. • Notion de biodiversité.	• Comparer des êtres vivants en fonction de leur mode de reproduction. • Connaître les grandes familles du monde vivant. • Repérer quelles sont les espèces qui ont disparu ou qui risquent de disparaître.
Le fonctionnement du vivant	
• Les stades de développement d'un être vivant (végétal ou animal). • Les modes de reproduction des êtres vivants.	• Repérer les manifestations qualitatives du développement (larves et métamorphoses). • Connaître le développement de la fleur au fruit. • Connaître les facteurs de germination et de développement. • Repérer le mode de reproduction sexuée ou non sexuée.
Les êtres vivants dans leur environnement	
• Places et rôles des êtres vivants : notions de chaînes et de réseaux alimentaires. • Adaptation des êtres vivants aux conditions du milieu. • L'évolution d'un environnement géré : la forêt ; importance de la biodiversité.	• Étudier différentes chaînes alimentaires (mer, forêt…). • Étudier les caractéristiques d'un milieu de vie. ▷ **DOC 74** • Repérer, au travers des fonctions comme la nutrition, la locomotion ou la respiration, comment certaines espèces se sont adaptées à leur milieu. • Étudier les relations entre les changements du milieu (climat, déforestation) et la faune et la flore.
Le fonctionnement du corps humain et la santé	
• Les mouvements corporels (les muscles, les os du squelette, les articulations). ▷ **FICHE DE PRÉPARATION N° 21** • Première approche des notions de digestion, de respiration et de circulation sanguine. • Reproduction de l'homme et éducation à la sexualité. • Hygiène et santé : actions bénéfiques ou nocives de nos comportements, notamment dans le domaine du sport, de l'alimentation, du sommeil.	• Comprendre le rôle de chacun des éléments du corps humain (muscles, os, tendons, ligaments, peau…) qui contribuent aux mouvements corporels. • Étude de la notion de circulation sanguine. • Connaître le rôle de l'homme et de la femme dans la reproduction. • Connaître quelques principes de secourisme. • Comprendre l'importance du sport. • Comprendre en quoi le tabagisme et l'alcool sont nocifs.

- Organiser des débats sur des problèmes actuels : faut-il tuer des loups ? Faut-il utiliser des engrais pour produire plus ? Faut-il utiliser des insecticides ou des pesticides ?
- Comparer la composition figurant sur des étiquettes de bouteilles d'eau provenant de sources différentes.
- Enquêter sur des situations telles que les effets de la sécheresse ou les causes des inondations et leurs conséquences sur la désertification.
- Comprendre la disparition des dinosaures en fonction de l'évolution de l'environnement de l'époque.

Récolter des fossiles dans sa région. Les classer suivants leur origine. Élaborer une fiche descriptive pour chaque fossile. Organiser une exposition.

COMPÉTENCES ATTENDUES À LA FIN DU CM2

L'élève est capable de :
– pratiquer une démarche d'investigation : savoir observer, questionner ;
– manipuler et expérimenter, formuler une hypothèse et la tester, argumenter ;
– mettre à l'essai plusieurs pistes de solutions ;
– exprimer et exploiter les résultats d'une mesure ou d'une recherche en utilisant un vocabulaire scientifique à l'écrit et à l'oral ;
– maîtriser des connaissances dans divers domaines scientifiques ;
– mobiliser ses connaissances dans des contextes scientifiques différents et dans des activités de la vie courante (par exemple, apprécier l'équilibre d'un repas) ;
– exercer des habiletés manuelles, réaliser certains gestes techniques.

- Étudier des radiographies de différentes parties du corps humain, comparer des membres fracturés puis ressoudés.
- Comparer la morphologie des membres de différents animaux (kangourou, lapin, grenouille, girafe, ours) et de l'homme.

- Étudier les maladies graves de notre temps : le cancer, le sida.
- Déduire les règles d'hygiène et de sécurité à respecter pour rester en bonne santé.

DOC 74 Relevé de notes au cours d'une sortie au bois

CONNAISSANCES ET CAPACITÉS	OBJECTIFS INTERMÉDIAIRES
La matière	
• L'eau, une ressource.	• Étudier le fonctionnement d'une station d'épuration. ▷ **DOC 75**
• L'air et les pollutions de l'air. • Les déchets : réduire, réutiliser, recycler.	• Étudier les facteurs de pollution de l'air. • Connaître une technique de recyclage.
L'énergie	
• Exemples simples de sources d'énergie (fossiles ou renouvelables). • Besoins en énergie, consommation et économie d'énergie.	• Citer les différentes sources d'énergie et leur transformation. • Étudier différents modes de production de l'énergie : centrale hydraulique, thermique. • Étudier la consommation d'énergie dans le monde. • Avoir quelques notions d'écologie.
Le ciel et la Terre	
• Le mouvement de la Terre (et des planètes) autour du Soleil, la rotation de la Terre sur elle-même ; la durée du jour et son changement au cours des saisons. • Lumières et ombres. • Le mouvement de la Lune autour de la Terre. • Volcans et séismes, les risques pour les sociétés humaines.	• Expliquer la rotation de la Terre sur le même axe et ses conséquences sur l'alternance des jours et des nuits, sur la mesure des durées et sur les unités utilisées. • Comprendre les relations entre source de lumière et ombre. • Étudier le mouvement de la Lune autour de la Terre. • Comprendre l'intérêt de l'exploration de l'espace (défi humain, conception de nouveaux matériaux…). • Connaître les différentes étapes de l'exploration de l'espace. • Comprendre l'activité d'un volcan. • Repérer, en relation avec la géographie, l'emplacement de volcans et de zones volcaniques. • Comprendre les causes d'un séisme, d'un raz de marée. • Étudier les conséquences d'un raz de marée.

• Construire, à l'échelle, une maquette du système solaire en représentant les planètes, leurs satellites et leurs orbites.
• Représenter par une maquette, puis par un schéma, l'alternance des jours et des nuits, des saisons, etc.
• Comprendre les mesures de distances en années-lumière.

Réaliser une exposition relative à l'histoire de l'exploration de l'espace.

• Enquêter sur l'emplacement des usines hydroélectriques et des centrales thermiques. Expliquer cet emplacement par la situation géographique.
• Comprendre le fonctionnement d'une centrale hydraulique et d'une centrale thermique.
• En déduire des principes de transformation d'une force en énergie.

• Enquêter sur les utilisations de l'énergie solaire (applications, conditions, coût, etc.).
• Établir des liens entre chauffage et pollution.
• En déduire des règles relatives à l'économie d'énergie.

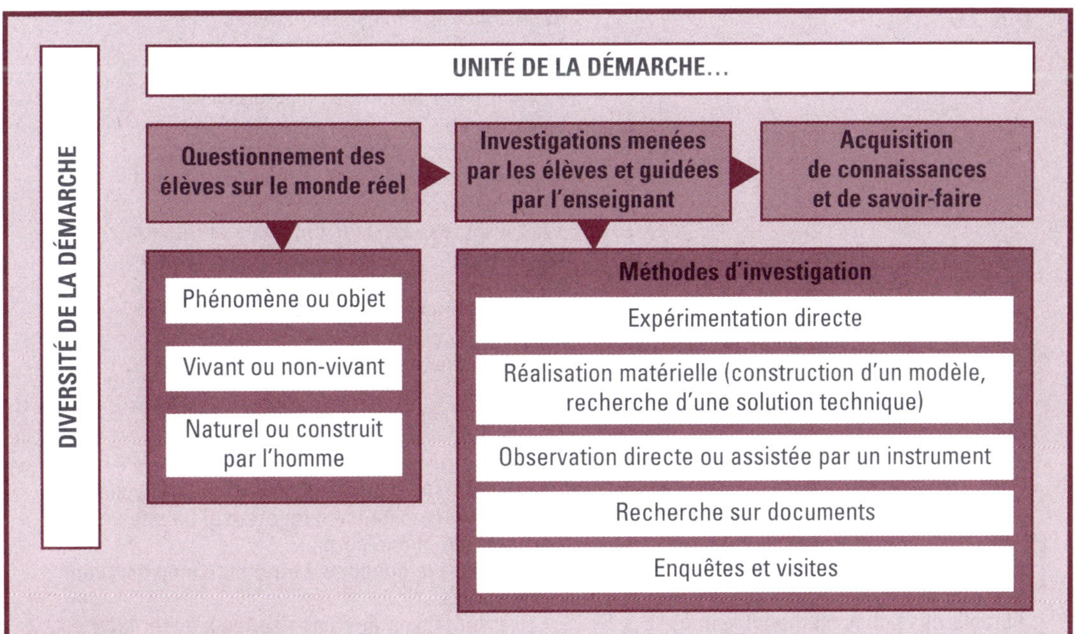

DOC 75 Fiche technique : les aspects d'une démarche expérimentale d'investigation

CONNAISSANCES ET CAPACITÉS	OBJECTIFS INTERMÉDIAIRES
Les objets techniques	
• Leviers et balances, équilibres. • Objets mécaniques, transmission de mouvements. • Les sources d'énergie des moyens de transport. • Règles de sécurité, dangers de l'électricité.	• Comprendre le principe de la transmission par courroie, par engrenage… • Comprendre le fonctionnement d'un vérin. • Reconnaître les objets servant à transmettre le mouvement. • Étudier le fonctionnement d'un tramway. • Connaître quelques pistes de recherche dans ce domaine. • Le fonctionnement d'une installation électrique dans une maison. • Les dangers de l'électricité.
Les techniques usuelles de l'information et de la communication La culture numérique impose l'usage raisonné de l'informatique, du multimédia et de l'Internet. Dès l'école primaire, une attitude de responsabilité dans l'utilisation de ces outils interactifs doit être visée.	
• S'approprier un environnement informatique de travail. • Adopter une attitude responsable. • Créer, produire, traiter, exploiter des données. • S'informer, se documenter. • Communiquer, échanger. ▷ **DOC 76**	• Utiliser des éléments disponibles (dessins, graphismes, photos, etc.) pour produire une image numérique. • Récupérer une photographie prise sur un appareil numérique. • Combiner des éléments disponibles et des photographies personnelles pour produire une image numérique. • Choisir un moteur de recherche. • Savoir déterminer des mots-clés pour sa recherche. • Savoir repérer dans la liste des réponses obtenues celles qui sont en lien avec l'objet de sa recherche. • Analyser les réponses obtenues et retenir les éléments correspondant à sa recherche. • Disposer un texte dans la page soit par saisie directe, soit par copier-coller. • Insérer un cadre image. • Sélectionner dans le répertoire adéquat la photo à insérer. • Importer l'image dans le cadre préparé.

• Connaître le sens des pictogrammes signalant un danger (substance dangereuse) ou une sécurité (conformité à une norme).
• Connaître la conduite à tenir face à un accident (qui appeler ?).
• Dresser l'inventaire des risques à éviter face aux installations électriques de la maison.

• Modifier une image à l'aide d'un outil informatique.
• Établir des fiches méthodologiques d'utilisation de l'outil informatique.
▷ **DOC 77**

• Que se passe-t-il si l'on croise les courroies ?
• Étudier les rotations produites par un mouvement circulaire sur des engrenages.
• Mesurer le développement résultant de la combinaison entre pignon et plateau d'un pédalier de vélo.

• Les projets départementaux : http://www.tice1d.13.ac-aix-marseille.fr
– *La bouteille à l'ancre :* à travers la création de récits, l'ensemble des domaines du B2i sont abordés de manière progressive, au fil des épisodes…
– *Mirzou :* créé pour le cycle 2, axé sur la maîtrise de la langue, ce projet aborde de manière ludique les domaines 1 (« Maîtriser les bases… ») et 3 (« Produire, créer, modifier… ») du B2i.
– *Victor :* réservé au cycle 3, ce projet aborde chacun des domaines du B2i, en augmentant le niveau d'exigence au fil des épisodes.
– *Les défis scientifiques :* ils permettent aux élèves d'utiliser les TIC au service des compétences relevant des sciences et de la technologie.
• Une feuille de position à télécharger sur le site Educnet : http://www.educnet.education.fr
• Des documents présentés sur le site du CNDP : http://www.cndp.fr/dossiersie/cd39/B2i/feuilles.htm

DOC 76 Des sites pour travailler dans différentes disciplines à l'aide de l'outil informatique

Travail individuel

Tu dois pouvoir mettre en forme un court texte, si possible sans demander d'aide.
• Tu ouvres un nouveau document, tu choisis le format « paysage » et tu tapes le texte.
• Ensuite, tu places le titre au milieu de la ligne, en haut de la page.
• Tu mets le titre et le texte en corps 26, tu changes la police (choisis-en une lisible !). tu choisis une couleur différente pour le titre et pour chaque strophe (veille à choisir une couleur lisible !).
• Ensuite, tu enregistres ton document dans le fichier « Classes », puis « CM2B » sous le nom que tu veux.
• Enfin, tu l'imprimes.

	Sans aide	Avec de l'aide
Tu ouvres un nouveau document.		
Tu as choisi le format « paysage ».		
Tu as mis le titre au milieu.		
Tu as tapé le texte sans erreur.		
Tu as mis en page comme sur le texte de référence.		
Tu as choisi la taille de caractères demandée.		
Tu as changé les caractères.		
Tu as changé les couleurs.		
Tu as correctement enregistré.		
Tu as su imprimer.		

DOC 77 Pour établir sa fiche méthodologique

La fiche de préparation de l'enseignant

Fiche de préparation n° 21

■ Capacité visée

Les mouvements corporels (les muscles, les os du squelette, les articulations).

■ Objectif spécifique

Comprendre le rôle de chacun des éléments du corps humain (muscles, os, tendons, ligaments, peau…) qui contribuent aux mouvements corporels.

■ Organisation de la classe

Individuelle au départ, puis en petits groupes, enfin collective pour la synthèse.

■ Durée

4 séances de 30 min.

■ Matériel nécessaire

- Photographies d'un individu qui a un bras cassé, d'un objet brisé (baguette de bois ou pot en terre).
- Radiographies de divers os fracturés puis ressoudés.
- Deux radiographies : l'une d'un tibia d'enfant et l'autre d'un tibia d'adulte.

■ Déroulement

Choix de la situation de départ

Présenter aux élèves deux photographies : l'une représentant un individu qui a un bras cassé, l'autre un objet brisé (baguette de bois ou pot en terre).

Leur demander de formuler un problème que ces photographies peuvent inspirer. Laisser les élèves s'exprimer.

Approche et formulation du problème

- Pourquoi l'homme porte-t-il un plâtre ?
- Combien de temps environ le gardera-t-il ? Que se passera-t-il alors ?
- Si l'on fixait avec du Scotch les morceaux de l'objet cassé, que se passerait-il au moment où l'on retire le Scotch ?
- Pourquoi le bras de l'homme se répare, contrairement à l'objet ?

Formulation des hypothèses par les élèves

- Favoriser l'émergence de toutes les représentations mentales.
- Examiner, avec les élèves, la pertinence des hypothèses émises.
- Établir des liens avec les savoirs antérieurs relatifs aux caractéristiques du « vivant ».
- Retrouver les éléments qui permettent d'affirmer que l'os est vivant car :

– il se répare tout seul ;

– il grandit et grossit.

Vérification des hypothèses

- Observer la radiographie d'un os fracturé. Repérer la fracture, voire le déplacement de l'os brisé.
- Observer la radiographie de cet os quelques semaines plus tard. Remarquer, à l'endroit de la fracture, un cal de consolidation.
- Conclure : sans aucune intervention, puisque le bras est plâtré, les os se régénèrent. Ils peuvent se réparer seuls. Ils sont vivants.

Phase de recherches et d'illustrations

- Présenter aux élèves deux radiographies : l'une d'un tibia d'enfant et l'autre d'un tibia d'adulte. Établir des mesures et des comparaisons.
- Étudier la courbe de croissance d'un bébé : les os du squelette grandissent.

• Comparer l'intérieur d'un os sec et d'un os frais. Contrairement au premier, le second contient des matières molles et du sang qui l'irriguent. L'os sec ne contient rien. Il ne vit plus. Il est mort.
• Confrontation avec les savoirs tirés des manuels ou découverts sur la Toile.

Phase d'institutionnalisation
Les os se cassent et se réparent. Ils grandissent grâce au cartilage de croissance, puis se dessèchent et meurent. Ce sont des « objets » vivants.

Difficulté anticipée, rôle du maître

Les élèves ne disposent pas de représentations mentales fiables du « vivant ».

⇒ Comprendre qu'un objet vit relève d'une réelle évolution intellectuelle. Les aider à prendre conscience de phénomènes qu'ils connaissent et qu'ils rencontrent quotidiennement : croissance d'un bébé, d'une plante ou d'un animal.

Évaluation

Veiller à la formulation correcte du problème initialement posé, ainsi qu'à la prise de conscience de la validité de la réponse apportée. L'élève doit pouvoir argumenter, expliquer, démontrer le nouveau savoir acquis en s'aidant des documents initiaux ou de schémas qu'il est maintenant capable de réaliser.

Prolongements

• Enquêter pour relever une liste d'objets vivants.
• Enquêter sur d'autres objets vivants du corps humain (mise en culture de cellules à des fins médicales, greffes de peau, par exemple).

Proposition de programmation annuelle

	PREMIER TRIMESTRE	DEUXIÈME TRIMESTRE	TROISIÈME TRIMESTRE
L'unité et la diversité du vivant	Connaître les grandes familles du monde vivant.	Comparer des êtres vivants en fonction de leur mode de reproduction.	Repérer quelles sont les espèces qui ont disparu ou qui risquent de disparaître.
Le fonctionnement du vivant	Repérer les manifestations qualitatives du développement (larves et métamorphoses).	Repérer le mode de reproduction sexuée ou non sexuée.	• Connaître le développement de la fleur au fruit. • Connaître les facteurs de germination et de développement.
Les êtres vivants dans leur environnement	• Étudier différentes chaînes alimentaires (mer, forêt…). • Étudier les caractéristiques d'un milieu de vie.	Repérer, au travers des fonctions comme la nutrition, la locomotion ou la respiration, comment certaines espèces se sont adaptées à leur milieu.	Étudier les relations entre les changements du milieu (climat, déforestation) et la faune et la flore.
Le fonctionnement du corps humain et la santé	• Comprendre le rôle de chacun des éléments du corps humain (muscles, os, tendons, ligaments, peau…) qui contribuent aux mouvements corporels. • Étude de la notion de circulation sanguine.	• Étudier la fonction de reproduction. • Connaître le rôle de l'homme et de la femme dans la reproduction.	• Connaître quelques principes de secourisme. • Comprendre l'importance du sport. • Comprendre en quoi le tabagisme et l'alcool sont nocifs.
La matière	Étudier les facteurs de pollution de l'air.	Étudier le fonctionnement d'une station d'épuration.	Connaître une technique de recyclage.
L'énergie	Citer les différentes sources d'énergie et leur transformation.	Étudier différents modes de production de l'énergie : centrale hydraulique, thermique.	• Étudier la consommation d'énergie dans le monde. • Avoir quelques notions d'écologie.

	PREMIER TRIMESTRE	DEUXIÈME TRIMESTRE	TROISIÈME TRIMESTRE
Les objets techniques	Les dangers de l'électricité.	• Comprendre le principe de la transmission par courroie, par engrenage… • Comprendre le fonctionnement d'un vérin. • Reconnaître les objets servant à transmettre le mouvement.	• Le fonctionnement d'une installation électrique dans une maison. • Étudier le fonctionnement d'un tramway. • Connaître quelques pistes de recherche dans ce domaine.
Le ciel et la Terre	• Expliquer la rotation de la Terre sur le même axe et ses conséquences sur l'alternance des jours et des nuits, sur la mesure des durées et sur les unités utilisées. • Étudier le mouvement de la Lune autour de la Terre.	• Comprendre les relations entre source de lumière et ombre. • Comprendre l'intérêt de l'exploration de l'espace (défi humain, conception de nouveaux matériaux, recherche sur l'origine de la Terre…). • Connaître les différentes étapes de l'exploration de l'espace.	• Comprendre l'activité d'un volcan. • Repérer, en relation avec la géographie, l'emplacement de volcans et de zones volcaniques. • Comprendre les causes d'un séisme, d'un raz de marée. • Étudier les conséquences d'un raz de marée.
Les techniques usuelles de l'information et de la communication	• S'approprier un environnement informatique de travail. • Adopter une attitude responsable. • Créer, produire, traiter, exploiter des données. • S'informer, se documenter. • Communiquer, échanger.		

Pratiques artistiques et histoire des arts

« La sensibilité artistique et les capacités d'expression des élèves sont développées par les pratiques artistiques, mais également par la rencontre et l'étude d'œuvres diversifiées relevant des différentes composantes esthétiques, temporelles et géographiques de l'histoire des arts. »

BO

Arts visuels
▷ PAGE 181

Éducation musicale
▷ PAGE 191

ARTS VISUELS

BO

« Conjuguant pratiques diversifiées et fréquentation d'œuvres de plus en plus complexes et variées, l'enseignement des arts visuels (arts plastiques, cinéma, photographie, design, arts numériques) approfondit le programme commencé en cycle 2. Cet enseignement favorise l'expression et la création. Il conduit à l'acquisition de savoirs et de techniques spécifiques et amène progressivement l'enfant à cerner la notion d'œuvre d'art et à distinguer la valeur d'usage de la valeur esthétique des objets étudiés. »

Toutes ces activités participent d'une « éducation du regard ».

- Pratiquer le **dessin** et diverses formes d'expression artistique ▷ **PAGE 182**
- Reconnaître et décrire différentes **œuvres visuelles** ▷ **PAGE 184**
- Inventer et réaliser des **œuvres plastiques** ▷ **PAGE 186**
- Exprimer des émotions et des sentiments face à une **œuvre d'art** ▷ **PAGE 186**
- **Histoire des arts** ▷ **PAGE 187**

PROJET
Produire un roman-photos

Organiser les progressions

CAPACITÉS	OBJECTIFS INTERMÉDIAIRES
Pratiquer le dessin et diverses formes d'expression artistique *Compétence attendue à la fin du CM2 :* pratiquer le dessin et diverses formes d'expression visuelles et plastiques (formes abstraites ou images) en se servant de différents matériaux, supports, instruments et techniques.	
• Lire et utiliser différents langages ; utiliser le dessin dans ses différentes fonctions en se servant de diverses techniques. ▷ **DOC 78**	• Reproduire, de manière de plus en plus fidèle et ressemblante, les éléments recueillis par le dessin grâce à des modalités matérielles et opératoires de plus en plus élaborées. • Exprimer par le dessin un concept, un symbole. • Illustrer une idée par une complémentarité texte/image. • Transformer un univers connu pour en créer un nouveau ou différent. • Transformer une scène en modifiant des éléments. • Illustrer un écrit (texte de poésie, album ou livre) à l'aide de dessins en adaptant les composantes de ce mode d'expression graphique à ses propres intentions (occupation de l'espace, proportions, profondeur, contrastes, outils, techniques, geste, pression, trace obtenue, etc.). • Transformer le dessin d'un univers personnel en un univers poétique, imaginaire ou fantastique, en effectuant des choix en matière de lumière, d'espace, de plans, d'équilibre, de formes, etc.
• Réaliser une production collective ou individuelle en deux dimensions, à partir de consignes précises.	• Effectuer des choix en matière d'espace, de plans, d'équilibre, de lumière. • Choisir les supports, les formats, les outils et techniques adaptés à cette réalisation. • Choisir, parmi les ressources mises à sa disposition, les matériaux adaptés à son projet.

Réaliser une fresque murale pour décorer l'école, un bâtiment communal.

• Assembler des personnages et des lieux appartenant à des BD différentes pour obtenir des effets de fiction.
• Introduire dans une illustration un personnage étranger à la scène pour créer de l'insolite.

Reproduire un dessin en utilisant une échelle, des mesures, des repères, un quadrillage, pour en modifier les proportions.

- Analyser un tableau exprimant un concept (la désolation de la guerre dans *Guernica* de Picasso) ou un symbole (*La Liberté guidant le peuple*, de Delacroix) et en repérer les éléments constitutifs.
- Exprimer la peur, la joie, la paix, etc., à la manière d'un de ces peintres.

Quelques variables pour faire évoluer une action plastique et explorer des champs plastiques très diversifiés :

Outils

- Bougie
- Brosse
- Brosse à dents
- Clous
- Coton-tige
- Craie
- Crayons de cire
- Crayons de couleur
- Crayons noirs
- Dentifrice
- Eau de Javel
- Encre
- Éponge
- Feutres à grosses pointes
- Feutres à pointes fines
- Fluidine
- Fourchettes
- Fusains
- Gommes
- Gouaches
- Gouges
- Gutta
- Logiciels de dessin
- Palette graphique
- Pastels
- Pâte à modeler
- Peignes
- Peinture à l'eau
- Pinceaux
- Plumes
- Pochoirs
- Porte-plume
- Roulette à pâtisserie
- Sanguine
- Surligneurs
- Stylo
- Tailler
- Teinture

Actions plastiques

- Agrandir
- Ajouter
- Assembler
- Attacher
- Coller
- Combiner
- Croiser
- Déchirer
- Découper
- Déformer
- Dessin à main levée
- Dessin de réserve
- Empreintes
- Enrouler
- Étaler
- Étirer
- Froisser
- Frotter
- Gratter
- Graver
- Imprimer
- Incruster
- Interposer
- Inverser
- Juxtaposer
- Lier
- Modeler
- Modifier
- Piquer
- Plier
- Presser
- Rapprocher
- Réduire
- Relier
- Reproduire
- Sculpter
- Séparer
- Strier
- Superposer
- Supprimer
- Tailler
- Tordre
- Tresser
- Trouer

Découvrir les effets d'une même action plastique.

Découvrir les possibilités d'une même opération plastique.

Supports

- Papier peint
- Papiers de toute nature
- Cartons de toute nature
- Monotypes
- Papier-calque
- Papier d'emballage
- Papier cadeau
- Papier d'aluminium
- Photocopie plastique
- Carte à gratter
- Journaux
- Tapisserie
- Buvard
- Tulle
- Tissus
- Pâte colorée
- Pâte à papier
- Pâte à modeler
- Pâte à sel
- Plâtre
- Bois
- Terre
- Fil de fer
- Sable
- Toile émeri
- Carton enduit de sable
- Photographies
- Affiches, panneaux, notices, publicités
- Images, dessins, illustrations d'albums
- Reproductions d'œuvres
- Images documentaires
- Fictions (fixes ou animées)
- Différentes images de l'écran de l'ordinateur

Découvrir l'éventail des ressources d'un même matériau (papier sec / mouillé / partiellement mouillé / froissé / enduit ; peinture épaisse / fluide...).

Consistances, formes, couleurs

- Sec
- Mouillé
- Partiellement mouillé
- Froissé
- Enduit
- Formes diverses
- Tailles diverses

Colorants ou décolorants

- Aquarelle en pastille
- Brou de noix
- Cirage
- Couleurs diverses
- Décolorants
- Eau de javel
- Encres
- Gouache
- Jus de betterave
- Dentifrice
- Teintures
- Sirops

DOC 78 Outils techniques et supports

CAPACITÉS	OBJECTIFS INTERMÉDIAIRES
Reconnaître et décrire différentes œuvres visuelles *Compétences attendues à la fin du CM2 :* – reconnaître et décrire des œuvres visuelles préalablement étudiées ; – savoir les situer dans le temps et l'espace ; – identifier le domaine artistique dont elles relèvent ; – en détailler certains éléments constitutifs en utilisant quelques termes de vocabulaire spécifique.	
• Témoigner d'une expérience.	• Produire une œuvre organisée, collective ou individuelle, à l'aide d'images fixes ou animées et en utilisant différents procédés.
• Décrire une image.	• Analyser le degré de vraisemblance ou d'illusion d'une image fixe ou animée, et décrire l'effet ou le sentiment produit. • Collectionner des images produisant des effets particuliers (illusions d'optique, anachronismes, etc.).
• S'exprimer sur une œuvre. ▷ **FICHE DE PRÉPARATION N° 22**	• Définir une vue d'ensemble de l'œuvre. • Repérer différents éléments de composition à travers les notions d'espace, de plans successifs, de mouvement et de lumière. • Exprimer les symboles évoqués dans l'œuvre considérée.
• Identifier différents types d'images en expliquant les critères d'identification sur lesquels on s'appuie.	• Décrire le procédé employé pour obtenir l'image considérée. • Utiliser ce procédé pour réaliser une image « à la manière de… ».

• Présenter une œuvre de manière méthodique en utilisant un lexique précis et approprié.
• Tracer les différentes lignes d'une œuvre (lignes de fuites, regards des personnages, horizon, axes des bras, etc.).
• Collecter différentes représentations d'un même symbole (la paix, la mort, le bonheur, etc.).

• Identifier la fonction de l'image retenue et dégager les symboles véhiculés par l'image.
• Composer un portrait à la manière d'Arcimboldo (images de fruits, d'animaux, de monuments, etc.).
• Traiter une photographie à la manière de… (Andy Warhol, par exemple).

Ces activités peuvent être réalisées en relation avec d'autres disciplines d'enseignement. L'utilisation d'outils, tels que ceux proposés, permet de disposer d'éléments déjà construits dont on peut modifier les proportions (paysages, bâtiments, personnages, etc.). Cela permet de disposer de documents d'une grande taille favorable aux travaux collectifs. Toutes ces activités peuvent donner lieu à des réalisations individuelles ou collectives, en deux ou en trois dimensions.

Réaliser une mosaïque à l'aide de collage de papiers découpés, de gommettes, de tampons de couleurs, etc., pour reproduire un motif ancien. ▷ **DOC 79**

- Présenter oralement ou par écrit une œuvre en tenant compte de la vie de l'artiste et du courant auquel il appartient.
- Présenter plusieurs œuvres réalisées par des artistes différents sur un même thème, en en montrant les ressemblances et les divergences.

Avec la photocopieuse

- Préparer le document à photocopier (paysage, portrait, etc.) et le placer sur la vitre de la machine.
- Déplacer le document pendant que la photocopie se réalise en essayant plusieurs déplacements (dans le même sens que le rayon lumineux, dans le sens opposé, avec un mouvement rotatif, plus ou moins lent, etc.).
- Peindre, calligraphier ou écrire ensuite à l'encre noire ou blanche, en recherchant des effets particuliers.

Avec du papier photographique

- Disposer en chambre noire des objets sur une feuille de papier photographique en soignant la composition, puis projeter un rayon lumineux sur l'ensemble (les parties non recouvertes noirciront) en faisant varier le temps d'exposition.
- Modifier la place des objets, leur degré de transparence ou d'opacité en fonction du résultat obtenu.
- Colorier d'une couleur vive, après séchage, une zone limitée de la composition.

Avec des papiers déchirés

- Récolter dans les magazines des images de toutes sortes et de toutes les couleurs. Pour chaque ton, trier les papiers de nuances appartenant à la même couleur.
- Traiter cet élément à l'aide de peinture ou par recouvrement d'écorces.
- Chaque élève réalisera un accessoire (feuille, oiseau, nid, fruit, neige, etc.) qu'il viendra fixer sur le support.

Avec des photos miniatures

- Récolter des photos miniatures (portraits, paysages, intérieurs de maison, etc.) de couleurs dominantes différentes et, pour chaque couleur, de nuances différentes (du rose pâle au rouge brun, etc.).
- Projeter un dessin ou un tableau sur un support blanc et repérer les couleurs des différentes parties de l'image projetée à l'aide d'une bougie.
- Coller ensuite sur chaque zone les miniatures de même ton. Admirer de loin…

Avec l'ordinateur

- Scanner une image et l'enregistrer sur l'ordinateur.
- Utiliser un logiciel de retouche (fourni avec la configuration de base) pour modifier l'image (retirer un détail, en inclure un autre, modifier le décor, etc.).
- Donner du sens à cette image peut servir de fond à une image publicitaire.

DOC 79 Fiche technique d'utilisation : des procédés pour produire des images

CONNAISSANCES ET CAPACITÉS	OBJECTIFS INTERMÉDIAIRES
Inventer et réaliser des œuvres plastiques	
• Réaliser une production collective ou individuelle en trois dimensions, à partir de consignes précises.	• Établir par le dessin la maquette d'un projet répondant aux consignes. • Choisir avec ses camarades les matériaux, les formats, les outils et les techniques en vue d'une réalisation collective. • Comparer l'effet produit à l'intention de départ.
• Réinvestir dans d'autres disciplines les apports des arts visuels.	• Transformer un paysage, un objet, un animal ou un personnage en modifiant les proportions, les limites, les relations entre les éléments qui le composent, la lumière et les ombres, les jeux et les effets de couleur, etc. ▷ **DOC 80** • Exploiter les ressources de sa région dans tous les domaines artistiques et les compléter par des ressources personnelles (musée de l'école, exposition de classe, recherches sur la Toile, etc.).
Exprimer des émotions et des sentiments face à une œuvre d'art en utilisant ses connaissances	
• Avoir compris et retenu les points communs et les différences entre les pratiques de la classe et les démarches des artistes : repérer ce qui les distingue et ce qui les rapproche.	• Produire une sculpture à la manière d'un artiste. • Établir des liens entre les œuvres, les courants artistiques, les artistes et les événements historiques étudiés en classe. • Identifier les œuvres choisies parmi celles étudiées en classe ainsi que l'auteur de ces œuvres et le courant artistique auquel il appartient.
• Avoir de premiers repères historiques : identifier et nommer quelques références (œuvres, personnalités, événements…) ; pouvoir les caractériser simplement et les situer historiquement.	• Situer historiquement quelques grands courants artistiques. • Comparer des œuvres de mêmes sujets traités par des artistes de courants différents. • Mettre en relation un courant artistique et un événement culturel, social ou politique contemporain.

- Réaliser un roman-photos à l'aide d'un appareil numérique et de l'ordinateur.
- Élaborer les décors d'une pièce de théâtre.
- Réaliser un film vidéo à partir d'un scénario conçu en maîtrise de la langue écrite.

• Créer une ville futuriste à l'aide uniquement de formes rondes ou triangulaires.
• Représenter, à l'aide de matériaux de récupération, une montagne après un incendie de forêt, la mer et ses déchets…
• Représenter la paroi d'une grotte préhistorique en utilisant des plaques de carton enduites de colle et de sable pour y représenter des scènes de chasse.
• Confectionner une œuvre collective à l'aide de parties réalisées par les élèves et assemblée les unes aux autres (la façade animée d'un immeuble, étage par étage…).

Histoire des arts

L'histoire des arts porte à la connaissance des élèves des œuvres de référence qui appartiennent au patrimoine ou à l'art contemporain ; ces œuvres leur sont présentées en relation avec une époque, une aire géographique (sur la base des repères chronologiques et spatiaux acquis en histoire et en géographie), une forme d'expression (dessin, peinture, sculpture, architecture, arts appliqués, musique, danse, cinéma), et le cas échéant une technique (huile sur toile, gravure…), un artisanat ou une activité créatrice vivante.

Le XIXe siècle
• Une architecture industrielle (une gare). Urbanisme : un plan de ville.
• Des éléments de mobilier et de décoration et d'arts de la table (Sèvres, Limoges).
• Quelques œuvres illustrant les principaux mouvements picturaux (romantisme, réalisme, impressionnisme) ; un maître de la sculpture ; un court-métrage des débuts du cinématographe ; des photographies d'époque.

Le XXe siècle et notre époque
• Architecture : ouvrages d'art et habitat.
• Design graphique (une affiche) ; design de transport (un train).
• Quelques œuvres illustrant les principaux mouvements picturaux contemporains ; une sculpture ; des œuvres cinématographiques (dont le cinéma muet) et photographiques ; des œuvres cinématographiques illustrant les différentes périodes historiques.

• Élaborer des fiches méthodologiques permettant d'analyser une œuvre d'art.
• Réaliser un musée de classe établissant des liens entre les productions personnelles des élèves, les images, les œuvres d'artistes, les objets collectionnés et les œuvres découvertes en classe.
• Confectionner un « jeu des 7 familles » sur le thème des courants artistiques, des artistes et des œuvres d'art s'y rapportant.

DOC 80 Exemples de mots dessinés

La fiche de préparation de l'enseignant

Fiche de préparation n° 22

La séquence proposée ici doit être précédée de séquences d'observation et d'analyse d'œuvres impressionnistes d'artistes variés (Seurat, Renoir, Pissaro, Manet, Van Gogh, Cassatt, etc.).

■ Capacité visée

S'exprimer sur une œuvre.

■ Objectif spécifique

Repérer différents éléments de composition de l'œuvre à travers les notions d'espace, de plans successifs, de mouvement et de lumière.

■ Organisation de la classe

Collective au départ, puis individuelle.

■ Durée

3 ou 4 séances successives de 30 min.

Matériel nécessaire

- Reproduction du tableau de Claude Monet, *Impression, Soleil levant.*
- Feuilles de plastique transparent, diverses peintures (peinture vitrail, gouaches, acrylique, etc.), papier d'aluminium, spatules, couteaux.

■ Déroulement

Découvrir une toile de Monet

- Présenter la reproduction et laisser les élèves s'exprimer.

Peu à peu, les « c'est n'importe quoi » laisseront place à « on pourrait y voir... » et les propositions commenceront à fuser.

- Montrer aux élèves que cette toile contient plus de « choses » qu'au début de l'observation, et que des formes, bien qu'elles ne soient pas de l'ordre de la « reproduction » fidèle, évoquent une réalité que l'on peut reconnaître.

Comprendre la technique de l'artiste

- Organiser l'observation autour des éléments suivants :

– le format de la toile ;
– la scène (le lieu, les personnages, les repères particuliers, etc.) ;
– les plans de la scène et la profondeur qui en résulte ;
– les couleurs qui contribuent à cette profondeur ;
– les couleurs dominantes, l'étendue de la palette (citer les couleurs absentes) ;
– la texture de la peinture, les outils probablement utilisés (pinceau, couteau, grattoir, pochoir...).

Au cours de cette phase, les élèves font abstraction de leur avis personnel, qui se construira à partir des éléments prélevés et des liens qu'ils entretiendront ensemble.

- Interroger les choix de l'artiste :

– Pourquoi la palette semble-t-elle si peu étendue ?
– Quelles sont les couleurs absentes ?
– À quel moment de la journée se déroule la scène ?
– Pourquoi le peintre a-t-il procédé par petites touches ?
– Peut-on répondre nettement à ces questions ?

Mettre en liens ces éléments qui provoquent, non pas des certitudes, mais des incertitudes et des impressions.

- Révéler le titre de l'œuvre et le nom du courant pictural : l'impressionnisme.

Créer à la manière de Monet

- Placer une photographie de paysage marin sous une feuille transparente et faire tracer par les élèves, à l'aide de feutres, de peinture vitrail, de gouaches déposées à la spatule, les traces fortes de la composition, les reflets de l'eau, etc.

Comparer le tracé obtenu à la photographie d'origine.

- Finaliser la composition :

– compléter le tracé par les détails voulus ;
– coller au dos de cette réalisation du papier d'aluminium plus ou moins froissé ;
– ajouter éventuellement des couleurs sur certaines zones de la composition.

■ Difficulté anticipée, rôle du maître

Pour une première analyse, éviter le choix de compositions trop complexes. Les élèves doivent peu à peu admettre que l'on se trouve face à l'expression d'une représentation, et non à une copie.
Prévoir quelques séances d'analyse pour permettre ce changement de positionnement de la part des élèves et leur laisser le temps d'une familiarisation rendant possible l'évocation.

■ Évaluation

Le dépassement du premier rejet, de la première moquerie, vers un changement d'attitude, plus compréhensive du travail de l'artiste.

■ Prolongements

Un groupe d'élèves est chargé d'exposer des reproductions, de les « mettre en scène » pour l'ensemble de la classe :

- Aménager la salle (musique d'ambiance choisie dans le répertoire musical de la classe, éclairage adapté, etc.) pour traduire les impressions ressenties.
- Exposer les œuvres réalisées par les élèves inspirées de reproductions de Claude Monet.

Claude Monet, *Impression, Soleil levant*, huile sur toile, 1873, Musée Marmottan, Paris.

Proposition de programmation annuelle

	PREMIER TRIMESTRE	DEUXIÈME TRIMESTRE	TROISIÈME TRIMESTRE
Pratiquer le dessin et diverses formes d'expression artistique	Reproduire, de manière de plus en plus fidèle et ressemblante, les éléments recueillis par le dessin grâce à des modalités de plus en plus élaborées.	Illustrer un écrit à l'aide de dessins en adaptant les composantes de ce mode d'expression graphique à ses propres intentions.	Représenter un univers (personnel, imaginaire, fantastique, poétique) en effectuant des choix en matière d'espace, de plans, d'équilibre, de lumière, etc.
Reconnaître et décrire différentes œuvres visuelles	• Définir une vue d'ensemble de l'œuvre. • Repérer différents éléments de composition. • Exprimer les symboles évoqués dans l'œuvre considérée. • Décrire et utiliser le procédé employé pour obtenir l'image considérée.	• Analyser le degré de vraisemblance ou d'illusion d'une image et décrire l'effet ou le sentiment produit. • Collectionner des images produisant des effets particuliers.	Produire une œuvre organisée, collective ou individuelle, à l'aide d'images fixes ou animées et en utilisant différents procédés.
Inventer et réaliser des œuvres plastiques	• Établir par le dessin la maquette d'un projet. • Choisir les matériaux, les formats, les outils, les techniques en vue d'une réalisation collective.	Transformer un paysage, objet, un animal ou un personnage.	
Exprimer des émotions et des sentiments face à une œuvre d'art	• Produire une sculpture à la manière d'un artiste. • Établir des liens entre les œuvres, les courants artistiques, les artistes et les événements historiques étudiés en classe.	Comparer des œuvres de mêmes sujets traités par des artistes de courants différents.	• Situer historiquement quelques grands courants artistiques. • Mettre en relation un courant artistique et un événement culturel, social ou politique contemporain. • Identifier les œuvres choisies parmi celles étudiées en classe.

ÉDUCATION MUSICALE

BO

« L'éducation musicale s'appuie sur des pratiques concernant la voix et l'écoute : jeux vocaux, chants divers, en canon et à deux voix, en petits groupes ou en formation chorale. Ces pratiques vocales peuvent s'enrichir de jeux rythmiques sur des formules simples joués sur des objets sonores appropriés. Grâce à des activités d'écoute, les élèves s'exercent à comparer des œuvres musicales, découvrent la variété des genres et des styles selon les époques et les cultures. »

Ces activités permettent l'expression des goûts personnels de l'élève.

- Soutenir une **écoute prolongée** (musique, spectacles...) ▷ PAGE 192
- Interpréter de mémoire une **chanson** ▷ PAGE 194
- Participer avec exactitude à un **jeu rythmique** ▷ PAGE 195
- Inventer et réaliser des **œuvres** à visée artistique ▷ PAGE 195
- **Histoire des arts** ▷ PAGE 195

Organiser les progressions

CAPACITÉS	OBJECTIFS INTERMÉDIAIRES
Soutenir une écoute prolongée (musique, spectacles…)	
• Soutenir une écoute prolongée. • Utiliser des consignes d'écoute.	• Écouter deux interprétations d'un même extrait pour en indiquer les ressemblances et les différences. • Écouter attentivement une musique pour y repérer les phases structurelles en vue de danser en respectant l'expressivité de la mélodie. • Écouter l'exécution d'un morceau pour y repérer un rythme, les instruments utilisés, les phrases mélodiques.
• Repérer des éléments musicaux caractéristiques. • Les désigner et caractériser leur organisation (succession, simultanéité, ruptures…) en faisant appel à un lexique approprié.	• Suivre le rythme de l'extrait, l'un des plans musicaux. • Isoler une composante et en analyser les caractéristiques. • Reproduire un son produit (instrument, voix, bouche fermée, etc.). • Reproduire les grandes lignes de la mélodie. • Commencer à caractériser ce son (hauteur, variations, modulations, etc.). • Repérer la simultanéité des phrases musicales.
• Situer dans le temps : reconnaître une œuvre du répertoire travaillé.	• Établir des liens entre les œuvres étudiées et les événements historiques. • Identifier quelques œuvres choisies parmi celles du répertoire travaillé, l'auteur et le courant musical. • Citer quelques grands événements de la vie musicale à travers l'histoire.
• Situer une œuvre du répertoire travaillé dans son contexte de création.	• Décrire, par des éléments simples, les caractéristiques contextuelles de quelques œuvres (pour qui, à quelle occasion, ce qu'elles racontent, comment elles ont été accueillies, etc.). • Comparer des œuvres de même sujet traitées par des musiciens de courants différents.
• Porter à l'égard d'une œuvre du répertoire travaillé un jugement esthétique.	• Expliciter ce qui est ressenti à l'écoute d'une œuvre en se fondant sur ses caractéristiques. • Donner des critères d'appréciation. • Associer une œuvre à un autre « objet » artistique, visuel ou langagier.

- Organiser régulièrement un « Quoi de neuf musical » : extrait présenté par le maître ou par un élève.
- Diversifier les types d'œuvres écoutées (musiques classique, de jazz, de variété, d'orchestre, de chambre, baroque, contemporaine ; chant lyrique, chant choral, chant de variété, etc.).
- Choisir des musiques de fond musical pour accompagner une exposition.
- Aménager un coin « écoute » dans la classe.
- Assister à un concert ou à un spectacle de danse.

- Réagir, par un geste, aux changements (de phrase, de vitesse, d'intensité, d'instrument, etc.).
- Présenter des instruments de musique en vue de se familiariser avec leur sonorité.
- Organiser un concours de reconnaissance sonore.

- Concevoir des documents méthodologiques de présentation de musiciens, d'œuvres ou de courants musicaux.

Enrichir la frise chronologique en histoire d'une trame musicale comprenant les grandes figures, les grands courants, les grands événements.

- Organiser des visites d'opéra ou de lieux musicaux.
- Réaliser une émission de radio à thème musical à l'intention des élèves et des parents.

Chanter au festival des chorales

Nous nous sommes beaucoup entraînés pour faire le festival des chorales. Nous avons chanté des chansons

Paul-Bert

Nous étions quatre classes dans la chorale de Paul-Bert, nous avons chanté quatre chansons, " hymne à la paix", "une balade irlandaise", "vive les mariniers, vive les matelots" et "chansons pour faire danser en rond les petits enfants". J'avais le trac.

Jules-Ferry, Fontenay sous bois

Je n'ai pas aimé la chorale Jules-Ferry car leurs chansons ressemblaient à des documentaires, ils ont chanté trois chansons : "mille pattes", "les fourmis", "la neige".

L'Externat médico-pédagogique

Je trouve que les enfants de l'externat médico-pédagogique ont très bien chanté, ils ont chantaient quatre chansons : "pluie d'Avril, pluie de Mai", "Bluezzy", "lève le nez et bulle volé". J'espère qu'ils aiment leur vie avec leur maladie.

DOC 81 Participer à un festival de chorales et donner son avis

CAPACITÉS	OBJECTIFS INTERMÉDIAIRES
Interpréter de mémoire une chanson	
• Tenir sa voix et sa place en formation chorale, notamment dans une polyphonie. ▷ **DOC 81**	• Maîtriser sa respiration pour tenir une note. • Rechercher le ton adapté au chant exécuté. • Modifier le ton d'un chant pour l'adapter à ses possibilités vocales. • Adopter tour à tour différentes voix en chant choral, sans se laisser influencer par les autres voix.
• Contrôler volontairement sa voix et son attitude corporelle pour chanter.	• Respecter le départ à l'unisson indiqué par le chef d'orchestre lors d'un chant accompagné musicalement. • Modifier l'intensité de sa voix à la demande du chef d'orchestre. • Respecter le tempo indiqué par le chef d'orchestre. • Adopter l'attitude corporelle la plus confortable et facilitant une bonne respiration. • Rechercher une attitude corporelle expressive en relation avec le chant exécuté. • Parfaire la diction et la mémorisation du texte des chants.
• Interpréter de mémoire plus de dix chansons parmi celles qui ont été apprises.	• Se constituer un répertoire personnel parmi les chansons apprises. • Interpréter de mémoire au moins dix chansons parmi celles qui ont été apprises.

Participer à des jeux vocaux :
– avec / sans instruments ;
– avec uniquement / sans voix ;
– avec des paroles chantées dans une langue étrangère ;
– avec production d'un même son ;
– avec productions de groupe / individuelles.

• Chanter dans différentes situations : en solo, en groupe, en écho, en canon, en chœur.
• Chanter des chansons de styles différents.
• Chanter une phrase musicale tout en écoutant une autre voix.
• Exécuter différents types de chants : chants à répétition, à accumulation, à substitution (changer les voyelles…), avec des passages mimés ou muets (chant intérieur), etc.
• S'entraîner à chanter sur un accompagnement musical.
• Organiser un spectacle de chant pour une classe de l'école, les parents, des personnes âgées, etc.

• Entretenir un dialogue vocal avec un élève ou un groupe.
• Dire une poésie, une fable uniquement à l'aide de sons.

Participer avec exactitude à un jeu rythmique

- Assumer son rôle dans un travail d'accompagnement.
▷ FICHE DE PRÉPARATION N° 23
- Repérer des éléments musicaux caractéristiques simples.

- Proposer un rythme à l'aide d'un outil, de ses mains, ou d'un instrument à percussion.
- Prendre place dans un jeu de rythmes (répétition, réponse…).
- Repérer un rythme dans un extrait musical et le reproduire pour accompagner cet extrait.

Inventer et réaliser des œuvres à visée artistique

- Réemployer des savoir-faire au profit d'une production musicale ou chorégraphique inventée, personnelle ou collective.

- Témoigner de son aisance à évoluer dans une danse collective et dans des dispositifs scéniques divers.

- Modifier un pas de danse appris pour l'adapter à une musique différente.

- Sélectionner des éléments d'extraits musicaux ou chorégraphiques en vue d'une production musicale ou dansée.
- Élaborer une production composée d'extraits déjà appris (phrases musicales, rythmes, pas de danses, gestuelle, etc.).
- Coder les repères d'occupation de l'espace, de déplacements, de rythmes… en vue de respecter les contraintes d'une danse collective ou d'un dispositif scénique.
- Proposer des conseils pour modifier sa production.

- Concevoir une chorégraphie simple.
- Confectionner un parcours sonore.
- Fabriquer des sculptures sonores.
- Jouer un extrait d'opéra ou de comédie musicale.

- Utiliser des instruments de musique existants ou fabriqués en classe.
- Créer un orchestre de percussions et jouer.
- Commencer à écrire des partitions simples pour garder trace des créations de la classe.
▷ DOC 82
- Concevoir l'accompagnement musical d'un sketch (histoire sans paroles) ou d'un mime.
- Dialoguer à l'aide des instruments.
- Sonoriser un extrait de film.

Histoire des arts

L'histoire des arts en relation avec les autres enseignements aide les élèves à se situer parmi les productions artistiques de l'humanité et les différentes cultures considérées dans le temps et dans l'espace. Confrontés à des œuvres diverses, ils découvrent les richesses, la permanence et l'universalité de la création artistique.

Le XIXe siècle
- Extraits musicaux de l'époque romantique (symphonie, opéra).

Le XXe siècle et notre époque
- Des musiques du XXe siècle (dont jazz, musiques de films, chansons).

Le travail d'écriture d'une partition à l'aide d'éléments simples permet à l'enfant d'utiliser les instruments à percussion pour rejouer aussi souvent qu'il le désire les morceaux écrits par les élèves de la classe, ou de conduire, en tant que chef d'orchestre, le groupe de musiciens.
Ce faisant, l'élève se familiarise avec le code d'un nouveau langage qu'il maîtrisera sans peine avant de s'attaquer à l'apprentissage, plus ardu, du solfège.
Le code suivant traduit les bruits joués avec les instruments et les silences.

• Les uns comme les autres se caractérisent par leur durée. Ainsi, un **rectangle** long correspond à un **bruit** qui dure, et un **intervalle** long entre deux bruits correspond à un **silence** long. Exemple :

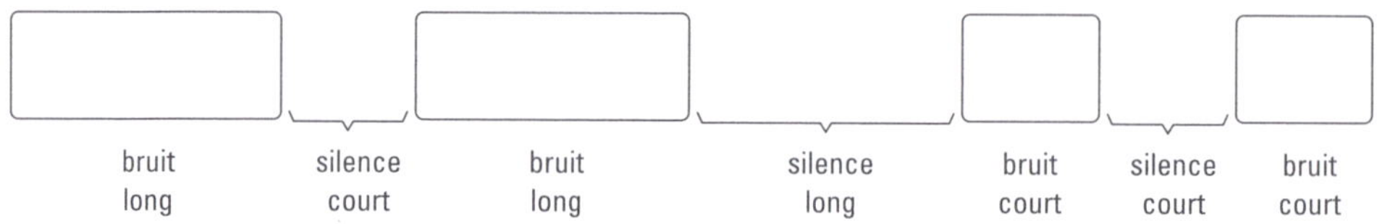

Cette séquence sera donc ainsi jouée : bruit long / silence court / bruit long / silence long / bruit court / silence court / bruit court.

• La **couleur** peut indiquer les **instruments** qui jouent. Par exemple : violet pour les maracas, orange pour les grelots, etc., soit autant de couleurs que d'instruments.
De plus, si le bruit (ou son) se caractérise par sa durée, il s'exprime également par son **intensité**, que l'on peut marquer d'une **flèche** plus ou moins élevée vers le haut.

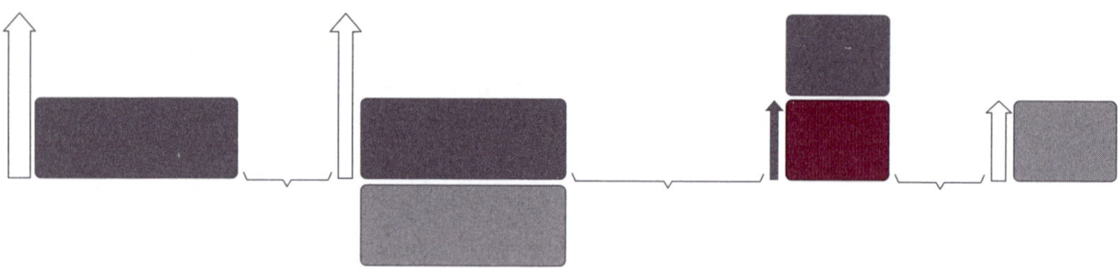

Cette séquence sera donc ainsi jouée :

bruit long	silence	bruit long	silence	bruit court	silence	bruit court
très fort	court	fort	long	faible	court	fort.
maracas		*grelots + maracas*		*maracas + claves*		*grelots*

• Le **chef d'orchestre** conduit les musiciens à l'aide de **gestes** simples :
– Bras ouverts : on joue ; bras fermés : on ne joue pas.
– Bras ouverts longtemps : on joue longuement à l'aide de son instrument ; bras ouverts peu longtemps : on joue moins longuement à l'aide de son instrument.
– Bras ouverts et dirigés vers le haut : on joue fort. Bras ouverts et dirigés vers le bas : on joue peu fort.
Le chef d'orchestre peut appeler, d'un geste de la main, un groupe d'instruments particuliers (les grelots, par exemple) pour les faire jouer plus fort ou moins fort que les autres.

L'enseignant pourra aider les enfants à trouver d'autres codifications à utiliser pour rédiger leurs partitions.

DOC 82 Pour écrire sa partition

La fiche de préparation de l'enseignant

Fiche de préparation n° 23

■ Capacités visées
• Assumer son rôle dans un travail d'accompagnement.
• Réemployer des savoir-faire au profit d'une production musicale.

■ Objectif spécifique
Prendre place dans un jeu de rythmes (répétition, réponse, etc.).

■ Organisation de la classe
Collective, puis travail individuel et en petits groupes.

■ Durée
5 phases de 30 min au maximum.

■ Matériel nécessaire
• Magnétophone, magnétoscope.
• Instruments à percussion fabriqués en classe.
• Feuille quadrillée et feutres de différentes couleurs.

■ Déroulement
• Phase collective d'écoute
Diffuser aux élèves un extrait de film comprenant une séquence avec accompagnement sonore (scène de poursuite, par exemple).
– Écoute libre : les élèves découvrent l'extrait.
– Écoute dirigée : les élèves doivent remarquer dans l'extrait la combinaison des mouvements, le rythme, l'intensité, la variété des sons, etc.

• Phase collective d'analyse
– Les élèves décrivent par des mots ce qu'ils ont entendu (phase descriptive).
– Ils établissent des liens entre la musique et les sentiments ressentis par le spectateur.
– Leur faire ensuite écouter différentes musiques et leur faire dire les sentiments qu'elles provoquent en eux.

• Phase individuelle de recherche
– Les élèves essayent d'évoquer, à l'aide des instruments construits en travail manuel, différents sentiments (joie, peur, bien-être, etc.) ou événements (chute, poursuite, détente, etc.).
– Les réalisations des élèves seront proposées au grand groupe.

• Phase de création en petits groupes
Les élèves doivent traduire, à l'aide des instruments de musique, un passage d'une histoire dont le contenu a été découpé et partagé entre tous les groupes.

• Phase de mise en commun
– Les groupes, à tour de rôle, jouent leur création pour raconter l'histoire dans son entier.
– L'ensemble est enregistré, réécouté et amélioré en fonction des critiques émises par les élèves.

■ Difficultés anticipées, rôle du maître
• Les élèves auront parfois du mal à nommer des sentiments ou des sensations. Il conviendra de les aider à formuler de différentes manières, en diversifiant les expressions et termes de vocabulaire utilisés.
• La réussite de la phase 3 dépend du temps, indispensable, dont doivent disposer les élèves. Ne pas raccourcir ce temps, même si celui-ci s'avère « bruyant ».

■ Évaluation
Outre le soin apporté à la présentation finale, la capacité des élèves à faire preuve de créativité pour composer des séquences variées et évocatrices, exploitant en cela les possibilités des divers instruments utilisés.

■ Prolongements
• Mimer l'histoire en lien avec illustration sonore.
• Raconter l'histoire à une autre classe.

Proposition de programmation annuelle

<table>
<tr><th></th><th>PREMIER TRIMESTRE</th><th>DEUXIÈME TRIMESTRE</th><th>TROISIÈME TRIMESTRE</th></tr>
<tr><td>Soutenir une écoute prolongée (musique, spectacles)</td><td>• Soutenir une écoute prolongée.
• Utiliser des consignes d'écoute.</td><td>• Repérer des éléments musicaux caractéristiques.
• Les désigner et caractériser leur organisation (succession, simultanéité, ruptures...) en faisant appel à un lexique approprié.
• Situer une œuvre du répertoire travaillé dans son contexte de création.</td><td>• Reconnaître une œuvre du répertoire travaillé.
• Porter à l'égard d'une œuvre du répertoire travaillé un jugement esthétique.
• Exprimer son appréciation pour qualifier une réalisation dansée, chantée ou jouée, à la fois comme acteur et comme spectateur.</td></tr>
<tr><td>Interpréter de mémoire une chanson</td><td colspan="3">• Tenir sa voix et sa place en formation chorale, notamment dans une polyphonie.
• Contrôler volontairement sa voix et son attitude corporelle pour chanter.
• Interpréter de mémoire plus de dix chansons parmi celles qui ont été apprises.</td></tr>
<tr><td rowspan="2">Participer avec exactitude à un jeu rythmique</td><td></td><td colspan="2">Assumer son rôle dans un travail d'accompagnement.</td></tr>
<tr><td colspan="3">Repérer des éléments musicaux caractéristiques simples.</td></tr>
<tr><td>Inventer et réaliser des œuvres à visée artistique</td><td></td><td>Réemployer des savoir-faire au profit d'une production musicale ou chorégraphique inventée, personnelle ou collective.</td><td>Témoigner de son aisance à évoluer dans une danse collective et dans des dispositifs scéniques divers.</td></tr>
</table>

Éducation physique et sportive

« L'éducation physique et sportive vise le développement des capacités motrices et la pratique d'activités physiques, sportives et artistiques. Elle contribue à l'éducation à la santé en permettant aux élèves de mieux connaître leur corps, et à l'éducation à la sécurité, par des prises de risques contrôlées. Elle éduque à la responsabilité et à l'autonomie, en faisant accéder les élèves à des valeurs morales et sociales (respect de règles, respect de soi-même et d'autrui). »

BO

Réaliser une performance mesurée (en distance, en temps)
▷ **PAGE 200**

Adapter ses déplacements à différents types d'environnement
▷ **PAGE 202**

Coopérer ou s'opposer individuellement et collectivement
▷ **PAGE 204**

Concevoir et réaliser des actions à visées expressive, artistique, esthétique
▷ **PAGE 205**

Les quatre domaines de compétences spécifiques seront abordés chaque année sous la forme de modules de 1 à 15 séances.

Organiser les progressions

COMPÉTENCES SPÉCIFIQUES	OBJECTIFS INTERMÉDIAIRES
Réaliser une performance mesurée (en distance, en temps)	
Activités athlétiques : courir vite, courir longtemps, courir en franchissant des obstacles, courir en relais, sauter loin, sauter haut, lancer loin.	• Courir à un signal visuel ou sonore. • Maintenir un rythme lors d'une course d'endurance. • Accélérer à bon escient lors d'une course de vitesse. • Ralentir, conserver, accélérer son rythme selon la situation. • Couvrir la plus grande distance en un temps limité. • Franchir une distance en sautant de différentes façons. • Franchir une distance en sautant et en un temps limité. • Sauter au-dessus d'obstacles. • Atteindre une cible (en hauteur, en longueur) à l'aide d'objets différents : anneaux, bâtons, balles, ballons… mais aussi balles lestées, javelots. • Jongler avec deux balles. ▷ **DOC 84 ET FICHE DE PRÉPARATION N° 24** • Enchaîner différentes actions motrices : – courir, sauter, pivoter ; – courir, lancer ; – courir, rouler en avant, en arrière ; – se balancer, franchir un obstacle, rouler. ▷ **DOC 83** • Réaliser des figures gymniques.
Natation : se déplacer sur une trentaine de mètres. ▷ **DOCS 86 ET 87**	• S'équilibrer dans des milieux de plus en plus diversifiés : piscine, mer. • Parcourir environ 15 m en eau profonde, sans brassière et sans appui.

Ces enchaînements, imposés ou créés par les élèves (seuls ou par groupes), pourront se réaliser sur fond musical, en relation avec l'éducation rythmique.

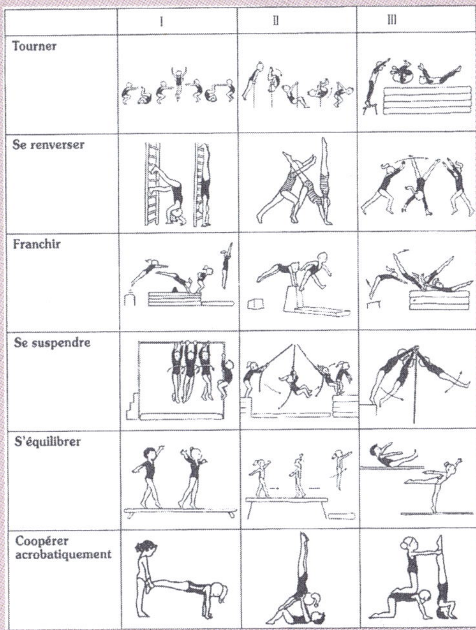

S. Rivière (sous la dir. de), *L'EPS à l'école*, cycles 2 et 3, Retz, 1999.

DOC 83 Quelques pratiques gymniques acrobatiques

Après s'être exercé à jongler avec des foulards et des anneaux, l'élève pourra s'initier à jongler avec 2 balles.

Actions	Relances
• En les lançant l'une après l'autre, même main ou en changeant de main. • En les lançant en même temps. • En les lançant alternativement en faisant passer la balle d'une main dans l'autre par le haut. • En commençant par lancer main droite, puis main gauche. • En lançant par-dessous l'autre bras.	• Sur place, en l'air. • Sur place, contre un mur. • Sur place, à un camarade. • En se déplaçant. • À deux ou contre un mur, en se rapprochant. • En l'air, mais en lançant la seconde balle plus haut.

Les critères de réussite trouvés par les élèves :
- Rester bien droit.
- Ne pas bouger son corps.
- Ne pas bouger la tête.
- Regarder toujours la balle qui vole.
- Recevoir la balle dans la paume de la main.

DOC 84 Jongler avec deux balles

COMPÉTENCES SPÉCIFIQUES	OBJECTIFS INTERMÉDIAIRES
Adapter ses déplacements à différents types d'environnement	
• **Activités de roule et glisse :** réaliser un parcours d'actions diverses en roller, en vélo, en ski.	• Se déplacer en équilibre. • Adapter sa vitesse à la situation. • Freiner en s'adaptant à la situation. • Se propulser sur des terrains différents. • Conduire et diriger son vélo sur un parcours.
• **Activités d'orientation :** retrouver plusieurs balises dans un espace semi-naturel en s'aidant d'une carte.	• Réaliser le plus rapidement possible un parcours de 5 balises en étoile à partir de la lecture d'une carte où figurent des indices. ▷ **DOC 85**
• **Activités aquatiques et nautiques :** plonger, s'immerger, se déplacer. ▷ **DOCS 86 ET 87**	

- Savoir lire un plan et trouver des balises.
- Placer des balises sur un plan.
- Placer des balises dans un espace à partir d'un plan.
- Retrouver des balises.
- S'orienter par rapport au Nord ou au Sud.

- Observer et décrire un parcours.
- Mémoriser et reproduire un parcours.
- Cacher des objets et les faire trouver (le jeu du « Petit Poucet »).

S'orienter

- Évaluer une distance : à vue d'œil, à l'aide de petits matériels, de pas ou d'outils plus conventionnels.
- Comparer des trajets.

- Relever les éléments caractéristiques d'un milieu.
- Repérer un espace à partir d'une photographie.

DOC 85 Autour des activités d'orientation

Se maintenir à la surface • Avec perte d'appui plantaire sur un temps de plus en plus long. • En s'envoyant un ballon, un anneau, en déplaçant un objet volumineux. • Se déplacer sur le ventre, sur le dos. • Se laisser flotter sur le dos.	**Expérimenter différentes façons** • D'entrer dans l'eau. • De se déplacer sur l'eau. • De se déplacer sous l'eau.
Se déplacer sous l'eau • S'immerger pendant quelques secondes. • S'immerger pour passer entre les jambes d'un camarade ou dans un cerceau. • S'immerger après une activité de glisse ou de saut. • Sauter et se déplacer sous l'eau quelques secondes. • S'immerger pour aller chercher le plus d'objets possible.	**Se déplacer en surface** • Sans support. • Avec support (inspirer, pousser, glisser, expirer). • Sans support, en poussant ou en lançant un ballon (relais, water-polo). • Sur le ventre, sur le dos.

DOC 86 Objectifs des activités nautiques

NIVEAU	CANETON	PINGOUIN	CASTOR	OTARIE
ENTRÉE	J'ai sauté dans l'eau sans aide.	J'ai réalisé au moins 3 sauts différents.	J'ai réalisé effectivement le type de saut demandé par l'enseignant.	J'ai réussi le plongeon, la tête est rentrée la première et le corps était allongé.
IMMERSION	J'ai ramassé l'objet désigné, la tête immergée.	J'ai ramassé l'objet désigné.	J'ai touché le fond et passé dans le cerceau sans le déplacer.	J'ai rapporté le cerceau désigné en nageant sur le fond et en remontant près du bord.
DÉPLACEMENT	J'ai effectué le parcours sans toucher le fond.	J'ai effectué le parcours sans m'arrêter.	J'ai effectué 12,5 m en nage ventrale et 12,5 m en nage dorsale sans tenir le bord, sans m'arrêter.	J'ai effectué 25 m en nage ventrale et 25 m en nage dorsale sans tenir le bord, sans m'arrêter.
RESPIRATION	J'ai fait des bulles la tête entièrement sous l'eau. J'ai soufflé au moins 5 s.	J'ai soufflé (bulles visibles) dans l'eau, en respectant les 5 s.	J'ai soufflé (bulles visibles) je me suis assis sur le fond sans aide des membres.	J'ai soufflé dans l'eau à chaque expiration pendant les 2 s du test.
ÉQUILIBRE	Bassin en surface, oreilles immergées.	Bassin en surface, oreilles immergées.	Mon corps était bien à plat sur l'eau. Distance minimale parcourue 5 m.	Je suis passé d'une coulée ventrale à une coulée dorsale sans reprise d'élan et en ligne droite.

DOC 87 Des critères de réussite en natation

COMPÉTENCES SPÉCIFIQUES	OBJECTIFS INTERMÉDIAIRES
Coopérer ou s'opposer individuellement et collectivement	
• **Jeux sportifs collectifs** (type handball, basket-ball, football, rugby, volley-ball…) : coopérer avec ses partenaires pour affronter collectivement des adversaires, en respectant des règles, en assurant des rôles différents (attaquant, défenseur, arbitre).	• Coopérer avec les membres de son équipe. • Noter les performances réalisées et les présenter de manière à réutiliser l'information dans les séances suivantes. • Expliciter les difficultés que l'on rencontre. • S'initier au volley, au football, au hand-ball, au basket.
• **Jeux de lutte** : amener son adversaire au sol pour l'immobiliser.	• Tirer, pousser, déplacer, déséquilibrer, saisir, tomber avec, immobiliser, résister passivement, résister activement, ne pas bouger, dérober certaines parties de son corps. • Rechercher différents modes d'immobilisation, de retournement… • Agir dans un temps limité.

Jeux avec ballon et balles

• **Le ballon « foot »** : la classe est partagée en 2 équipes avec dossards. Le jeu est parallèle. Le terrain divisé en 2 et la zone centrale est occupée par 6 plots. Chaque équipe dispose de 3 ballons. Chaque équipe doit faire tomber le maximum de plots en shootant. C'est l'équipe qui a abattu le maximum de plots qui a gagné. Ensuite, introduire des défenseurs de plots à l'intérieur de chaque terrain.

• **Le hockey** : le terrain est divisé en 2. Dans le couloir externe sont disposées des plots de deux couleurs. Chaque équipe de 5 joueurs devra, à l'aide d'un palet et d'une crosse, faire chuter les quilles du camp adverse. Est prévue, entre la zone de jeu et la zone plots, une bande infranchissable. 2 équipes d'observateurs noteront les stratégies adoptées.

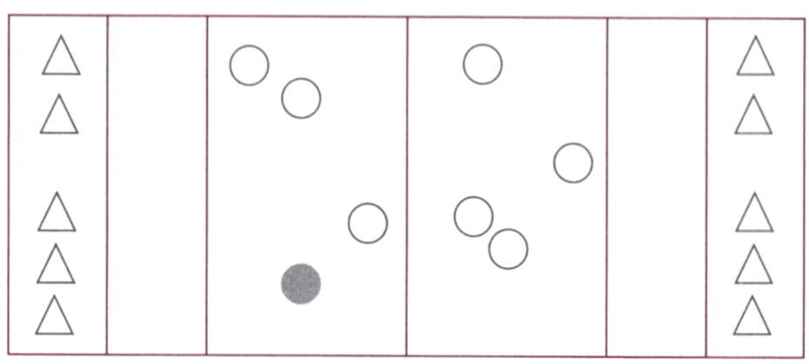

• **Le ballon « couloir »** : chaque équipe est en colonne, les élèves ont les jambes écartées. Face à eux, à 5 m du premier, un lanceur doit faire rouler le ballon entre les jambes de ses coéquipiers (il a autant d'essais que nécessaire, mais c'est lui qui doit rechercher le ballon pour chacune de ses tentatives). Le dernier joueur bloque la balle et la relance au lanceur. Celui-ci pose la balle au sol, court se placer en fin de colonne et c'est le premier de la colonne qui le remplace… Ainsi de suite jusqu'à ce que le premier lanceur retrouve sa place.

COMPÉTENCES SPÉCIFIQUES	OBJECTIFS INTERMÉDIAIRES
Concevoir et réaliser des actions à visées expressive, artistique, esthétique	
• **Danse :** construire à plusieurs une phrase dansée (chorégraphie de 5 éléments au moins) pour exprimer corporellement des personnages, des images, des sentiments et pour communiquer des émotions, sur des supports sonores divers.	• Connaître et pratiquer différents styles de danse. • Apprécier une production chorégraphique. • Choisir des éléments de chorégraphie. • Choisir des musiques en fonction du projet. • Mémoriser un enchaînement. • Créer une danse, puis la montrer en traduisant les changements de la musique.
Autonomie et initiative	
• Respecter des consignes simples en autonomie. • Montrer une certaine persévérance dans toutes les activités. • Commencer à savoir s'auto-évaluer dans des situations simples. • S'impliquer dans un projet individuel ou collectif.	• Acquérir des connaissances spécifiques dans l'activité physique et sportive (sensations, émotions, savoirs sur les techniques de réalisation d'actions spécifiques…). • Acquérir des savoirs précis sur les différentes activités physiques et sportives rencontrées. • Savoir évaluer son action, celle des autres. • Intégrer les critiques constructives. • Apprendre à arbitrer. • Savoir s'intégrer dans une équipe.

HISTOIRE DES ARTS

Le XIXe siècle

• Découvrir un extrait de pièce de théâtre, de ballet.

Le XXe siècle et notre époque

• Découvrir un spectacle de mime, de cirque, de théâtre ; un extrait de spectacle de danse moderne ou contemporaine.

PHASE 0	PHASE 1	PHASE 2			PHASE 3
		1er type de situation	2e type de situation	3e type de situation	
• Franchir le gué (en *x* appuis – 1). • Course avec une jambe de bois (cordelette). • Patinette. • Buvez, éliminez ! nommée. • Course avec des palmes. • Course avec des béquilles.	Triple bond avec élan : • Repérer, stabiliser la zone optimale de performance (distance que l'on peut franchir en trois appuis après un élan de 7 appuis (la prise des marques doit être stabilisée). Ou • Comparaison triple bond / hexabond.	• Course en huit : faire le moins grand nombre d'appuis pour boucler la boucle. • Organisation par trio : le n° 1 s'exerce, le n° 2 conseille, le n° 3 note les conseils (permuter les rôles). • Dégager des principes : – Croise tes appuis ! – Relève la plante du pied ! – Pied à l'aplomb du genou ! – Hop, hop, hop !	• Appuis croisés. • Appuis croisés plus saut. • Course du sioux (moins grand nombre d'appuis pour une distance donnée). • Saut en contrebas suivi d'un triple bond.	• Élan préparatoire au saut en longueur. • Reprise d'appuis derrière les haies. • 50 m / plinth. • Décabond avec la cordelette (1appui par tour de corde). • Skate-board (patinette d'élan). • Patinage, roller (prise de carres).	• Triple bond avec élan réduit (*id.* phase 1, mais 5 appuis d'élan au lieu de 7). Ou • Comparaison du triple-bond et de l'hexabond (x 2 + ?).

http://www.dijon.iufm.fr/ressourc/eps/SCENARIO/10TAB/rebond.htm

DOC 88 Des scénarios pour apprendre en EPS : bondir

http://www.ac-creteil.fr/ia94/premier_degre/travaux/VilleneuveStGeorges/CondorcetB/scolafoot/defens.htm

DOC 89 Le comportement sportif

La fiche de préparation de l'enseignant

Fiche de préparation n° 24

Compétence visée
Activités athlétiques.

Objectif spécifique
Jongler avec deux balles.

Organisation de la classe
Collective et par groupes de 3.

Durée
2 séances de 30 min.

Matériel nécessaire
Deux balles par élève.

Déroulement
Contexte : l'activité de jonglage a déjà fait l'objet de plusieurs séances. Dans la perspective d'un petit spectacle de cirque, il est demandé aux élèves d'inventer des numéros de clowns jongleurs. Chaque clown devra surprendre son public.

• Phase collective
La classe se remémore certains numéros de clown et recherche des idées à mettre en œuvre.

• Travail de groupe
Les élèves travaillent par groupes de 3 : recherche personnelle, analyse et amélioration des numéros.
Ex. : un clown pourra jongler de plus en plus haut, un autre gesticulera ou fera mine de ne pas regarder ses balles…
Le travail à plusieurs permet de relancer l'activité de chacun.

• Phase collective
– Présentation au grand groupe des différents petits numéros.
– La deuxième étape consistera à imaginer un numéro entier à 2. Les échanges doivent donc être coordonnés.
Ex. : M. Loyal « sait jongler » et tente d'apprendre au clown Auguste ; 2 Auguste s'amusent à se faire peur ou rire en jonglant…

Difficultés anticipées, rôle du maître
• Les élèves peinent à trouver des idées.
⇒ Leur en suggérer en leur proposant de lancer plus haut, plus loin, de parler ou de chanter en même temps, de mimer…

• Les élèves ont du mal à conjuguer maîtrise du jonglage et numéro.
⇒ Leur demander d'aller s'entraîner en abandonnant momentanément le numéro.

Évaluation
• Maîtrise du jonglage à deux balles.
• Intégration de l'activité dans le cadre d'un numéro.
• Caractéristique comique du numéro de cirque.

Prolongements
• Jongler avec deux quilles (bouteilles en plastique).
• Se déplacer en jonglant.
• Rechercher le moyen de jongler avec des objets variés.

Proposition de programmation annuelle

	PREMIER TRIMESTRE	DEUXIÈME TRIMESTRE	TROISIÈME TRIMESTRE
Réaliser une performance mesurée (en distance, en temps)	Activités athlétiques : relais de vitesse, course longue.	• Activités athlétiques : rouler, franchir, sauter. • Activités de natation.	
Adapter ses déplacements à différents types d'environnement			• Activités de vélo. • Activités d'orientation.
Coopérer ou s'opposer individuellement et collectivement	Jeux de lutte.	Jeux collectifs traditionnels de ballon.	
Concevoir et réaliser des actions à visées expressive, artistique, esthétique	Danse : apprentissage de danses collectives.		Danse : création d'une chorégraphie.

Partie 3

Des projets pour réaliser les compétences

ÉCRIRE UNE PIÈCE DE THÉÂTRE « À LA MANIÈRE DE… »

Production de textes

Rédiger :
- les dialogues ;
- le synopsis « à la manière de… » ;
- la présentation des personnages ;
- les invitations ;
- les affiches publicitaires pour le spectacle.

Lecture

- Rechercher en bibliothèque des pièces et saynètes de théâtre.
- Lire des saynètes dialoguées de manière expressive.
- Étudier les caractéristiques de quelques personnages célèbres des pièces classiques.
- Étudier une œuvre classique.

Arts visuels

- Création des affiches publicitaires.
- Création des programmes.
- Élaboration de quelques décors.

Maîtrise de l'oral

- Parler à voix haute distinctement.
- Mémoriser un texte et le restituer en donnant le ton.
- Argumenter ses choix lors de la création de la pièce.

Histoire

Étudier le contexte historique de l'œuvre étudiée.

TIC

- Utiliser le traitement de texte pour écrire les différents actes de la pièce.
- Rechercher des aides sur Internet.

Expression corporelle

- Se repérer dans un espace scénique.
- Exprimer des émotions avec son visage, son corps.
- Détourner des objets de leur utilisation première.

Plusieurs saynètes ou une seule pièce ?

Dans le premier cas, tous les élèves sont mobilisés et peuvent répéter séparément et en groupe.

Dans le second cas, c'est un travail beaucoup plus collectif où il est possible d'envisager, pour un même rôle, plusieurs élèves qui se succèderont. Penser à mettre en valeur tous les métiers du théâtre (scripte, auteur, metteur en scène, responsables des changements de décors…).

Quelques ouvrages à consulter :

Myriam Viallefont-Haas, *Coups de théâtre, scènes et tirades célèbres du répertoire classique français*, Mango Jeunesse, 2004.
Yvan Pommaux, *Rue Marivaux : d'après la Double Inconstance*, L'École des loisirs, 2004.
Gisela Walter, *Théâtre d'enfants : comment monter un spectacle ?*, Casterman, 1995.
Catherine Morrisson, 35 exercices d'initiation au théâtre, Actes Sud Junior, 2 vol., 2000.

INSTRUCTION CIVIQUE ET MORALE

La cour d'école est un lieu de socialisation par excellence, où se côtoient des élèves de tous âges ayant des goûts, des caractères et des besoins différents. C'est également le lieu de bien des conflits. Réfléchir ensemble, entre les élèves de toutes les classes, offre l'occasion d'exercer, au cours d'un travail transdisciplinaire, des qualités citoyennes : la capacité à se concerter, à discuter, à débattre, à prendre des décisions, et ce dans une démarche positive et constructive.

AMÉNAGER LA COUR DE L'ÉCOLE

Instruction civique

- Enquêter auprès des élèves de chaque classe pour déterminer les souhaits de chacun en la matière.
- Recenser les propositions et les grouper selon le type (jeu calme/vif, demandant beaucoup/peu de place, avec/sans ballon…).
- Constituer un comité d'analyse composé de délégués de classes.
- Discuter des possibilités.
- Effectuer des propositions à chacune des classes.
- Aboutir à un accord avant de passer à la réalisation.

Géographie

- Établir un plan de la cour à l'échelle.
- Effectuer plusieurs découpages possibles prenant en compte les besoins exprimés et la nécessité de ne pas se gêner les uns les autres.
- Porter un regard critique sur ces propositions (faisabilité, pertinence, adaptation aux attentes, etc.).

Langue orale

- Organiser dans chaque classe un débat de sensibilisation sur la question.
- Expliquer les motifs de la démarche.
- Présenter, en réunion de délégués, les propositions de chaque classe.
- Argumenter en vue de défendre ou de promouvoir un point de vue.

Arts visuels

- Établir dans chaque classe une maquette du jeu retenu.
- Construire un patron à l'échelle.
- Déterminer les matériaux nécessaires à la réalisation.
- Tracer, dessiner, peindre le jeu.
- Décorer éventuellement les alentours.

Langue écrite

- Présenter l'aménagement de la cour et la situation de chaque jeu *(texte informatif)* sur le site Web de l'école.
- Rédiger les règles d'occupation de la cour *(texte prescriptif)*.
- Attribuer à chaque jeu un nom humoristique ou inspiré d'un thème.

Mathématiques

- Relever les mesures de la cour.
- Déterminer, en fonction du plan, les espaces à aménager.
- Effectuer les tracés nécessaires.

EPS

Pratiquer des activités sportives particulières (courses, jeux de ballons, sauts, franchissement d'obstacles, mur d'escalade, etc.).

MATHÉMATIQUES

Partager la classe en plusieurs groupes pour réaliser des séries d'exercices exploitant les connaissances étudiées.
Attribuer des points en fonction des performances obtenues, afin d'entretenir la motivation.

ORGANISER UN CONCOURS : « EFFECTUER DES RECHERCHES MATHÉMATIQUES »

Résolution de problèmes

- Identifier des données numériques inutiles dans un énoncé de problème, en tenant compte des questions posées.
- Vérifier les solutions proposées pour un même problème.
- Comparer différentes stratégies de résolution pour un même problème, dans le but de rechercher la plus efficace.
- Rédiger des problèmes, en exploitant des stratégies de résolutions et des réponses imposées.

Lecture/écriture

- Effectuer les exercices sur des feuilles A4 ou dans un cahier en soignant la présentation et en organisant les informations, afin de les exploiter au sein du groupe et de permettre une communication efficace.
- Présenter ses résultats sur une affiche pour les communiquer lors des synthèses collectives (tableaux, schémas, phrases syntaxiquement correctes, listes…).

Calcul

Les équipes sont confrontées à des séries de calculs et s'organisent dans le but d'en effectuer le plus possibles (nombres entiers ou décimaux, choix des opérations, quantité).

Production d'écrits

- Rechercher des questions pertinentes à partir d'énoncés rédigés par un autre groupe.
- Soumettre les différentes productions au cours de synthèses collectives, afin de valider les réponses.

Géométrie

- Construire des figures géométriques complexes à partir de consignes précises.
- Rédiger des consignes pour permettre à un autre groupe de construire une figure géométrique complexe (oralement ou par écrit).

Géographie, histoire, sciences

Exercices en liaison avec les domaines ou les thèmes abordés (exploiter les informations utiles dans une documentation).
- Comparer les hauteurs de massifs montagneux.
- Comparer la durée des règnes de plusieurs rois de France et ranger dans un ordre croissant les données recueillies.
- Ranger dans un ordre croissant les distances de plusieurs planètes par rapport à la Terre, puis par rapport au Soleil.

Informatique (B2i)

- Utiliser le courrier électronique pour communiquer entre les classes participant au concours.
- Utiliser le traitement de texte, un petit tableur ou une calculette pour rédiger des énoncés, des réponses ou simuler des calculs.

PROJET 4 Sciences expérimentales et technologie

LE CORPS HUMAIN, UNE MACHINE EXTRAORDINAIRE

Production d'écrits

- Rédiger un texte décrivant le corps humain uniquement avec des termes tirés du monde des machines.
- Rédiger une fiction d'anticipation : l'homme fabrique des robots qui le servent jusqu'au jour où ils se révoltent…
- Rédiger, à la suite d'une expérience, un texte narratif, un texte descriptif et un texte explicatif de cette expérience.

Sciences

- Mettre en relation les fonctions du corps humain mises en danger par des pratiques imprudentes (sacs en plastique et risques d'asphyxie, soleil et brûlures ou cancers de la peau, utilisation d'outils dangereux, etc.).
- Dresser l'inventaire des mesures préventives d'hygiène corporelle à adopter.

Lecture

- Repérer, dans des textes de littérature, différents types de descriptions du corps (humoristique, fantastique, réaliste, etc.).
- Lire des ouvrages en relation avec le corps humain (*L'Homme invisible*, de H. G. Wells, sur les androïdes…).

Arts visuels

- Étudier les proportions des éléments du corps humain à différents âges.
- Étudier le style de différents artistes pour peindre, dessiner ou représenter le corps humain.
- Utiliser différentes techniques pour représenter le corps humain.

Histoire/géographie

- Dresser un inventaire des représentations du corps humain dans l'histoire (des enluminures de la Bible aux réalisations photographiques).
- Retracer l'évolution du corps humain, de la préhistoire à nos jours.
- Récolter des visages d'habitants du monde entier.

Éducation à la santé

- Débattre de la conduite à tenir face à une invitation à une conduite déviante : « Savoir dire non » (tabagisme, toxicomanie, alcoolisme, sévices corporels).
- Analyser un cédérom éducatif, *Tête brûlée*, relatif aux méfaits du soleil (MEDIADEB, 5, rue E. Amavet, 13500 Martigues).

EPS

- Trouver différents jeux permettant de prendre conscience des segments de son corps.
- S'entraîner à des jeux d'opposition pour utiliser la force du corps.
- Prendre conscience de différentes fonctions du corps humain (locomotion, respiration, circulation).

PROJET 5 Arts visuels

Le cadre même de l'école peut offrir des opportunités intéressantes de réalisation, d'écriture de récit et de mise en scène, tout en traitant de sujets qui touchent les enfants (les jeux de cour, les amis, l'intégration d'un nouvel arrivant, etc.). L'ensemble peut utilement figurer au programme du projet d'école.

Langue orale

- Choisir le thème de l'histoire et la structure du texte à écrire sur un schéma narratif.
- Au cours de débats constructifs, prévoir les différents épisodes, le héros et les personnages de l'histoire.
- Prévoir également les lieux, décors et costumes.
- Se répartir les rôles entre élèves.

En **mathématiques**, prévoir une maquette de mise en page.

Langue écrite

- Écrire chaque épisode de l'histoire sur la structure du récit retenue (conte, schéma quinaire, récit de vie, etc.).
- Prévoir les vignettes composant chaque épisode.
- Écrire le texte complémentaire aux images.
- Prévoir les parties narratives et les dialogues.
- Introduire les textes descriptifs.

En **technologie**, prévoir la confection d'un support papier.

PRODUIRE UN ROMAN-PHOTOS

Prévoir une parution par épisode sur le site Web de l'école.

Partageant des valeurs fortes avec le lecteur.

Arts visuels

- Confectionner les costumes.
- Créer les décors à l'aide de produits de récupération.
- Habiller les personnages en fonction des choix précédents.
- Utiliser un appareil numérique pour effectuer les prises de vue en fonction de l'histoire écrite.
- Utiliser l'ordinateur pour mettre en page photographies, bulles et textes de narration.

EPS

- En expression corporelle, rechercher les attitudes traduisant les circonstances de l'histoire. Veiller à la qualité esthétique des scènes.
- Composer les tableaux correspondant aux scènes de l'histoire.
- Comparer les photographies obtenues à l'intention de départ, et recommencer s'il y a lieu.

Annexes

Table des documents

Gérer le temps

Organiser l'activité des élèves

Choisir, concevoir les outils des élèves

Concevoir, utiliser ses outils professionnels

Enseigner dans une classe à plusieurs niveaux

Évaluer au CM2

Installer une discipline réfléchie en classe

Comment agir face à certains élèves ?

Langage oral

Lecture

Écriture, rédaction

Étude de la langue française

Sciences expérimentales et technologie

Arts visuels

Éducation musicale

Éducation physique et sportive

Table des fiches de préparation de l'enseignant

Nombres et calcul

Géométrie

Grandeurs et mesures

Sciences expérimentales et technologie

Arts visuels

Éducation musicale

Éducation physique et sportive

Bibliographie

Pédagogie générale

- *Le Cycle des approfondissements* et *Les Cycles de l'école primaire*, Hachette Éducation, coll. « Les programmes de l'école », 2007.
- P. MEIRIEU, *Faire l'école, faire la classe*, ESF, 2004.
- C. METTOUDI, A. YAÏCHE, *Travailler avec méthode*, Hachette Éducation, coll. « L'école au quotidien », nouvelle édition 2003.
- C. METTOUDI, A. YAÏCHE, B et P. TEMPEZ, *Objectif méthode*, Hachette Éducation, coll. « L'école au quotidien », 1996.
- G. de VECCHI, *Aider les élèves à apprendre*, Hachette Éducation, coll. « Profession enseignant », 2000.
- M. DUPONCHEL, *Comment aider les enfants à apprendre ou l'aide individualisée à l'école élémentaire*, CRDP Montpellier.
- G. MEYER, *Évaluer : pourquoi ? comment ?*, Hachette éducation, coll. « Profession enseignant », 2007.

Maîtrise de la langue française

- R. LÉON, C. TISSET, *Enseigner le français à l'école primaire*, Hachette Éducation, coll. « Didactiques », 1992.
- C. METTOUDI, A. YAÏCHE, *Travailler par cycle en français*, Hachette Éducation, coll. « L'école au quotidien », nouvelle édition 2008.
- Groupe Oral-Créteil, *Enseigner l'oral à l'école primaire*, Hachette Éducation, coll. « Didactiques », 1999.

Instruction civique et morale

- T. BOUR, J.-C. PETTIER, M. SOLONEL, *Apprendre à débattre, vie collective et éducation civique au cycle 3*, Hachette Éducation, coll. « Pédagogie pratique », 2003.
- *Lire sa ville, des activités pour la classe en cycle 3 et en Sixième*, CRDP de Créteil, coll. « Argos/Démarches », 1999.
- G. HENAFF, P. MERLE, *Le droit et l'école : de la règle aux pratiques*, Presses Universitaires de Rennes, 2003.
- A. JACQUARD, P. MANENT, A. RENAUT, *Une éducation sans autorité ni sanction ?*, Grasset, 2003.

Littérature (lire, dire, écrire)

- B. DEVANNE, *Lire et écrire, des apprentissages culturels*, Bordas, 2000.
- R. LÉON, *La Littérature de jeunesse à l'école, Pourquoi ? Comment ?*, Hachette Éducation, coll. « Profession enseignant », nouvelle édition 2004.
- M. PELTIER, *Trésors des récits historiques pour la jeunesse, cycle 3*, CRDP de Créteil, coll. « Argos/Démarches », 2002.
- M. TESSIER, *Travailler les lectures au cycle 3*, Hachette Éducation, coll. « Pédagogie pratique », photofiches, 2003.

Langue vivante

- F. BABLON, *Enseigner une langue étrangère à l'école*, Hachette Éducation, coll. « Profession enseignant », 2004.
- F. KERVRAN, *L'Apprentissage actif de l'anglais : approches linguistiques et culturelles à l'école*, Bordas, 2000.
- A. YAÏCHE, J. MAURIELLO LE GOFF, J.-L. DOUMAX, S. MESTRE, *Comment enseigner l'anglais du CE1 au CM2*, Hachette Éducation, 2009.

Histoire et géographie

- A. DALONGEVILLE, *Situations-problèmes pour enseigner l'histoire au cycle 3*, Hachette Éducation, coll. « Pédagogie pratique », 2000.
- A. DALONGEVILLE, M. HUBER, *Situations-problèmes pour enseigner la géographie au cycle 3*, Hachette Éducation, coll. « Pédagogie pratique », 2003.
- L. BONNET, *Comment enseigner l'histoire et la géographie en cycle 3*, Hachette Éducation, 2009.

Sciences expérimentales et technologie

- J.-P. BONAN, *Enseigner la physique à l'école primaire*, Hachette Éducation, coll. « Pédagogie pratique », 1998.
- G. DE VECCHI, A. JORDAN, *L'Enseignement scientifique, comment faire pour que ça marche*, Les Z'éditions, 1994.
- J. DEUNFF, J. GUICHARD, *Comprendre le vivant, la biologie à l'école*, Hachette Éducation, coll. « Didactiques », 2001.
- S. HERREMAN, C. BOYER, P. DEGRET, B. HENRY, *Comment enseigner les sciences expérimentales et la technologie en cycle 3*, Hachette Éducation, 2009.

Mathématiques

- F. CERQUETTI-ABERKANE, *Enseigner les mathématiques à l'école primaire*, Hachette Éducation, coll. « Profession enseignant », nouvelle édition 2007.
- C. METTOUDI, A. YAÏCHE, B. TEMPEZ, *Travailler par cycle en mathématiques*, Hachette Éducation, coll. « L'école au quotidien », nouvelle édition 2008.
- A. YAÏCHE, A. MARCANGÉLI, E. PENSO, E. LE FLOC'H, B. MOSSÉ, *Comment enseigner les mathématiques en cycle 3*, Hachette Éducation, 2009.

Arts visuels

- D. LAGOUTTE, *Enseigner les arts visuels*, Hachette Éducation, 2002.
- C. LOUIS, *Histoire de l'art : le musée à l'école*, SEDRAP, 2002.
- La collection d'É. DOUMENC, « Pas à pas en arts plastiques, Cycle 3 », Hachette Éducation.
- D. LAGOUTTE, *Comment enseigner l'histoire des arts au cycle 3*, Hachette Éducation, 2008.

Éducation musicale

- *Fichier jeux et activités avec les sons*, éd. Les Francas, coll. « Viens jouer », 1998.
- É. BÉREL, *Éveil musical*, éd. J.-M. Fuzeau, 1992.

Éducation physique et sportive

- AEÉPS, *Le Guide l'enseignant : comment enseigner l'EPS aux enfants*, Revue EPS, vol. 1 et 2, 1992-1995.
- S. RIVIÈRE (sous la dir. de), *L'EPS à l'école, cycles 2 et 3*, Retz, 1999.

Sites de référence

- Le site général du ministère de l'Éducation nationale : www.education.gouv.fr
- Le site pédagogique du ministère de l'Éducation nationale : www.eduscol.education.fr
- Le site de l'Institut national de recherche pédagogique : http://www.inrp.fr/primaire
- Le site de l'Observatoire national de la lecture : http://onl.inrp.fr/ONL
- Le site du Centre national de documentation pédagogique : http://www.cndp.fr
- Les sites des inspections académiques.

Imprimé en France par la Nouvelle Imprimerie Laballery
dépôt légal mars 2009 - collection 39 - édition 01 - 17/1154/8 - N° d'impression : 902169